房地产法律实务系列教材

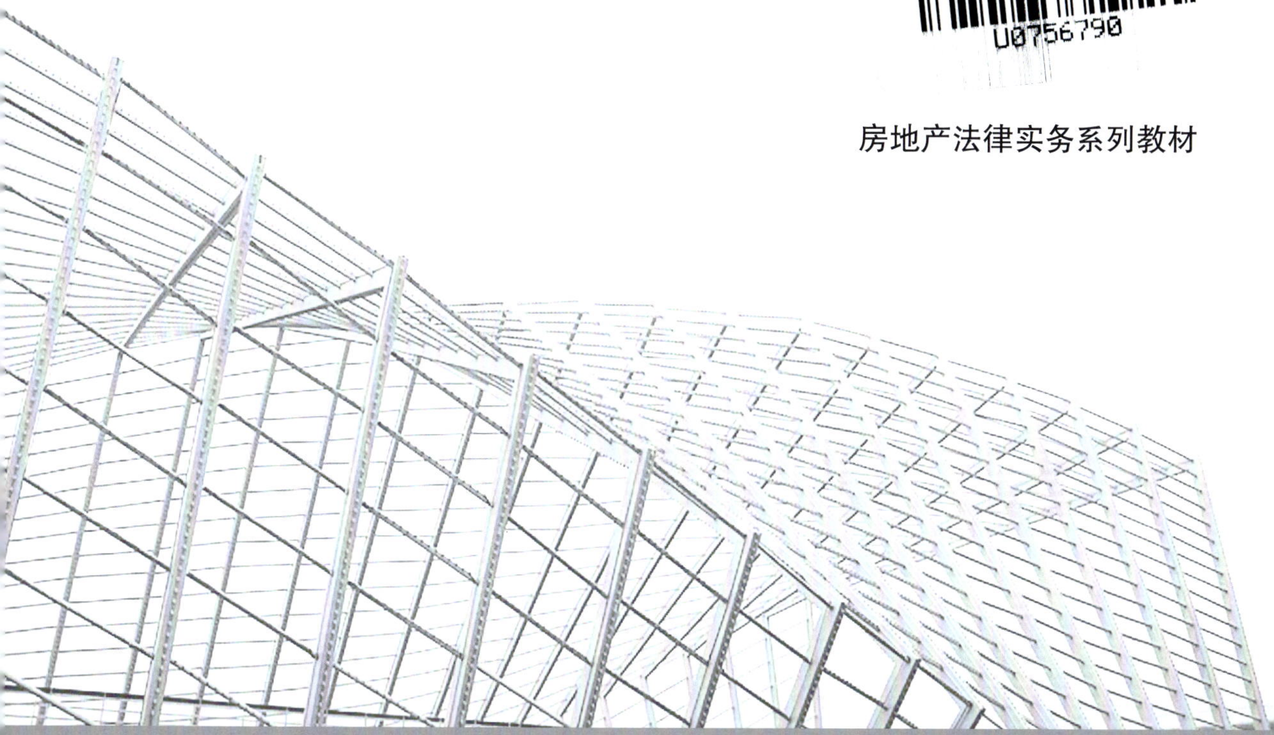

建设工程法律实务

主编 李巧玲　　副主编 范红霞

武汉大学出版社

图书在版编目(CIP)数据

建设工程法律实务/李巧玲主编. —武汉:武汉大学出版社,2015.8
房地产法律实务系列教材
ISBN 978-7-307-16144-3

Ⅰ.建… Ⅱ.李… Ⅲ.建筑法—中国—教材 Ⅳ.D922.297

中国版本图书馆 CIP 数据核字(2015)第 127922 号

责任编辑:田红恩　　责任校对:李孟潇　　版式设计:马　佳

出版发行:武汉大学出版社　(430072　武昌　珞珈山)
　　　　　(电子邮件:cbs22@whu.edu.cn　网址:www.wdp.com.cn)
印刷:武汉市江城印务有限公司
开本:787×1092　1/16　印张:13　字数:307 千字　插页:1
版次:2015 年 8 月第 1 版　　2015 年 8 月第 1 次印刷
ISBN 978-7-307-16144-3　　定价:28.00 元

版权所有,不得翻印;凡购买我社的图书,如有质量问题,请与当地图书销售部门联系调换。

总　序

　　诺贝尔经济学奖获得者、前世界银行副行长斯蒂格利茨说："中国的城市化与美国的高科技发展将是影响 21 世纪人类社会发展进程的两件大事。中国的城市化将是区域经济增长的火车头，将会产生最重要的经济效益。同时，城市化也将是中国在新世纪里面临的第一大挑战。"城镇化是一个国家和一个地区现代化发展的必然趋势，党的十六大提出："要逐步提高城镇化水平，坚持大中小城市和小城镇协调发展，走中国特色的城镇化道路。"

　　中国是一个人口规模巨大、疆域辽阔且区域差异显著的发展中大国，目前城镇化正进入一个快速发展的时期。联合国《城市的繁荣 2012/2013》中预测，到 2030 年，最保守估计将有 2.5 亿人进城，中性估计会有 2.7 亿人进城，乐观估计会有 3 亿人进城。城镇化将带来一系列的变化，如城镇消费群体扩大、结构升级、潜力释放，在旧城改造、新城开发过程中城市基础设施、公共服务设施等领域会产生巨大的投资需求，在这个发展过程中房地产业始终具有举足轻重的作用。故如何建立一套完善的法律体系，以法律手段规制房地产业，保证其健康、稳定、持续地发展便具有重要的研究价值。

　　房地产业涉及的领域十分广阔，在开发建设过程中涉及土地征收、旧城改造、老房拆迁、工程招投标、工程施工、工程验收，在房产开发后还涉及房产转让、物业管理等多方面内容。在房地产业发展的过程中涉及多方利益主体的关系协调，既有政府与房地产业的投资者之间的利益协调，又有房地产建设单位与设计单位、施工单位、房地产业主之间的利益协调。目前我国对房地产行业的法律规制并不完善，房地产行业的市场并不成熟，还存在许多急待解决的问题，在房地产开发建设以及房产转让、物业管理等过程中容易发生纠纷，需要培养专业的房地产法律实务工作者。

　　人才的培养必须立足于课堂教学，而课堂教学质量的高低又在很大程度上取决于教材。目前，出版的大多数房地产方面的教学，是以知识点之间的逻辑体系来进行编排，难以使学识顺利转化为操作能力。而本系列教材是武汉工商学院按照"知识+技术+能力+素质"的要求，培养适应社会发展需要，系统掌握本专业基础知识和必备技能，具有创新与创业意识和能力的高素质应用型人才的定位，以房地产开发业务流程为依据编排的课程体系，使学生所学知识与房地产业每个流程环节建立起对应关系。

　　本丛书由四本书组成，分别是《土地开发管理法律实务》、《房地产交易法律实务》、《建设工程法律实务》、《物业管理法律实务》，涵盖了房地产行业从土地征收、房屋拆迁、房产建设、房产交易以及物业管理的全过程，内容全面充实，且该书在编写过程中，始终要求能反映目前最新的法律法规及政策的要求，强调其实务性与实用性，并具有可操作性。

本书的适用对象是法学专业的本科生，但同时由于该套书涉及房地产行业的相关法律实务，因此亦可作为房地产行业以及相关单位法务部门的参考读物。

鉴于时间仓促，编者能力所限，该套教材并非十分精致与完美，还存在很多需要完善的地方。但是我相信他们会做得更好，因为在研究房地产行业法律实务的过程中，探索与思考的脚步永远不会停止。

吴天明

2015年5月1日

前　言

在建设社会义现代化的中国，建设工程正以日新月异的速度不断拓展，有关建设工程的法律纠纷案件也居高不下，究其原因还是在于我国有关建设工程的相关法律制度不完善，建筑行业僧多粥少、项目各责任主体的法律程序意识不强导致的。为了减少和避免建设工程的法律纠纷，有必要对建设工程法律实务相关问题进行研究。

目前研究建设工程法律实务的主要以律师行业和法院系统为主，出现了不少优秀的实务研究成果，如上海建纬律师事务所创始主任朱树英律师编著的《建设工程法律实务》、《房地产开发法律实务》、《建设工程实务问答》、《建设工程合同与索赔管理》，李刚、李娜律师编著的《建设工程全程法律风险控制》、周月萍律师编著的《建筑企业法律风险防范与化解》、周吉高律师编著的《建设工程专项法律实务》、王文杰律师编著的《建设工程法律实务操作及疑难问题深度剖析》等著作，为律师操作建设工程法律实务和规范建筑行业发展提供了良好的指引，具有非常重要的研究价值。

本书是对房地产法律实务课程建设的一个探索，同时也是编者承担的湖北省教育厅法律消费与服务市场背景下法学实践教学模式建构项目的阶段性成果。关注现实的法律消费与法律服务市场的特点，将法律消费和服务模式与法学专业实践课程体系改革结合起来，能强化法学专业实践教学的需求，培养学生的法律思维及解决实际问题的能力，以适应社会对法律人才的市场需求，从而实现学校的社会服务功能。作为法学专业房地产法律实务方向的学生既要掌握与建设工程纠纷有关的法律制度，又要学会运用这些制度去处理建设工程法律纠纷。基于该出发点，本书在编排体例上分为导读、问题引入、基本内容以及典型案例四大部分，在书后还附有部分法律、法规、规章及司法解释，便于学生在学完相关基础知识后，再研究实际案例，从而将所学理论知识与实践相结合，提高学生的实践能力。

本书的内容共分建设工程规划许可与施工许可、建设工程招标投标、建设工程施工合同、建设工程签证与索赔、建设工程质量与工期、建设工程竣工验收与保修、建设工程价款结算与支付七大板块，涉及建设工程从规划到招投标到施工、竣工验收与结算的整个过程的法律实务。

囿于时间和学识，有关建设工程的大量疑难问题并未在书中一并展现，对建设工程法律实务还有待进一步深入研究，以期得出更好的成果。

目　　录

第一章　建设工程规划许可与施工许可 ………………………………… 1
第一节　建设工程规划许可 …………………………………………… 1
一、建设工程规划许可概述 ………………………………………… 2
二、建设工程规划许可登记的机关和条件 ………………………… 3
三、建设工程规划许可的程序 ……………………………………… 3
四、违反建设工程规划许可的法律责任 …………………………… 5
第二节　建设工程施工许可 …………………………………………… 7
一、建设工程施工许可的意义 ……………………………………… 7
二、建设工程施工许可的范围 ……………………………………… 8
三、申请建设工程施工许可的条件和程序 ………………………… 9
四、建筑工程施工许可证的效力 …………………………………… 10
五、违反建设工程施工许可的法律责任 …………………………… 11

第二章　建设工程招标投标 ……………………………………………… 15
第一节　建设工程招标投标概述 ……………………………………… 15
一、建设工程招投标的概念和分类 ………………………………… 15
二、建设工程招投标的基本原则和意义 …………………………… 17
三、建设工程招标的方式 …………………………………………… 18
四、建设工程招标的范围 …………………………………………… 19
五、建设工程招标应具备的条件 …………………………………… 23
六、建设工程招投标的主体 ………………………………………… 24
第二节　建设工程招投标的程序 ……………………………………… 26
一、招标 ……………………………………………………………… 26
二、投标 ……………………………………………………………… 29
三、开标 ……………………………………………………………… 32
四、评标和中标 ……………………………………………………… 32
五、发出中标通知书及合同签订 …………………………………… 33
第三节　违反招投标法的法律责任 …………………………………… 34
一、常见违法招标投标行为及法律责任 …………………………… 34
二、中标无效的法定情形 …………………………………………… 39

目 录

第三章 建设工程施工合同 ... 44
第一节 建设工程施工合同概述 ... 44
  一、建设工程合同和建设工程施工合同 ... 45
  二、建设工程施工合同的特点与分类 ... 46
  三、2013版《施工合同示范文本》 ... 48
第二节 建设工程施工合同的内容 ... 49
  一、建设工程施工合同的内容 ... 50
  二、建设工程施工合同双方当事人的义务与责任 ... 53
第三节 建设工程合同的效力和解除 ... 54
  一、施工合同无效的常见情形及法律后果 ... 55
  二、施工单位垫资施工合同的效力 ... 57
  三、黑白合同的效力认定 ... 58
  四、建设工程施工合同的解除 ... 59
第四节 建设工程施工合同的诉讼主体认定 ... 60
  一、建设工程施工合同的主体 ... 61
  二、建设工程施工合同主体纠纷的发生原因 ... 61
  三、建设工程施工合同纠纷诉讼主体的认定 ... 61

第四章 建设工程签证与索赔 ... 65
第一节 建设工程签证 ... 65
  一、建设工程签证的概念及法律特征 ... 66
  二、建设工程签证的分类与范围 ... 67
  三、建设工程签证的流程和常见问题 ... 70
  四、建设工程签证的注意事项 ... 72
第二节 建设工程索赔 ... 74
  一、建设工程索赔的概念与种类 ... 75
  二、建设工程索赔的发生原因 ... 76
  三、发包人的反索赔 ... 77
  四、索赔的程序 ... 77
  五、索赔报告与索赔证据 ... 80

第五章 建设工程质量与工期 ... 87
第一节 建设工程质量 ... 87
  一、建设工程质量概述 ... 87
  二、建筑工程施工质量验收标准与程序 ... 89
  三、建设工程主体的责任与义务 ... 90
  四、建设工程常见质量纠纷处理 ... 100
第二节 建设工程的工期 ... 102

一、建设工程工期的相关概念 …………………………………………… 102
　　二、开工日期 ……………………………………………………………… 104
　　三、竣工日期 ……………………………………………………………… 107
　　四、工程延误 ……………………………………………………………… 110
　　五、工期顺延 ……………………………………………………………… 112
　　六、2013版《施工合同示范文本》规定的暂停施工 …………………… 113

第六章　建设工程竣工验收与保修 ……………………………………………… 119
　第一节　建设工程竣工验收 …………………………………………………… 119
　　一、建设工程竣工验收的分类 …………………………………………… 119
　　二、建设工程竣工验收的主体 …………………………………………… 120
　　三、建设工程竣工验收的法律意义 ……………………………………… 120
　　四、建设工程竣工验收的条件和程序 …………………………………… 122
　　五、建设工程竣工验收备案 ……………………………………………… 124
　　六、有关建设工程竣工验收的争议及处理 ……………………………… 124
　第二节　建设工程质量保修 …………………………………………………… 127
　　一、建设工程质量保修制度及其相关法律规定 ………………………… 128
　　二、建设工程质量的保修范围 …………………………………………… 128
　　三、建设工程质量保修期及起算时间 …………………………………… 130
　　四、建设工程质量保修程序和保修费用 ………………………………… 131
　　五、建设工程质量保险 …………………………………………………… 132
　　六、有关建设工程质量保修的争议及处理 ……………………………… 133

第七章　建设工程价款结算与支付 ……………………………………………… 140
　第一节　工程价款结算的概述 ………………………………………………… 140
　　一、工程价款结算的概念 ………………………………………………… 140
　　二、工程价款结算的主要方式 …………………………………………… 141
　　三、工程合同价款的约定 ………………………………………………… 141
　　四、工程价款的确定方式 ………………………………………………… 142
　第二节　工程变更与合同价款调整 …………………………………………… 144
　　一、工程变更的分类 ……………………………………………………… 144
　　二、工程变更的程序 ……………………………………………………… 145
　　三、工程变更对合同价款的影响 ………………………………………… 146
　第三节　工程价款的支付与争议处理 ………………………………………… 148
　　一、工程预付款支付 ……………………………………………………… 148
　　二、工程进度款支付 ……………………………………………………… 150
　　三、工程竣工结算款支付 ………………………………………………… 151
　　四、工程价款结算的争议处理 …………………………………………… 152

附录：相关法律法规规章及司法解释

中华人民共和国建筑法 …………………………………………………………… 160
中华人民共和国招标投标法 ……………………………………………………… 170
最高人民法院关于审理建设工程施工合同纠纷案件适用法律问题的解释 ……… 178
建设工程质量管理条例 …………………………………………………………… 181
建筑工程施工发包与承包计价管理办法 ………………………………………… 191
建设工程价款结算暂行办法 ……………………………………………………… 195

第一章 建设工程规划许可与施工许可

【本章导读】

建设工程在施工前应当办理规划许可与施工许可，规划许可要求建设工程符合城市规划的要求，施工许可要求建设工程应当具备施工的条件。近年来我国颁布了《城市规划法》、《建筑法》、《建筑工程施工许可管理办法》等一系列法律法规及部门规章，违反上述法律法规进行建设的应当认定为违法行为。对于违法建设行为的处理有罚款、限期拆除、没收违法所得等处罚措施，学习本章应当重点研究申请规划许可和施工许可的条件、程序以及违反相关许可规定应当承担的法律后果。

第一节 建设工程规划许可

【问题引入】

2010年9月3日，株洲市规划局执法人员在巡查中发现，××房地产公司在株洲市芦淞区鸟树下建设住宅，其经株洲市规划局核发的建设工程规划许可证规定为1栋6层，建筑面积为2 350m^2，实际已建成1栋6层，建筑面积为2 520m^2，超出规划许可面积170m^2。执法人员经巡查发现后，对××房地产公司进行了立案调查，制作了现场勘验笔录，调取了国土、规划、建设等行政部门的审批文件及有关图纸、资料，对××房地产公司法定代表人李××、项目经办人陈××、施工单位负责人汪××等制作了调查笔录，就违法位置、违法面积、建设工程造价进行了核实。经查，违法行为为局部扩建，建设工程总造价为134.056万元。××房地产公司在其违法建设行为被株洲市规划局查处后，立即停止了新的建设行为，主动配合该局执法人员调查取证，积极进行整改，主动纠正违法行为。根据上述事实，株洲市规划局对××房地产公司作出以下处罚：

（一）按建设工程总造价的8%予以处罚，共计罚款107 245元，上缴国库；

（二）自接到本决定书之日起15日内到指定银行缴纳罚款并完善相关手续，逾期不缴纳，按每日3%加处罚款。①

问题：株洲市规划局的处罚是否合法？

---

① 该案例根据株洲市规划局法规解读案例改编而成，株洲市规划局网站：http：//www.hnzzgh.gov.cn/zcfg/fgjd/201305/t20130531_854.htm，访问时间：2014年11月12日。

一、建设工程规划许可概述

（一）建设工程的含义与类型

根据《建设工程质量管理条例》第2条的规定，建设工程是指土木工程、建筑工程、线路管道和设备安装工程及装修工程。按照《建设工程分类标准》（GB/T 50841-2013）的规定，建设工程是指为人类生活、生产提供物质技术基础的各类建筑物和工程设施的统称。

根据不同的标准，建设工程有不同的分类，按照自然属性可分为建筑工程、土木工程和机电工程三类；按照社会属性可分为房屋建筑工程、铁路工程、公路工程、水利工程、市政工程、煤炭矿山工程、水运工程、海洋工程、民航工程、商业与物质工程、农业工程、林业工程、粮食工程、石油天然气工程、海洋石油工程、火电工程、水电工程、核工业工程、建材工程、冶金工程、有色金属工程、石化工程、化工工程、医药工程、机械工程、航天与航空工程、兵器与船舶工程、轻工工程、纺织工程、电子与通信工程和广播电影电视工程等31类。按照功能不同可分为节能工程、消防工程、抗震工程等；按照用途不同可分为住宅工程、铁路工程、公路工程等；按照结构不同可分为建设项目、单位工程、分部工程、分项工程等。

根据《中华人民共和国城市规划法》（以下简称《城市规划法》）的相关规定，建设工程主要包括建筑工程、市政管线工程及道路交通工程等。

（二）建设工程规划许可与建设用地规划许可

《城乡规划法》第37条规定，在城市、镇规划区内以划拨方式提供国有土地使用权的建设项目，经有关部门批准、核准、备案后，建设单位应当向城市、县人民政府城乡规划主管部门提出建设用地规划许可申请，由城市、县人民政府城乡规划主管部门依据控制性详细规划核定建设用地的位置、面积、允许建设的范围，核发建设用地规划许可证。

建设单位在取得建设用地规划许可证后，方可向县级以上地方人民政府土地主管部门申请用地，经县级以上人民政府审批后，由土地主管部门划拨土地。

《城乡规划法》第38条规定，在城市、镇规划区内以出让方式提供国有土地使用权的，在国有土地使用权出让前，城市、县人民政府城乡规划主管部门应当依据控制性详细规划，提出出让地块的位置、使用性质、开发强度等规划条件，作为国有土地使用权出让合同的组成部分。未确定规划条件的地块，不得出让国有土地使用权。

以出让方式取得国有土地使用权的建设项目，在签订国有土地使用权出让合同后，建设单位应当持建设项目的批准、核准、备案文件和国有土地使用权出让合同，向城市、县人民政府城乡规划主管部门领取建设用地规划许可证。

城市、县人民政府城乡规划主管部门不得在建设用地规划许可证中，擅自改变作为国有土地使用权出让合同组成部分的规划条件。

从上述规定可以看出，凡进行当前建设活动的，都应当提交使用土地的有关证明文件、建设工程设计方案等材料，需要建设单位编制修建性详细规划的建设项目还应提交修建性详细规划，向城市、县人民政府城乡规划主管部门或者省、自治区、直辖市人民政府确定的镇人民政府申请办理建设工程规划许可证。因此，建设用地规划许可是向土地行政主管部门办理用地手续之前，向规划行政主管部门申请办理界定土地使用性质、用地使用面积、建筑容积率、建筑密度、绿地率等的规划许可，只有取得建设用地规划许可才能够申请用地许可，而建设工程规划许可是由规划行政主管部门核发的准许建设工程按批准规划方案和认可施工图文件进行建设的活动。建设工单位进行建设必须取得建设工程规划许可，涉及用地的，还需取得建设用地规划许可。

二、建设工程规划许可登记的机关和条件

（一）建设工程规划许可登记的机关

《城乡规划法》第40条规定，在城市、镇规划区内进行建筑物、构筑物、道路、管线和其他工程建设的，建设单位或者个人应当向城市、县人民政府城乡规划主管部门或者省、自治区、直辖市人民政府确定的镇人民政府申请办理建设工程规划许可证。根据该条规定，国务院城市规划行政主管部门（中华人民共和国住房和城乡建设部），主管全国的城市规划工作，县级以上地方政府城市规划行政主管部门（市国土资源和规划局），主管其行政区内的城市规划工作，并负责建设工程规划许可证的审核、签发。

（二）建设工程规划许可的条件

1. 申请单位或者个人符合法定资格；
2. 申请事项符合法定程序和法定形式，申请材料、图纸完备；
3. 符合依法批准的控制性详细规划、相关的法律法规和规划条件以及其他具体要求。《城乡规划法》第2条第2款规定，本法所称城乡规划，包括城镇体系规划、城市规划、镇规划、乡规划和村庄规划。城市规划、镇规划分为总体规划和详细规划。详细规划分为控制性详细规划和修建性详细规划。建设工程应当符合上述规划要求，属于上述规划范围之内，方能进行许可。

三、建设工程规划许可的程序

（一）建设工程规划许可的程序

规划行政主管部门根据《城市规划法》对申请建设工程规划许可的建设项目进行审查并颁发建设工程规划许可证。《关于统一实行建设用地规划许可证和建设工程规划许可证的通知》（1990年2月23日建设部建规字第66号文发布）中确定了发放建设工程规划许可证的一般程序：

（1）凡在城市规划区内新建、扩建和改建建筑物、构筑物、道路、管线和其他工程设施的单位与个人，必须持有关批准文件向城市规划行政主管部门提出建设申请；

（2）城市规划行政主管部门根据城市规划提出建设工程规划设计要求；

（3）城市规划行政主管部门征求并综合协调有关行政主管部门对建设工程设计方案的意见，审定建设工程初步设计方案；

（4）城市规划行政主管部门审核建设单位或个人提供的工程施工图后，核发建设工程规划许可证。

建设工程规划许可证所包括的附图和附件，按照建筑物、构筑物、道路、管线以及个人建房等不同要求，由发证单位根据法律、法规规定和实际情况制定。附图和附件是建设

工程规划许可证的配套证件，具有同等法律效力。

（二）申请建设工程规划许可的材料

依据《城乡规划法》，申请建设工程规划许可需要提交的材料如下：

（1）建设工程规划许可书面申请；

（2）建设用地规划许可证；

（3）土地使用有关证明；

（4）建设项目批准文件；

（5）经依法审定的建设工程设计方案（需要编制修建性详细规划的，还应提供经依法审定的修建性详细规划）及其相关材料。

对于建设工程规划许可的具体程序在各地实践中有不同，可以通过各地规划行政主管部网上公开信息进行查询。

【案例 1-1】

2000年9月11日北京市规划委员会就核定了中国预防医学科学院环境卫生监测所有关建设动物实验室建设项目的《审定设计方案通知书》，确定了项目的可行性研究结论。2001年12月10日，规划委员会向中国预防医学科学院环境卫生监测所颁发了编号为2001规建字1769号《建设工程规划许可证》，该许可证标明的建设项目为二级动物实验室，建设位置为朝阳区潘家园南里7号，建设规模为2 949.18平方米。许可证的附件中标明该二级动物实验室层数为地上3层、地下1层，结构类型为框架。2000年12月7日中国预防医学科学院环境卫生监测所就动物实验室建设项目向北京环境保护局（以下简称环保局）申请办理环保审批，2002年2月21日环保局给予确定批复。某住宅楼位于该二级动物实验室的北侧，其中6号楼与动物实验室的间距为19.06米。2004年，住宅楼居民向北京市西城区人民法院提出诉讼，要求撤销规划委员会向中国预防医学科学院环境卫生监测所颁发的编号为2001规建字1769号《建设工程规划许可证》。

案件审理中规划委员会认为该实验室项目于2000年通过了卫生部的批准，环保局亦于2002年2月对该建设项目核发了《关于卫生部食品卫生检验所动物房项目环境影响报告表的批复》，并提交了卫生部的批准文件。

北京市西城区人民法院经审理认为根据《中华人民共和国环境保护法》第13条的规定，建设污染环境的项目，必须遵守国家有关建设项目环境保护管理的规定。建设项目的环境影响报告书，必须对建设项目产生的污染和对环境作出评价，规定防治措施，经项目主管部门预审并依照规定的程序报环境保护行政主管部门批准。环境影响报告书经批准后，计划部门方可批准建设项目设计任务书。被告规划委员会在审批该项目的《建设工程规划许可证》时，应当审查第三人是否已取得了环境影响报告书，并根据卫生部颁布施行的《卫生系统实验动物管理暂行条例》规定，审查申报建设的实验动物室建筑是否保留至少有20米的卫生隔离区。但是，本案中规划委员会核准的动物实验室工程设计方案，实验室与原告的住宅楼之间的距离为19.06米，未达到规定的距离要求。规划委员会在诉讼中向法院提交的有关证据，不足以证明其审批行为认定事实清楚,程序正当、合法。据此,北京市西城区人民法院依照《中华人民共和国行政诉讼法》第54条第(二)项第1目之规定,于2003年6月19日作出判决,撤销了被告北京市规划委员会于2001年12月10日向第三人颁发的2001规建字1769号《建设工程规划许可证》。①

四、违反建设工程规划许可的法律责任

违反建设工程规划许可的行为,是指行为人未取得城市规划行政主管部门核发的建设工程规划许可证,或者违反建设工程规划许可证的规定在城市规划区内进行建设的行为。

(一)违法行为的认定

工程建设程序是法律、法规规定的从事工程建设活动必须遵守的先后次序,从工程建设的自然过程而言,完成一个建设项目要依次经过项目可行性研究、立项报批、建设用地及城市规划许可、工程勘察、工程设计、工程施工、竣工验收和交付使用等若干阶段。任何单位和个人超越工程建设程序进行建设活动均属于违法行为,对工程建设实践中未取得建设工程规划许可证而通过各种方式取得建设行政主管部门的施工许可证进行施工建设,或者取得建设工程规划许可证但违反建设工程规划许可证规定进行建设的行为,依法应当认定为违法建设行为。

违反建设工程规划许可的行为主要包括两类,一是行为人未取得城市规划行政主管部门核发的建设工程规划许可证,主要指在城市、镇规划区内,建设单位或个人在未经规划审批、未取得建设工程规划许可证的情况下擅自建设的建筑物、构筑物等工程设施,二是未按照建设工程规划许可证的规定进行建设,是指在城市、镇规划区内虽然取得了建设工程规划许可证,但当事人违反建设工程规划许可证的规定建设的建筑物、构筑物等工程设施。此类违法情形较为常见,如浙江临洮规划局在执法过程中就发现建设单位常见的违法行为有批少建多,实际建筑面积超过规划审批建筑面积;批一建二或建三,审批建设一层而实际建设二层或三层;超范围建设,开发小区在未经规划审批的情况下擅自建设附属设施以及物业管理用房;随意变更规划进行建设,不按规划设计规定的建筑风格、绿地面积、外墙粉饰、附属设施等要求随意建设;违反规划规定的其他情形。前两种情形,占到临洮县城区违法建筑总数的60%以上。②

(二)违反建设工程规划许可的法律责任

《城乡规划法》第64条规定:未取得建设工程规划许可证或者未按照建设工程规划许可证的规定进行建设的,由县级以上人民政府城乡规划主管部门责令停止建设;尚可采取改正措施消除对规划实施的影响,限期改正,处建设工程造价5%以上10%以下的罚款;无法采取改正措施消除影响的,限期拆除,不能拆除的,没收实物或者违法收入,可以并处建设工程造价10%以下的罚款。按照该规定,对违法建筑的处理主要有罚款、限

---

① 该案例来自《最高人民法院公报案例》2004年第3期。
② 颜柏祥:《对违反规划违法建筑的认定及处理》,载《城市管理》:http://wsz.cq.gov.cn/zt/csgl/show.aspx?id=7451,访问时间:2014年10月29日。

期拆除和没收三种方式。

1. 罚款

对于违法建设当事人所建的违法建筑可以采取改正措施消除对规划实施的影响的，可以单独处建设工程造价5%以上10%以下的罚款。对于无法采取改正措施消除影响的，可以并处建设工程造价10%以下的罚款。

2. 限期拆除

违法建设当事人所建的违法建筑，无法采取改正措施消除对规划实施的影响的，限期拆除。适用限期拆除的前提条件是要有合法的规划，违章建筑不能消除影响，能消除影响的可以处以罚款，不能消除影响的要限期拆除。根据现行的法律规定，限期拆除的执行一般有两种方式，即自行拆除和强制拆除，强制拆除又可分为司法强制和行政强制两种。自行拆除，是指行政机关对当事人下达行政处罚决定后，当事人在规定的期限内，按照处罚决定确定的方式自行拆除违法建筑。强制拆除，是指行政机关对当事人下达行政处罚决定后，当事人拒绝履行限期拆除义务，而由行政机关或人民法院强行拆除。行政机关提出执行申请后由人民法院决定并组织强行拆除的，称为司法强制；由行政机关决定并组织强行拆除的，称为行政强制。

3. 没收

"没收"这一处罚方法的适用，其实体要件和程序要件与强制拆除基本相同。不同的是，具备了强制拆除的必备条件后，在违法建筑不能拆除的情况下，才能适用没收这一行政处罚措施。没收和罚款"可以"并处。这里的"可以"，法律上称之为选择性规定，也称之为弹性规定，意思是可以选择，也可以不选择，具体根据行政处罚案件的实际情况而定。前述案例中，根据《城市规划法》第40、41条的规定，违法建设行为虽然影响城市规划但尚可采取改正措施补救的，由县级以上地方人民政府城市规划行政主管部门责令限期改正，并处罚款；对违法建设严重影响城市规划的，由县级以上地方人民政府城市规划行政主管部门责令停止建设，限期拆除或者没收违法建筑物、构筑物或者其他设施；对违法建设单位的有关责任人员，由其所在单位或者上级主管部门给予行政处分。

在问题引入中所述的案例中××房地产公司在株洲市芦淞区鸟树下开发建设住宅，未经规划主管部门批准，擅自违反建设工程规划许可证的规定，超建170m²，违反了《城乡规划法》第40条和《湖南省实施〈中华人民共和国城乡规划法〉办法》第25条的规定，属违法建设，应当依据《城乡规划法》第64条、《湖南省实施〈中华人民共和国城乡规划法〉办法》第51条规定进行行政处罚。

××房地产公司在其违法建设行为被查处后，立即停止了新的建设行为，主动配合执法人员调查取证，积极进行整改，主动纠正违法行为，并且违法面积相对不大，没有超出用地许可范围，对相邻关系影响较小，且不违反国家规划强制性规定，基本符合该地段控制性详细规划，经现场公示，相邻利害关系人没有异议，符合《株洲市规划局行政处罚自由裁量基准制度》第13条第3款规定的违法情形，可以采取补办规划许可手续以消除对城市规划实施的影响，故对××房地产公司处建设工程总造价8%的罚款。株洲规划局对××房地产公司的处罚是合法的。

第二节 建设工程施工许可

【问题引入】

　　2014年2月26日，常熟市住房和城乡建设局城市建设监察大队发现某某房产开发有限公司投资建设的住宅楼、商业用房桩基工程项目涉嫌未取得施工许可擅自施工，于2014年3月3日立案调查。经查，某某房产开发有限公司投资建设的住宅楼、商业用房桩基工程项目工程，工程合同造价为456万元。2014年1月10日，该公司在未取得施工许可证、未办理质监手续、安监手续的情况下进行项目建设，调查时桩基部分已经完工，其行为违反了《中华人民共和国建筑法》（以下简称（《建筑法》）第7条第1款和《建设工程质量管理条例》第13条的规定。违法事实认定的依据主要有：发包人和承包人签订的施工协议、现场检查笔录及照片、询问笔录等。根据《建设工程质量管理条例》第57条的规定，以及常熟市住房和城乡建设局有关行政处罚自由裁量权实施细则，常熟市住房和城乡建设局对某某房产开发有限公司无施工许可证擅自施工的行为，责令停止施工，限期改正，并处工程合同价款456万元的1.49%（68 000元）的罚款。[①]

　　问题：常熟市住房和城乡建设局的处罚是否合法？

一、建设工程施工许可的意义

　　建设工程施工许可是指建设行政主管部门依法对建设工程是否具备施工条件进行审查，符合条件者准许施工并颁发施工许可证的活动。建设工程施工许可证是建设单位符合各种施工条件、允许开工的批准文件，是建设单位进行工程施工的法律凭证，也是相关工程权属登记的主要依据之一。建设工程关系国计民生，对建设工程施工进行管理具有非常重要的意义。

　　（一）有利于国家进行宏观调控

　　建设工程施工许可制度有利于国家对基本建设进行宏观调控，既可以监督建设单位尽快建成拟建项目，防止闲置土地，影响公众利益，又能保证建设项目开工后能够顺利进行，避免由于不具备条件盲目上马，给参与建设的各方造成不必要的损失，同时也有助于建设行政主管部门对在建项目实施有效的监督管理。

　　（二）有利于规范建筑市场

　　建设单位取得施工许可证需要符合一定的条件，并按照相关程序才能办理。对建设工程施工项目实施建设工程施工许可制度有利于规范建筑市场，保证建筑工程质量和建筑安全生产，维护社会经济秩序，提高投资效益，保障公民生命财产和国家财产安全。来自浙

[①] 该案例根据常熟市住房和城乡建设局网站公布的案例进行改编。详见2014年3月份违法违规典型案例——未办理施工许可手续擅自开工案，http://www.csbuild.gov.cn/newsshow.php?type=guanli&Id=10017251，访问时间：2014年12月26日。

江温岭建设管理局的公开文件显示，该市各工业园区、开发区工业厂房建设单位违反建设程序，未办理建筑工程施工许可证，擅自开工建设问题日益突出，严重扰乱了该市建筑市场秩序，给工程建设质量安全带来隐患。究其原因，建设单位违法建设在先，施工企业也存在无证施工违法行为，同样负有不可推卸的责任。2011年1月至2014年6月，温岭建设管理局查处工业厂房项目建设单位未办理施工许可证，擅自开工建设违法案件共114起，涉及温岭市施工企业40家，其中温岭市第八建筑安装工程有限公司参与15个项目、温岭市中扬建设有限公司参与15个项目，这些违法施工行为，给行业规范发展造成极坏影响。① 因此有必要对建设工程施工进行监管。

二、建设工程施工许可的范围

（一）应当申请建设工程施工许可的工程范围

《建筑法》第7条规定，建筑工程开工前，建设单位应当按照国家有关规定向工程所在地县级以上人民政府建设行政主管部门申请领取施工许可证；但是，国务院建设行政主管部门确定的限额以下的小型工程除外。按照国务院规定的权限和程序批准开工报告的建筑工程，不再领取施工许可证。《建筑工程施工许可管理办法》第2条第1款规定，中华人民共和国境内从事各类房屋建筑及其附属设施的建造、装修装饰和与其配套的线路、管道、设备的安装以及城镇市政基础设施工程的施工，建设单位在开工前应当依照本办法的规定，向工程所在地的县级以上地方人民政府住房城乡建设主管部门（以下简称发证机关）申请领取施工许可证。从以上规定可以看出境内的建设工程在开工前均需取得许可方可施工。

（二）申请建设施工许可的例外

1. 国务院建设行政主管部门确定的限额以下的小型工程不需要申请施工许可

《建筑工程施工许可管理办法》第2条第2款规定，工程投资额在30万元以下或者建筑面积在300平方米以下的建筑工程，可以不申请办理施工许可证。省、自治区、直辖市人民政府建设行政主管部门可以根据当地的实际情况，对限额进行调整，并报国务院建设行政主管部门备案。"工程投资额在30万元以下或者建筑面积在300平方米以下的建筑工程"可以理解为小型工程的概念，包括两种条件：一是投资额在30万元以下；二是建筑面积在300平方米以下，只要具备其中一个条件按照《建筑法》的规定就不用办理施工许可证。

2. 按照国务院规定的权限和程序批准开工报告的建筑工程，不再申领施工许可证

按照国务院规定的权限和程序批准开工报告的建筑工程主要指经国务院及其下属办公组签署的批注开工工程，如三峡大坝、鸟巢、水立方等，最直接的界定办法是看该项目是

---

① 该数据来自浙江温岭建设管理局网上信息公开文件，《关于未办理施工许可证违法施工的通报》，温建工〔2014〕42号，http：//www.wljgw.com/news.aspx？newstypeid=48，访问时间：2014年10月26日。

否有国务院及其下属办公组签署的批文。另据《建筑法》第 7 条的规定，建筑工程开工前，建设单位应当按照国家有关规定向工程所在地县级以上人民政府建设行政主管部门申请领取施工许可证；但是，国务院建设行政主管部门确定的限额以下的小型工程除外。按照国务院规定的权限和程序批准开工报告的建筑工程，不再领取施工许可证。因此领取建筑工程施工许可证的时间应当是在建筑工程开工前。

三、申请建设工程施工许可的条件和程序

（一）申请建设工程施工许可的条件

根据《建筑法》第 8 条的规定，申请领取施工许可证，应当具备下列条件：

（1）已经办理该建筑工程用地批准手续；
（2）在城市规划区的建筑工程，已经取得规划许可证；
（3）需要拆迁的，其拆迁进度符合施工要求；
（4）已经确定建筑施工企业；
（5）有满足施工需要的施工图纸及技术资料；
（6）有保证工程质量和安全的具体措施；
（7）建设资金已经落实；
（8）法律、行政法规规定的其他条件。

建设行政主管部门应当自收到申请之日起 15 日内，对符合条件的申请颁发施工许可证。

《建筑工程施工许可管理办法》第 4 条规定，建设单位申请领取施工许可证，应当具备下列条件，并提交相应的证明文件：

（1）依法应当办理用地批准手续的，已经办理该建筑工程用地批准手续。
（2）在城市、镇规划区的建筑工程，已经取得建设工程规划许可证。
（3）施工场地已经基本具备施工条件，需要征收房屋的，其进度符合施工要求。
（4）已经确定施工企业。按照规定应当招标的工程没有招标，应当公开招标的工程没有公开招标，或者肢解发包工程以及将工程发包给不具备相应资质条件的企业的，所确定的施工企业无效。
（5）有满足施工需要的技术资料，施工图设计文件已按规定审查合格。
（6）有保证工程质量和安全的具体措施。施工企业编制的施工组织设计中有根据建筑工程特点制定的相应质量、安全技术措施。建立工程质量安全责任制并落实到人。专业性较强的工程项目编制了专项质量、安全施工组织设计，并按照规定办理了工程质量、安全监督手续。
（7）按照规定应当委托监理的工程已委托监理。
（8）建设资金已经落实。建设工期不足一年的，到位资金原则上不得少于工程合同价的 50%，建设工期超过一年的，到位资金原则上不得少于工程合同价的 30%。建设单位应当提供本单位截至申请之日无拖欠工程款情形的承诺书或者能够表明其无拖欠工程款情形的其他材料以及银行出具的到位资金证明，有条件的可以实行银行付款保函或者其他第三方担保。

(9) 法律、行政法规规定的其他条件。

县级以上地方人民政府住房城乡建设主管部门不得违反法律法规规定，增设办理施工许可证的其他条件。

(二) 申请建设工程施工许可的程序

根据《建筑工程施工许可管理办法》第5条规定，申请办理施工许可证，应当按照下列程序进行：

(1) 建设单位向发证机关领取《建筑工程施工许可证申请表》。

(2) 建设单位持加盖单位及法定代表人印鉴的《建筑工程施工许可证申请表》，并附本办法第四条规定的证明文件，向发证机关提出申请。

(3) 发证机关在收到建设单位报送的《建筑工程施工许可证申请表》和所附证明文件后，对于符合条件的，应当自收到申请之日起15日内颁发施工许可证；对于证明文件不齐全或者失效的，应当当场或者5日内一次告知建设单位需要补正的全部内容，审批时间可以自证明文件补正齐全后作相应顺延；对于不符合条件的，应当自收到申请之日起15日内书面通知建设单位，并说明理由。

建筑工程在施工过程中，建设单位或者施工单位发生变更的，应当重新申请领取施工许可证。

四、建筑工程施工许可证的效力

(一) 施工许可证的法律效力

施工许可证是由建设行政主管部门颁发的准予建筑工程开工的文件，它具有一定的法律效力，凡是依照本法应当申请领取施工许可证的建筑工程，没有施工许可证就不能开工。施工许可证制度是国家为加强建设工程管理，规范建设工程施工所设立的行政管理制度，属于行政法规范的领域，受行政法规范的调整。建设单位未办理施工许可证施工并不会导致建设单位与施工单位所签的施工合同无效。因为办理建设工程施工许可证是建设单位履行施工合同的法定义务。该义务是否履行属于行政管理范畴，与建设工程本身的效力无关。建设单位取得施工许可证是应当履行的合同义务的行为，不能取得施工许可证的行为是违法合同义务的行为。建设单位未取得施工许可证仅代表建设单位不得对工程进行施工，如果未取得施工许可证施工承担的是行政责任，而非民事责任，不影响合同的效力。

【案例1-2】

2002年6月，某建筑公司与某商贸公司签订建设工程施工合同，合同约定，某建筑公司承包某商贸公司营业楼的室内外装修工程，合同签订后，某建筑公司给付商贸公司50万元定金。但某商贸公司在签订合同后却一直未取得施工许可证，某建筑公司多次催促其办理，但某商贸公司始终未办理。于是建筑公司起诉至法院，要求法院判决某商贸公司双倍返还定金100万元。商贸公司抗辩称，由于该工程未取得施工许可证，因此双方签订的施工合同是无效合同，故不同意建筑公司的诉讼请求。

法院经审理认为：双方所签订的合同真实有效。本案是装饰装修合同纠纷案，不属于招标法规定的必须招标的项目。本案涉及的工程虽然没有办理施工许可手续，但不影响合同的效力。商贸公司在签订施工合同后，应当积极履行义务，办理相关的手续。因此，商贸公司未办理施工许可证的行为构成违约，应当承担责任，因此法院判决商贸公司双倍返还建筑公司定金100万元。[①]

（二）施工许可证的有效期限

施工许可证有存在有效期限，因此建设单位在领取施工许可证后应积极安排建设开工，《建筑法》第9条规定，建设单位应当自领取施工许可证之日起3个月内开工。因故不能按期开工的，应当向发证机关申请延期；延期以两次为限，每次不超过3个月。既不开工又不申请延期或者超过延期时限的，施工许可证自行废止。

《建设工程施工许可管理办法》第8条规定，建设单位应当自领取施工许可证之日起3个月内开工。因故不能按期开工的，应当在期满前向发证机关申请延期，并说明理由；延期以两次为限，每次不超过3个月。既不开工又不申请延期或者超过延期次数、时限的，施工许可证自行废止。

（三）施工的中止与恢复

建设单位领取施工许可证后因故停止施工的，应当及时办理手续，否则面临被注销的危险。《建筑法》第10条规定，在建的建筑工程因故中止施工的，建设单位应当自中止施工之日起1个月内，向发证机关报告，并按照规定做好建筑工程的维护管理工作。

建筑工程恢复施工时，应当向发证机关报告；中止施工满1年的工程恢复施工前，建设单位应当报发证机关核验施工许可证。

《建筑法》第11条规定，按照国务院有关规定批准开工报告的建筑工程，因故不能按期开工或者中止施工的，应当及时向批准机关报告情况。因故不能按期开工超过6个月的，应当重新办理开工报告的批准手续。

《建设工程施工许可管理办法》第9条规定，在建的建筑工程因故中止施工的，建设单位应当自中止施工之日起1个月内向发证机关报告，报告内容包括中止施工的时间、原因、在施部位、维护管理措施等，并按照规定做好建筑工程的维护管理工作。建筑工程恢复施工时，应当向发证机关报告；中止施工满1年的工程恢复施工前，建设单位应当报发证机关核验施工许可证。

按照国务院有关规定批准开工报告的建筑工程，因故不能按期开工或者中止施工的，应当及时向批准机关报告情况。因故不能按期开工超过6个月的，应当重新办理开工报告的批准手续。

五、违反建设工程施工许可的法律责任

（一）违反建设工程施工许可的常见情形

建设工程应该取得建设工程规划许可证，同时建设工程开工建设也应该取得建设工程

[①] 《未取得建设工程施工许可证签订的建设工程施工合同效力》，载中顾法律网：http://www.9ask.cn/blog/user/wangfulilawyer/archives/2011/266574.html，访问时间，2014年12月27日。

施工许可证。也只有在取得建设工程规划许可证的前提下,才有可能取得建设工程施工许可证。《城市规划法》第32条规定,在城市规划内新建、扩建和改建建筑物、构筑物、道路、管线和其他工程设施,必须持有关批准文件向城市规划行政主管部门提出申请,由城市规划行政主管部门根据城市规划提出的规划设计要求,核发建设工程规划许可证件。建设单位或个人在取得建设工程规划许可证件和其他有关批准文件后,方可申请办理开工手续。《建筑法》第7条规定,建筑工程开工前,建设单位应当按照国家有关规定向工程所在地县级以上人民政府建设行政主管部门申请施工许可证。依据上述两条规定可知取得建设工程规划许可证和施工许可证是建设单位的法定义务,也是工程开工的前提条件,在未取得这两证的前提下擅自开工,就是违法行为。

实践中常见的施工违法行为主要有工程项目不办理施工许可、安全监督等法定建设手续擅自开工,施工企业无相关资质或超越资质范围承揽工程,违法分包和转包工程,施工企业无安全生产许可证、擅自进行施工活动等。

(二) 违反建设工程施工许可的法律责任

1. 建设单位未取得施工取可证擅自施工的法律责任

《建设工程质量管理条例》第57条规定,违反本条例规定,建设单位未取得施工许可证或者开工报告未经批准,擅自施工的,责令停止施工,限期改正,处工程合同价款1%以上2%以下的罚款。《建筑工程施工许可管理办法》第12条规定,对于未取得施工许可证或者为规避办理施工许可证将工程项目分解后擅自施工的,由有管辖权的发证机关责令停止施工,限期改正,对建设单位处工程合同价款1%以上2%以下罚款;对施工单位处3万元以下罚款。

前述案例中,某某房产开发有限公司投资建设的住宅楼、商业用房桩基工程项目工程,工程合同造价为456万元。在未取得施工许可证、未办理质监手续、安监手续的情况下进行项目建设,调查时桩基部分已经完工,其行为违反了《建筑法》第7条第1款和《建设工程质量管理条例》第13条的规定。常熟市住房和城乡建设局对某某房产开发有限公司无施工许可证擅自施工的行为,责令停止施工,限期改正,并处工程合同价款456万元的1.49%(68 000元)的罚款,该处罚运用了自由裁量原则,是合法的。

2. 建设单位采用不正当手段获取施工许可证的法律责任

《建筑工程施工许可管理办法》第13条规定,建设单位采用欺骗、贿赂等不正当手段取得施工许可证的,由原发证机关撤销施工许可证,责令停止施工,并处1万元以上3万元以下罚款;构成犯罪的,依法追究刑事责任。

《建筑工程施工许可管理办法》第14条规定,建设单位隐瞒有关情况或者提供虚假材料申请施工许可证的,发证机关不予受理或者不予许可,并处1万元以上3万元以下罚款;构成犯罪的,依法追究刑事责任。

建设单位伪造或者涂改施工许可证的,由发证机关责令停止施工,并处1万元以上3万元以下罚款;构成犯罪的,依法追究刑事责任。

建设行政主管部门应当自收到申请之日起15日内,对符合条件的申请颁发施工许可证。

违反本法规定，未取得施工许可证或者开工报告未经批准擅自施工的，责令改正，对不符合开工条件的责令停止施工，可以处以罚款。

3. 发证机关违法发放施工许可证的法律责任

《建筑工程施工许可管理办法》第 16 条规定，发证机关及其工作人员，违反本办法，有下列情形之一的，由其上级行政机关或者监察机关责令改正；情节严重的，对直接负责的主管人员和其他直接责任人员，依法给予行政处分：

（1）对不符合条件的申请人准予施工许可的；
（2）对符合条件的申请人不予施工许可或者未在法定期限内作出准予许可决定的；
（3）对符合条件的申请不予受理的；
（4）利用职务上的便利，收受他人财物或者谋取其他利益的；
（5）不依法履行监督职责或者监督不力，造成严重后果的。

【典型案例】

2010 年 5 月，第三人河南某某公司向被告某市建设局申请领取该公司承接的某综合楼改扩建装修工程施工许可证，并提交了下列文件：(1) 建筑工程施工许可申请表；(2) 施工许可手续办理审查表；(3) 国有土地使用证；(4) 建设工程规划许可证；(5) 河南省房屋建筑工程施工图设计文件审查合格书；(6) 河南省建筑节能设计审查备案表；(7) 新建工程抗震设防审批备案表；(8) 中标通知书；(9) 河南某某公司综合楼改建工程施工承包合同；(10) 建设工程委托监理合同；(11) 企业存款证明；(12) 河南某公司综合楼改建工程施工组织设计；(13) 建设工程质量监督登记表；(14) 河南省建设工程安全施工措施审查备案表；(15) 商品砼供需合同；(16) 施工企业建筑工程意外伤害保险凭证。被告受理后，经审查，认为第三人的建筑工程符合施工条件，于 2010 年 5 月 27 日向其颁发了编号 ***#建筑工程施工许可证。原告某某公司认为被告在为第三人颁发许可证时未按有关规定公示，且其发放违背了城市规划法的规定，也不符合城市居住区规划设计规范楼距间 1.0~1.2 系数的国家强制性标准，侵犯了原告所属酒店及家属楼的合法权益。请求依法撤销被告作出的编号 ***#建筑工程施工许可证。

法院经审理认为，第三人河南某某公司依照建筑法第 7 条的规定向被告某市建设局提出领证申请，并提交了申领施工许可证所需的材料，被告依照建筑法第 8 条的规定，经审查后，为第三人河南某某公司颁发了建筑工程施工许可证。被告某市建设局为第三人河南某某公司核发建筑工程施工许可证的行为，证据确凿，适用法律正确，符合法定程序。原告某某公司诉称第三人河南某某公司的建设工程违反了城市居住区规划设计规范关于楼距间系数的强制性标准，影响其所属酒店及家属楼的日照和采光，由于原告某某公司系企业法人，其所属酒店与第三人河南某某公司的用地均不属居住用地，因此，原告某某公司以此要求撤销被告某市建设局为第三人河南某某公司核发的建筑工程施工许可证没有事实和法律依据。依照《中华人民共和国行政诉讼法》第 54 条第（1）项的规定，判决维持被告某市建设局 2010 年 5 月 27 日作出的编号***#建筑工程施工许可决定。①

◎思考题：

1. 建设工程规划许可证应如何办理？
2. 建设工程施工许可的意义与作用是什么？
3. 办理建设工程施工许可的条件有哪些？
4. 建设工程施工许可中的常见违法情形有哪些，应当承当哪些责任？

---

① 该案例摘录自灵宝市花园旅业有限责任公司诉灵宝市建设局规划许可一案，载110法律咨询网：http://www.110.com/panli/panli_14892698.html，访问时间：2014年12月28日。

第二章　建设工程招标投标

【本章导读】

建设工程实行招投标是我国工程建设管理体制改革的一项重要内容，是市场经济发展的必然产物，也是与国际接轨的需要。招标和投标是一种商品交易行为，是交易过程的两个方面，实行招投标制度能最大限度保障建设单位以最合理的成本获取最优质的建设成果。《招标投标法》第3条规定："在中华人民共和国境内进行下列工程建设项目包括项目的勘察、设计、施工、监理以及与工程建设有关的重要设备、材料等的采购，必须进行招标。"为了规避招投标，实践中存在大量肢解招标、虚假招标、串通投标等违法违规现象，对此引发的纠纷应该结合《招标投标法》、《招标投标法实施条例》以及其他一些部门规章等进行解决。

第一节　建设工程招标投标概述

【问题引入】

2005年5月某单位办公大楼实施施工招标，要求投标人施工资质不得低于二级。在评标结束、定标前，建设单位想让一家与其有关系、施工资质只有三级的甲企业也参加承包工程，便要求列为中标人候选人的乙投标企业与甲企业联合承包工程，将部分工程分给乙企业承包，否则将授标给他人，乙企业只好同意这一要求。随后乙企业与建设单位签订了施工合同，甲与乙之间也签订了联合承包工程的协议。在工程施工过程中，建设单位的工程款首先拨付给甲，然后由甲根据乙的施工进度和工程量拨付给乙。

问题：某单位的行为是否合法？

一、建设工程招投标的概念和分类

（一）建设工程招投标的概念

1. 招标与投标

招投标是指采购人事先提出货物、工程或服务采购的条件和要求，邀请众多投标人参加投标并按照规定程序从中选择交易对象的一种市场行为。它分为两个阶段：招标和投标。招标，是指招标者为购买商品或者让他人完成一定的工作，通过发布招标通知或者投标邀请书等形式，公布特定的标准和条件，公开或者书面邀请投标者投标，从中选择中标者的行为。实施招标行为的人为招标者,包括项目主办人和代理招标活动的中介机构。投标,是指投标者按照招标文件的要求,提出自己的报价及相应条件的行为。实施投标行为的人为投标者。招标投标是一种国际惯例,是商品经济高度发展的产物,是应用技术、经济的方法和市场经济的竞争机制的作用,有组织开展的一种择优成交的方式。这种方式是在货物、工程和服务的采购行为中,招标人通过事先公布的要求,吸引众多的投标人按照同等条件进行平等竞争,按照规定程序并组织技术、经济和法律等方面专家对众多的投标人进行综合评审,从中择优选定项目的中标人的行为过程,其实质是以较低的价格获得最优的货物、工程和服务。我国于 1999 年 8 月 30 日颁布了《中华人民共和国招标投标法》(以下简称《招标投标法》),自 2000 年 1 月 1 日起实施,包括总则、招标、投标、开标、评标和中标、法律责任和附则共六章,适用于我国所有的招投标活动。

2. 建设工程招标和投标

建设工程招标指建设单位根据拟建工程范围、工期和质量等要求及现有的技术经济条件,通过公开或非公开的方式邀请施工单位参加承包建设项目的竞争,以便择优选择承包单位的经营活动。建设工程投标是指施工单位经过招标人审查获得投标资格后,以发包单位招标文件所提出的要求为前提,进行广泛的市场调查,结合企业自身的能力,在规定期限内,向招标人递交投标文件,通过投标竞争获得工程施工任务的过程。实行公开招标投标的建设工程不受地区、部门限制,凡持有营业执照的施工企业,经资格预审合格的企业均可参加投标。凡符合国家相关政策、法律法规而进行招标、投标活动均受法律保护、监督。

(二) 建设工程招标的分类

1. 建设工程项目总承包招标

建设工程项目总承包招标又叫建设项目全过程招标,在国外称之为"交钥匙"承包方式。它是指建设单位对项目建议书、可行性研究、勘察设计、设备材料询价与采购、材料订货、生产准备、工程施工、竣工投产等建设项目的全过程进行招标。

2. 建设工程勘察招标

建设工程勘察招标是指招标人就拟建工程的勘察任务进行招标,择优确定勘察单位,查明、分析、评价建设场地的地质地理环境特征和岩土工程条件,编制建设工程勘察文件。

3. 建设工程设计招标

建设工程设计招标是指招标人就拟建工程的设计任务、设计方案进行招标,择优确定建设项目的设计单位。

4. 建设工程施工招标

建设工程施工招标,是指招标人就工程施工项目进行招标,择优确定建筑施工企业。

5. 建设工程监理招标

建设工程监理招标,是指招标人对建设工程的监理单位进行招标,择优确定监理单位。

6. 建设工程材料设备招标

建设工程材料设备招标,是指招标人就建设工程所需的材料设备进行招标,择优选择供货单位。

二、建设工程招投标的基本原则和意义

（一）建设工程招投标的基本原则

《招标投标法》第 5 条规定："招标投标活动应当遵循公开、公平、公正和诚实信用的原则。"

1. 公开原则

公开原则是指招标的相关信息、招标的程序要公开，只有公开才能对招标过程进行有效的监督。贯彻公开原则首先要求招标信息公开，如《招标投标法》规定，依法必须进行招标的项目的招标公告，应当通过国家指定的报刊、信息网络或者其他媒介发布。无论是招标公告、资格预审公告还是投标邀请书，都应当载明招标人的名称和地址、招标项目的性质、数量、实施地点和时间以及获取招标文件的办法等事项。其次要求招标投标过程公开，如《招标投标法》规定开标时招标人应当邀请所有投标人参加，招标人在招标文件要求提交截至时间前收到的所有投标文件，开标时都应当当众予以拆封、宣读。中标人确定后，招标人应当在向中标人发出中标通知书的同时，将中标结果通知所有未中标的投标人。

2. 公平原则

公平原则要求给予所有投标人平等的机会，使其享有同等的权利，履行同等的义务，只有履行公平原则才能保障竞争的平等性。《招标投标法》第 6 条明确规定："依法必须进行招标的项目，其招标投标活动不受地区或者部门的限制，任何单位和个人不得违法限制或者排斥本地区、本系统以外的法人或者其他组织参加投标，不得以任何方式非法干涉招标投标活动。"

3. 公正原则

公正原则要求招标人在招标投标活动中应当按照统一的标准衡量每一个投标人的优劣。进行资格审查时，招标人应当按照资格预审文件或招标文件中载明的资格审查的条件、标准和方法对潜在投标人或者投标人进行资格审查，不得改变载明的条件或者以没有载明的资格条件进行资格审查。《招标投标法》还规定评标委员会应当按照招标文件确定的评标标准和方法，对投标文件进行评审和比较。评标委员会成员应当客观、公正地履行职务，遵守职业道德。上述案例中招标人的行为性质实际上是非法要求投标人分包工程。即构成串通招投标行为。违法分包行为表现在三个方面：（1）非法为投标人指定分包人；（2）指定的分包人不符合招标文件对施工资格的要求；（3）分包的工程不是非主体、非关键性工程。建设单位为了让不符合资质的甲企业参与投标，指示中标候选人联合甲企业承包工程，并通过将工程款首先拨付给甲，以此来达到控制乙企业的目的。甲企业与乙企业的联合承包行为是无效的，建设单位非法为投标人指定分包人也违背了建设工程招标投标法的公正原则。

4. 诚实信用原则

诚实信用原则是我国民事活动所应当遵循的一项重要基本原则。我国《民法通则》第 4 条规定："民事活动应当遵循自愿、平等、等价有偿、诚实信用的原则。"《合同法》

第 6 条也明确规定："当事人行使权利、履行义务应当遵循诚实信用原则。"招标投标活动作为订立合同的一种特殊方式，同样应当遵循诚实信用原则。例如，在招标过程中，招标人不得发布虚假的招标信息，不得擅自终止招标。在投标过程中，投标人不得以他人名义投标，不得与招标人或其他投标人串通投标。中标通知书发出后，招标人不得擅自改变中标结果，中标人不得擅自放弃中标项目。

（二）建设工程招标的意义

《招标投标法》第 1 条规定，为了规范招标投标活动，保护国家利益、社会公共利益和招标投标活动当事人的合法权益，提高经济效益，保证项目质量，制定本法。在公正、公平、公开、诚实信用的原则下，通过科学合理和规范的监管制度与运作程序，杜绝不正之风，保证了招投标交易的合法性。在招标公告或投标邀请书发出后，任何符合条件的投标人均可参加投标。招标人不得有任何歧视任何投标人的行为。同时，评标委员会的组建必须公正、客观，其在组织评标时也必须公平、客观地对待每一个投标人。在招投标方式下的公平竞争模式下，投标人不能心存侥幸，而是要凭实力参与竞争。工程建设的成本主要体现在工期、材料等方面，对于建设单位来说，通过招标形成的竞争形态，必然使得投标人为了获取项目，在制做投标书时会以自己能承受的工程价格与工期进行投标，在投标人之间形成竞争以后，招标人也即建设单位可以获得最优的建设工程成本。通过招标，引入市场竞争机制，可以降低建设项目的投资支出，这将直接增加建设项目的利润，提高效益。

从各国的情况看，由于政府及公共部门的资金主要来源于税收，提高资金的使用效率是纳税人对政府和公共部门提出的必然要求。因此，这些国家在政府采购领域、公共投资领域普遍推行招标投标制，要求政府投资项目、私人投资的基础设施项目必须实行竞争性招标，否则得不到财政资金的支持或审批部门的批准。[1] 通过招投标制度的日益完善，借助政府招标信息平台、平面媒体、报纸等渠道，全国各地的投标人都可以通过自身的经济实力、服务质量和企业信誉积极主动地参与项目竞争。招投标制度的实施打破了地方的保护主义和行业垄断，为跨地区、跨行业进行公开、公平的竞争提供了有利的条件，为建设项目能够找到质优价廉的单位，推动项目又快又好的建设提供了有力的保证。

三、建设工程招标的方式

根据《招标投标法》第 10 条和《工程建设项目施工招标投标办法》[2]（以下简称《招投标办法》）第 9 条的规定，招标分为公开招标和邀请招标。公开招标，是指招标人以招标公告的方式邀请不特定的法人或者其他组织投标。邀请招标，是指招标人以投标邀请

---

[1] 《〈中华人民共和国招标投标法〉释义》，载全球法律法规网：http://policy.mofcom.gov.cn/service/claw！fetch.action？id＝G100000294，访问时间：2015 年 2 月 5 日。

[2] 2003 年 3 月 8 日国家计委、建设部、铁道部、交通部、信息产业部、水利部、中国民用航空总局第 30 号令发布，根据 2013 年 3 月 11 日国家发展和改革委员会、工业和信息化部、财政部、住房和城乡建设部、交通运输部、铁道部、水利部、国家广播电影电视总局第 23 号《关于废止和修改部分招标投标规章和规范性文件的决定》修改。

书的方式邀请特定的法人或者其他组织投标。

公开招标针对的是不特定的对象，招标人可以在较广的范围内选择中标人，对投标人进行综合比较，选择范围大，可选出报价合理、工期短、信誉好的中标人，打破地方和行业垄断，实现公平竞争。邀请招标针对的是特定对象，不需要发布招标公告和设置资格预审程序确定投标人范围，节约招标费用和节省时间。

在实践中，建筑行业还有一种采购方式，叫"议标"，其实质是建设单位与勘察设计单位、施工单位等之间就建设工程项目问题一对一进行谈判，由于"议标"不具备公开性与竞争性，因此并不属于《招标投标法》所规定的建设工程招标的方式。议标的项目范围和程序在符合邀请招标的条件下，该议标实际上属于邀请招标。

四、建设工程招标的范围

（一）必须进行招标的项目

《招标投标法》第 3 条规定："在中华人民共和国境内进行下列工程建设项目包括项目的勘察、设计、施工、监理以及与工程建设有关的重要设备、材料等的采购，必须进行招标：（1）大型基础设施、公用事业等关系社会公共利益、公众安全的项目；（2）全部或者部分使用国有资金投资或者国家融资的项目；（3）使用国际组织或者外国政府贷款、援助资金的项目。"针对必须招标的建设项目在《工程建设项目招标范围和规模标准规定》（国家发展计划委员会令［第 3 号］，以下简称《招标范围和规模标准规定》）第 2~6 条进行了进行了细化。

1. 大型基础设施、公用事业等关系社会公共利益、公众安全的项目

基础设施，是指为国民经济生产过程提供基本条件的生产性基础设施和社会性基础设施。生产性基础设施是直接为国民经济生产过程提供的设施，通常包括能源、交通运输、邮电通讯、水利、城市设施、环境与资源保护设施等。社会性基础设施是指间接为国民经济生产过程提供的设施。公用事业，是指为适应生产和生活需要而提供的具有公共用途的服务，如供水、供电、供热、供气、科技、教育、文化、体育、卫生、社会福利等。

《招标范围和规模标准规定》第 2 条规定，关系社会公共利益、公众安全的基础设施项目的范围包括：

（1）煤炭、石油、天然气、电力、新能源等能源项目；

（2）铁路、公路、管道、水运、航空以及其他交通运输业等交通运输项目；

（3）邮政、电信枢纽、通信、信息网络等邮电通讯项目；

（4）防洪、灌溉、排涝、引（供）水、滩涂治理、水土保持、水利枢纽等水利项目；

（5）道路、桥梁、地铁和轻轨交通、污水排放及处理、垃圾处理、地下管道、公共停车场等城市设施项目；

（6）生态环境保护项目；

（7）其他基础设施项目。

《招标范围和规模标准规定》第 3 条规定，关系社会公共利益、公众安全的公用事业项目的范围包括：

(1) 供水、供电、供气、供热等市政工程项目；

(2) 科技、教育、文化等项目；

(3) 体育、旅游等项目；

(4) 卫生、社会福利等项目；

(5) 商品住宅，包括经济适用住房；

(6) 其他公用事业项目。

由于大型基础设施和公用事业项目投资金额大、建设周期长，但又关乎社会公共利益和公众安全，因此世界各国以国家投资为主。为了保障项目质量，避免公众利益受损，一般都要求这些项目进行招标，以便择优选择中标单位。

2. 全部或部分使用国有资金投资或者国家融资的项目

国有资金是指国家财政性资金（包括预算内资金和预算外资金），国家机关、国有企事业单位的自有资金。其中，国有企业是指人民所有制企业、国有独资公司及国有控股企业，国有控股企业包括国有资本占企业资本总额50%以上的企业以及虽不足50%、但国有资产投资者实质上拥有控制权的企业。全部使用国有资金投资的项目，是指全部使用国有资金（不论其在总投资中所占比例大小）进行的建设项目。《招标范围和规模标准规定》第4条规定，使用国有资金投资项目的范围包括：

(1) 使用各级财政预算资金的项目；

(2) 使用纳入财政管理的各种政府性专项建设基金的项目；

(3) 使用国有企业事业单位自有资金，并且国有资产投资者实际拥有控制权的项目。

国家融资的建设项目，是指使用国家通过对内履行政府债券或向外国政府及国际金融机构举借主权外债所筹资金进行的建设项目。这些以国家信用为担保筹集，由政府统一筹措、安排、使用、偿还的资金也应视为国有资金。《招标范围和规模标准规定》第5条规定，国家融资项目的范围包括：

(1) 使用国家发行债券所筹资金的项目；

(2) 使用国家对外借款或者担保所筹资金的项目；

(3) 使用国家政策性贷款的项目；

(4) 国家授权投资主体融资的项目；

(5) 国家特许的融资项目。

使用国有资金或国家融资的建设项目一般规模很大，必须通过招标来选择有实力的中标单位。

3. 使用国际组织或者外国政府贷款、援助资金的项目

使用国际组织或者外国政府贷款、援助资金的项目必须招标，是世界银行等国际金融组织和外国政府所普遍要求的。我国在与这些国际组织或外国政府签订的双边协议中，也对这一要求给予了认可。《招标范围和规模标准规定》第6条规定，使用国际组织或者外国政府资金的项目的范围包括：

(1) 使用世界银行、亚洲开发银行等国际组织贷款资金的项目；

(2) 使用外国政府及其机构贷款资金的项目；

(3) 使用国际组织或者外国政府援助资金的项目。

使用国际组织或者外国政府贷款的项目大多属于涉及公共基础设施、环境保护等非营利性项目，虽然有优惠协议，但政府仍然要对贷款承担清偿责任，在性质上应视同为国有资金投资，同样需要通过招标来择优选择中标单位。

4. 法律或者国务院规定的其他必须招标的项目

《招标范围和规模标准规定》第 7 条规定，下列工程建设项目，包括项目的勘察、设计、施工、监理以及与工程建设有关的重要设备、材料等的采购，达到下列标准之一的，必须进行招标：

(1) 施工单项合同估算价的 200 万元人民币以上的；

(2) 重要设备、材料等货物的采购，单项合同估算价在 100 万元人民币以上的；

(3) 勘察、设计、监理等服务的采购，单项合同估算价在 50 万元人民币以上的；

(4) 单项合同估算价低于第（1）、（2）、（3）项规定的标准，但项目总投资额在 3 000 万元人民币以上的。随着招标投标制度的逐步建立和推行，我国实行招投标的领域不断拓宽，强制招标的范围还将根据实际需要进行调整。因此，除《招标投标法》外，其他法律和国务院对必须招标的项目有规定的，也应纳入强制招标的范围。

（二）可以进行邀请招标的项目

《招标投标法》第 11 条规定，国务院发展计划部门确定的国家重点项目和省、自治区、直辖市人民政府确定的地方重点项目不适宜公开招标的，经国务院发展计划部门或者省、自治区、直辖区人民政府批准，可以进行邀请招标。《招标投标办法》第 11 条规定，依法必须进行公开招标的项目，有下列情形之一的，可以邀请招标：

(1) 项目技术复杂或有特殊要求，或者受自然地域环境限制，只有少量潜在投标人可供选择；

(2) 涉及国家安全、国家秘密或者抢险救灾，适宜招标但不宜公开招标；

(3) 采用公开招标方式的费用占项目合同金额的比例过大。

有前款第二项所列情形，属于本办法第 10 条规定的项目，由项目审批、核准部门在审批、核准项目时作出认定；其他项目由招标人申请有关行政监督部门作出认定。

《中华人民共和国招标投标法实施条例》（以下简称《招标投标法实施条例》）第 8 条规定，国有资金占控股或者主导地位的依法必须进行招标的项目，应当公开招标；但有下列情形之一的，可以邀请招标：

(1) 技术复杂、有特殊要求或者受自然环境限制，只有少量潜在投标人可供选择；

(2) 采用公开招标方式的费用占项目合同金额的比例过大。

有前款第 2 项所列情形，属于本条例第 7 条规定的项目，由项目审批、核准部门在审批、核准项目时作出认定；其他项目由招标人申请有关行政监督部门作出认定。

根据以上规定可以采用邀请招标的工程范围包括以下几种：

(1) 项目技术复杂或有特殊要求，只有少量几家潜在投标人可供选择的；

(2) 受自然地域环境限制的；

(3) 涉及国家安全、国家秘密或者抢险救灾，适宜招标但不宜公开招标的；

(4) 拟公开招标的费用与项目的价值相比，不值得公开招标；

(5) 法律、法规规定不宜公开招标的。

(三) 可以不进行招标的项目

《招标投标法》第 66 条规定,涉及国家安全、国家秘密、抢险救灾或者属于利用扶贫资金实行以工代赈、需要使用农民工等特殊情况,不适宜进行招标的项目,按照国家有关规定可以不进行招标。

《招标投标法实施条例》第 9 条规定,除招标投标法第 66 条规定的可以不进行招标的特殊情况外,有下列情形之一的,可以不进行招标:

(1) 需要采用不可替代的专利或者专有技术;

(2) 采购人依法能够自行建设、生产或者提供;

(3) 已通过招标方式选定的特许经营项目投资人依法能够自行建设、生产或者提供;

(4) 需要向原中标人采购工程、货物或者服务,否则将影响施工或者功能配套要求;

(5) 国家规定的其他特殊情形。

招标人为适用前款规定弄虚作假的,属于招标投标法第 4 条规定的规避招标。

《招标范围和规模标准规定》第 8 条规定,建设项目的勘察、设计,采用特定专利或者专有技术的,或者其建筑艺术造型有特殊要求的,经项目主管部门批准,可以不进行招标。

第 12 条规定,需要审批的工程建设项目,有下列情形之一的,由本办法第 11 条规定的审批部门批准,可以不进行施工招标:

(1) 涉及国家安全、国家秘密或者抢险救灾而不适宜招标的;

(2) 属于利用扶贫资金实行以工代赈需要使用农民工的;

(3) 施工主要技术采用特定的专利或者专有技术的;

(4) 施工企业自建自用的工程,且该施工企业资质等级符合工程要求的;

(5) 在建工程追加的附属小型工程或者主体加层工程,原中标人仍具备承包能力的;

(6) 法律、行政法规规定的其他情形。

不需要审批但依法必须招标的工程建设项目,有前款规定情形之一的,可以不进行施工招标。

《招标投标办法》第 12 条规定,依法必须进行施工招标的工程建设项目有下列情形之一的,可以不进行施工招标:

(1) 涉及国家安全、国家秘密、抢险救灾或者属于利用扶贫资金实行以工代赈需要使用农民工等特殊情况,不适宜进行招标;

(2) 施工主要技术采用不可替代的专利或者专有技术;

(3) 已通过招标方式选定的特许经营项目投资人依法能够自行建设;

(4) 采购人依法能够自行建设;

(5) 在建工程追加的附属小型工程或者主体加层工程,原中标人仍具备承包能力,并且其他人承担将影响施工或者功能配套要求;

(6) 国家规定的其他情形。

《房屋建筑和市政基础设施工程施工招标投标管理办法》(中华人民共和国建设部令第 89 号,2001 年 6 月 1 日)第 10 条规定,工程有下列情形之一的,经县级以上地方人民政府建设行政主管部门批准,可以不进行施工招标:

（1）停建或者缓建后恢复建设的单位工程，且承包人未发生变更的；
（2）施工企业自建自用的工程，且该施工企业资质等级符合工程要求的；
（3）在建工程追加的附属小型工程或者主体加层工程，且承包人未发生变更的；
（4）法律、法规、规章规定的其他情形。

五、建设工程招标应具备的条件

建设工程项目必须符合一定的条件才能进行招标，有关建设工程项目招标应具备的条件在法律法规及各部委的文件中均有所规定。《招标投标法》第9条规定，招标项目按照国家有关规定需要履行项目审批手续的，应当先履行审批手续，取得批准。招标人应当有进行招标项目的相应资金或者资金来源已经落实，并应当在招标文件中如实载明。

《招标投标办法》第8条规定，依法必须招标的工程建设项目，应当具备下列条件才能进行施工招标：

（1）招标人已经依法成立；
（2）初步设计及概算应当履行审批手续的，已经批准；
（3）有相应资金或资金来源已经落实；
（4）有招标所需的设计图纸及技术资料。

《房屋建筑和市政基础设施工程施工招标投标管理办法》第8条规定，工程施工招标应当具备下列条件：

（1）按照国家有关规定需要履行项目审批手续的，已经履行审批手续；
（2）工程资金或者资金来源已经落实；
（3）有满足施工招标需要的设计文件及其他技术资料；
（4）法律、法规、规章规定的其他条件。

《工程建设项目勘察设计招标投标办法》①第9条规定，依法必须进行勘察设计招标的工程建设项目，在招标时应当具备下列条件：

（1）按照国家有关规定需要履行项目审批手续的，已履行审批手续，取得批准。
（2）勘察设计所需资金已经落实。
（3）所必需的勘察设计基础资料已经收集完成。
（4）法律法规规定的其他条件。

《公路工程施工招标投标管理办法》（交通部令2006年第7号）第7条规定，公路工程施工招标的项目应当具备下列条件：

（1）初步设计文件已被批准；
（2）建设资金已经落实；
（3）项目法人已经确定，并符合项目法人资格标准要求。

---

① 2003年6月12日国家发展和改革委员会、建设部、铁道部、交通部、信息产业部、水利部、中国民用航空总局、国家广播电影电视总局令第2号发布，根据2013年3月11日国家发展和改革委员会、工业和信息化部、财政部、住房和城乡建设部、交通运输部、铁道部、水利部、国家广播电影电视总局、中国民用航空局第23号令《关于废止和修改部分招标投标规章和规范性文件的决定》修改。

六、建设工程招投标的主体

（一）招标人

《招标投标法》第 8 条、《招标投标办法》第 7 条均规定，招标人是依照本法规定提出招标项目、进行招标的法人或者其他组织。招标人必须是法人或者其他组织，自然人不能成为招标人。根据《民法通则》第 37 条的规定，法人是指具有民事权利能力和民事行为能力，并依法享有民事权利和承担民事义务的组织，包括企业法人、机关法人和社会团体法人。在经济活动中发生纠纷或争议时，法人能以自己的名义起诉或应诉，并以自己的财产作为自己债务的担保手段。

其他组织，指不具备法人资格的组织。主要包括：法人的分支机构、企业之间或企业、事业单位之间联营、不具备法人资格的组织、合伙组织、个体工商户等。

鉴于招标的项目通常标的大，耗资多，影响范围广，招标人责任较大，为了切实保障招投标各方的权益，招标投标法未赋予自然人成为招标人的权利，但这并不意味着个人投资的项目不能采用招标的方式进行采购。个人投资的项目，可以成立项目公司作为招标人。

（二）招标代理机构

招标代理机构是指依法设立，从事招标代理业务并提供相关服务的社会中介组织。如果招标人具有编制招标文件和组织评标的能力，则可以自行组织招标，并报建设行政监督部门备案。否则应当选择招标代理机构，委托招标代理机构代为办理招标事宜。中国是从 20 世纪 80 年代初开始实行招标投标活动的，最初主要利用世界贷款进行项目招标。由于一些项目单位对招标投标知之甚少，缺乏专门人才和技能，于是产生了一批专门从事招标业务的机构。1984 年成立的中国技术进出口总公司国际金融组织和外国政府贷款项目招标公司（后改为中技国际招标公司）是中国第一家招标代理机构。① 目前全国共有专门从事招标代理业务的机构数百家。

1. 招标代理机构应当具备的条件

《招标投标法》第 13 条第 2 款规定，招标代理机构应当具备下列条件：

（1）有从事招标代理业务的营业场所和相应资金具有营业场所和相应资金。

（2）具有编制招标文件和组织评标的专业力量。

（3）具有可以作为评标委员会成员人选的技术、经济等方面的专家库。《招标投标法》第 37 条规定了评标委员会的组成办法，并对能进入评标委员会的专家的条件进行了限定，第 37 条第 3 款规定，前款专家应当从事相关领域工作满 8 年并具有高级职称或者具有同等专业水平，由招标人从国务院有关部门或者省、自治区、直辖市人民政府有关部门提供的专家名册或者招标代理机构的专家库内的相关专业的专家名单中确定。

除了上述条件以外，《工程建设项目招标代理机构资格认定办法》（建设部令 154 号）规定，工程招标代理机构还应当符合与行政机关和其他国家机关没有行政隶属关系或者其

---

① 倪东生：《政府采购代理机构的发展历程》，载《中国政府采购》2011 年第 12 期，第 28 页。

他利益关系、有固定的营业场所和开展工程招标代理业务所增设施及办公条件、有健全的组织机构和内部管理的规章制度等条件。

2. 招标代理机构的资质

《工程建设项目招标代理机构资格认定办法》第 5 条规定，工程招标代理机构资格分为甲级、乙级和暂定级。

甲级工程招标代理机构可以承担各类工程的招标代理业务。

乙级工程招标代理机构只能承担工程总投资 1 亿元人民币以下的工程招标代理业务。

暂定级工程招标代理机构，只能承担工程总投资 6 000 万元人民币以下的工程招标代理业务。

其中申请甲级工程招标代理资格的机构，除具备上述工程招标代理机构应具备的条件外，还应当具备下列条件：

（1）取得乙级工程招标代理资格满 3 年；

（2）近 3 年内累计工程招标代理中标金额在 16 亿元人民币以上（以中标通知书为依据，下同）；

（3）具有中级以上职称的工程招标代理机构专职人员不少于 20 人，其中具有工程建设类注册执业资格人员不少于 10 人（其中注册造价工程师不少于 5 人），从事工程招标代理业务 3 年以上的人员不少于 10 人；

（4）技术经济负责人为本机构专职人员，具有 10 年以上从事工程管理的经验，具有高级技术经济职称和工程建设类注册执业资格；

（5）注册资本金不少于 200 万元。

申请乙级工程招标代理资格的机构，除具备上述工程招标代理机构应具备的条件外，还应当具备下列条件：

（1）取得暂定级工程招标代理资格满 1 年；

（2）近 3 年内累计工程招标代理中标金额在 8 亿元人民币以上；

（3）具有中级以上职称的工程招标代理机构专职人员不少于 12 人，其中具有工程建设类注册执业资格人员不少于 6 人（其中注册造价工程师不少于 3 人），从事工程招标代理业务 3 年以上的人员不少于 6 人；

（4）技术经济负责人为本机构专职人员，具有 8 年以上从事工程管理的经历，具有高级技术经济职称和工程建设类注册执业资格；

（5）注册资本金不少于 100 万元。

申请暂定级工程招标代理资格的机构，除具备上述工程招标代理机构应具备的条件外，还应当具备下列条件：

（1）具有中级以上职称的工程招标代理机构专职人员不少于 12 人，其中具有工程建设类注册执业资格人员不少于 6 人（其中注册造价工程师不少于 3 人），从事工程招标代理业务 3 年以上的人员不少于 6 人；

（2）技术经济负责人为本机构专职人员，具有 8 年以上从事工程管理的经历，具有高级技术经济职称和工程建设类注册执业资格；

（3）注册资本金不少于 100 万元。

（三）投标人

投标人必须具备响应招标和参与招标竞争两个条件后，才能成为投标人。有些招标项目对投标人资格进行了限定，招标人会对有意向的投标人事先进行资格预审。

《招标投标办法》第20条规定，资格审查应主要审查潜在投标人或者投标人是否符合下列条件：

（1）具有独立订立合同的权利；

（2）具有履行合同的能力，包括专业、技术资格和能力，资金、设备和其他物质设施状况，管理能力，经验、信誉和相应的从业人员；

（3）没有处于被责令停业，投标资格被取消，财产被接管、冻结，破产状态；

（4）在最近三年内没有骗取中标和严重违约及重大工程质量问题；

（5）法律、行政法规规定的其他资格条件。

该条也同时规定资格审查时，招标人不得以不合理的条件限制、排斥潜在投标人或者投标人，不得对潜在投标人或者投标人实行歧视待遇。任何单位和个人不得以行政手段或者其他不合理方式限制投标人的数量。

第二节 建设工程招投标的程序

【问题引入】

建设单位将一钢筋混凝土结构38层综合楼建设项目的施工招标和施工阶段监理任务委托给某一建设监理公司，并签订了工程建设委托监理合同。该监理单位建议建设单位采取公开招标方式，并在招标公告中要求投标者应具有一级资质等级的施工单位参加投标。参加投标的施工单位与施工联合体共有8家。在开标会上，与会人员除参与投标的施工单位与施工联合体的有关人员外，还有市招标办公室、市公证处法律顾问以及建设单位的招标委员会全体成员和监理单位的有关人员。开标前，公证处提出对各投标单位的资质进行审查。在开标中，对众诚建筑施工联合体认定为不符合投标资格要求、撤销了其标书。众诚建筑施工联合体是由甲、乙、丙三家建筑公司联合组成的施工联合体，其中甲建筑公司为一级施工企业，乙、丙建筑公司为三级施工企业。

问题：众诚建筑施工联合体是否具备投标资格？

当前，建筑工程招投标市场和制度日趋完善、成熟，市场竞争行为也变得越来越规范化和理性化。按照《招标投标法》的规定，一个完整的招标投标程序，必须包括招标、投标、开标、评标、中标和签订合同六大环节。

一、招标

招标包括招标人按照国家有关规定履行项目审批手续、落实资金来源后，依法发布招标公告或投标邀请书，编制并发售招标文件等具体环节。根据项目特点和实际需要，有些招标项目还要委托招标代理机构，组织现场踏勘、进行招标文件的澄清与修改等。由于这些是招标投标活动的起始程序，招标项目条件、投标人资格条件、评标标准和方法、合同主要条款等各项实质性条件和要求都是在招标环节得以确定，因此，对于整个招标投标过程是否合法、科学，能否实现招标目的具有基础性影响。

（一）行政审批

《招标投标法》第9条规定招标项目按照国家有关规定需要履行项目审批手续的，应当先履行审批手续，取得批准。该法第3条规定的依法必须进行招标的项目，包括大型基础设施、公用事业等关系社会公共利益、公众安全的项目，全部或者部分使用国有资金投资或国家融资的项目，以及使用国际组织或者外国政府贷款、援助资金的项目。这些项目大都关系国计民生，涉及全社会固定资产投资规模，因此，多数项目根据国家有关规定需要立项审批，审批工作应当在招标前完成。

审批时招标单位填写"建设工程施工招标申请表"，有上级主管部门的需经其批准同意后，连同"工程建设项目报建登记表"报招标管理机构审批。招标申请表包括以下内容：工程名称、建设地点、招标建设规模、结构类型、招标范围、招标方式、要求施工企业等级、施工前期准备情况（土地征用、拆迁情况、勘察设计情况、施工现场条件等）、招标机构组织情况等。

（二）资格预审

《招标投标法》第18条第1款规定，招标人可以根据招标项目本身的要求，在招标公告或者投标邀请书中，要求潜在投标人提供有关资质证明文件和业绩情况，并对潜在投标人进行资格审查；国家对投标人的资格条件有规定的，依照其规定。招标人不得以不合理的条件限制或者排斥潜在投标人，不得对潜在投标人实行歧视待遇。

资格预审由项目单位根据项目的需要进行，并非所有项目都要在招标公告发布之前进行资格预审。不进行资格预审的公开招标，将资格审查安排在开标后进行（称资格后审）。前述案例中的资格预审就属于在开标后进行的资格审查，《建筑法》第27条第2款规定，两个以上不同资质等级的单位实行联合共同承包的，应按照资质等级低的单位的业务许可范围承揽工程。众诚建筑施工联合体是由三家建筑公司联合组成的施工联合体，其中甲建筑公司为一级施工企业，乙、丙建筑公司为三级施工企业。对该联合体应按照乙、丙建筑公司的资质定为三级施工企业，由于招标项目要求一级施工企业资质，因此该联合体不符合招标要求一级企业投标的资质规定，被撤销标书是合法的。

（三）编制招标文件

《招标投标法》第19条规定，招标人应当根据招标项目的特点和需要编制招标文件。招标文件应当包括招标项目的技术要求、对投标人资格审查的标准、投标报价要求和评标标准等所有实质性要求和条件以及拟签订合同的主要条款。国家对招标项目的技术、标准有规定的，招标人应当按照其规定在招标文件中提出相应要求。招标项目需要划分标段、确定工期的，招标人应当合理划分标段、确定工期，并在招标文件中载明。

《招标投标办法》第24条规定，招标人根据施工招标项目的特点和需要编制招标文件。招标文件一般包括下列内容：

（1）招标公告或投标邀请书；

（2）投标人须知；

(3) 合同主要条款；
(4) 投标文件格式；
(5) 采用工程量清单招标的，应当提供工程量清单；
(6) 技术条款；
(7) 设计图纸；
(8) 评标标准和方法；
(9) 投标辅助材料。

招标人应当在招标文件中规定实质性要求和条件，并用醒目的方式标明。

不同的招标方式、不同的招标内容，所用的招标文件也不一样，如公开招标用的文件准备就包括招标公告、资格预审、投标邀请、招标文件乃至中标通知书等在内的全部文件的准备。而邀请招标用的文件中就不含招标公告、投标资格预审等内容。

（四）编制招标标底

标底是由招标单位或其委托的机构编制的对施工项目的造价或费用的估算。《招标投标办法》第34条规定，招标人可根据项目特点决定是否编制标底。编制标底的，标底编制过程和标底在开标前必须保密。

招标项目编制标底的，应根据批准的初步设计、投资概算，依据有关计价办法，参照有关工程定额，结合市场供求状况，综合考虑投资、工期和质量等方面的因素合理确定。标底由招标人自行编制或委托中介机构编制，一个工程只能编制一个标底。任何单位和个人不得强制招标人编制或报审标底，或干预其确定标底。

招标项目可以不设标底，进行无标底招标。招标人设有最高投标限价的，应当在招标文件中明确最高投标限价或者最高投标限价的计算方法，招标人不得规定最低投标限价。

（五）发布招标公告

《招标投标法》第16条规定，招标人采用公开招标方式的，应当发布招标公告。依法必须进行招标的项目的招标公告，应当通过国家指定的报刊、信息网络或者其他媒介发布。招标公告应当载明招标人的名称和地址、招标项目的性质、数量、实施地点和时间以及获取招标文件的办法等事项。第17条规定，招标人采用邀请招标方式的，应当向三个以上具备承担招标项目的能力、资信良好的特定的法人或者其他组织发出投标邀请书。《招标投标法实施条例》第15规定"……依法必须进行招标的项目的资格预审公告和招标公告，应当在国务院发展改革部门依法指定的媒介发布。在不同媒介发布的同一招标项目的资格预审公告或者招标公告的内容应当一致。指定媒介发布依法必须进行招标的项目的境内资格预审公告、招标公告，不得收取费用……"

招标公告由招标人通过国家指定的报刊、信息网络或者其他媒介发布。公告中要载明招标人的名称、地址、招标项目的名称、性质、数量、实施地点和时间、招标工作的时间安排、对投标人资格条件的要求及获取招标文件的办法。如果要进行资格预审的，还应写明申请投标资格预审办法。在建有工程建设招投标有形市场的地方，建设项目的公开招标应在工程建设招投标有形市场（如建设工程交易中心）发布信息，同时也可通过报刊、广播、电视等新闻媒介发布公告。进行资格预审的，刊登"资格预审通告"。按规定，有审批程序的，应先报招标投标有权管理部门批准，然后才能对外公布。

（六）组织现场踏勘（集体）和招标答疑（书面）

《招标投标法》第21条规定，招标人根据招标项目的具体情况，可以组织潜在投标人踏勘项目现场。《招标投标办法》第32条规定，招标人根据招标项目的具体情况，可以组织潜在投标人踏勘项目现场，向其介绍工程场地和相关环境的有关情况。潜在投标人依据招标人介绍情况作出的判断和决策，由投标人自行负责。招标人不得单独或者分别组织任何一个投标人进行现场踏勘。

招标单位组织投标单位进行勘察现场的目的在于了解工程场地和周围环境情况，以获取投标单位认为有必要的信息。为便于投标单位提出问题并得到解答，勘察现场一般安排在投标预备会的前1~2天。

投标单位在勘察现场中如有疑惑的问题，应在投标预备会前以书面形式向招标单位提出，但应给招标单位留出解答时间。

招标单位应向投标单位介绍有关现场的以下情况：

(1) 施工现场是否达到招标文件中规定的条件。
(2) 施工现场的地理位置和地形、地貌。
(3) 施工现场的地质、土质、地下水位、水文等情况。
(4) 施工现场气候条件，如气温、湿度、风力、年雨雪量等。
(5) 现场环境，如交通、饮水、污水排放、生活用电、通信等。
(6) 工程在施工现场中的位置或布置。
(7) 临时用地、临时设施搭建等。

二、投标

投标是投标人根据招标文件要求，编制并提交投标文件，响应招标活动的过程。

（一）申报资格预审

在招标人设定投标资格限制时，投标人需要根据招标人发布的资格预审条件填写相应文件，准备相关材料，如果不符合资格预审则无需准备投标。

（二）购买和研究招标文件

申请者接到招标单位的资格预审合格通知书或投标邀请书后，就表明已经具备并获得了参加该项目的投标资格。如果决定参加投标，就要及时根据其中载明的时间、地点、联系方式和其他要求，委托代表携带授权书、有效证件以及购买标书的费用和图样押金等及时购回招标文件。投标人在取得招标文件后，要对招标文件的齐全性、正确性进行审查并对招标文件的内容深入理解研究。研究重点应放在投标人须知、合同条件或条款、设计图纸、工程范围、工程量清单、技术规范和特殊要求等方面。

（三）编制投标文件

投标文件应当对招标文件提出的实质性要求和条件作出响应。在招标文件中，通常包括招标须知、合同的一般条款、合同特殊条款、价格条款、技术规范以及附件等。投标人在编制投标文件时必须按照招标文件的这些要求编写投标文件。《招标投标法》第19条规定，招标人应当根据招标项目的特点和需要编制招标文件。招标文件应当包括招标项目的技术要求、对投标人资格审查的标准、投标报价要求和评标标准等所有实质性要求和条件以及拟签订合同的主要条款。国家对招标项目的技术、标准有规定的，招标人应当按照其规定在招标文件中提出相应要求。招标项目需要划分标段、确定工期的，招标人应当合理划分标段、确定工期，并在招标文件中载明。

根据招标文件要求的不同，每个工程的投标文件也不一样，其内容和要求在招标文件的"投标须知"中有明确的规定，编制投标文件时应完全按投标须知办理。

（四）投标保证金

投标保证金是指在招标投标活动中，投标人随投标文件一同递交给招标人的一定形式、一定金额的投标责任担保，主要是为了保证投标人在递交投标文件后不得撤销投标文件，中标后不得无正当理由不与招标人订立合同，在签订合同时不得向招标人提出附加条件或者不按照招标文件要求提交履约保证金，否则，招标人有权不予返还其递交的投标保证金。《招标投标法》第 46 条规定："……招标文件要求中标人提交履约保证金的，中标人应当提交。"《招标投标法实施条例》第 26 条规定，招标人在招标文件中要求投标人提交投标保证金的，投标保证金不得超过招标项目估算价的 2%。投标保证金有效期应当与投标有效期一致。依法必须进行招标的项目的境内投标单位，以现金或者支票形式提交的投标保证金应当从其基本账户转出。招标人不得挪用投标保证金。

《招标投标办法》第 37 条规定，招标人可以在招标文件中要求投标人提交投标保证金。投标保证金除现金外，可以是银行出具的银行保函、保兑支票、银行汇票或现金支票。投标保证金不得超过项目估算价的 2%，但最高不得超过 80 万元人民币。投标保证金有效期应当与投标有效期一致。

投标人应当按照招标文件要求的方式和金额，将投标保证金随投标文件提交给招标人或其委托的招标代理机构。依法必须进行施工招标的项目的境内投标单位，以现金或者支票形式提交的投标保证金应当从其基本账户转出。

（五）递送投标文件

递送投标文件也称递标，是指投标人在招标文件要求提交投标文件的截止时间前，将所有准备好的投标文件密封送达投标地点。投标人在递交投标文件以后投标截止时间之前，可以对所递交的投标文件进行补充、修改或撤回，并书面通知招标人，但所递交的补充、修改或撤回通知必须按招标文件的规定编制、密封和标志。补充、修改的内容为投标文件的组成部分。

1. 投标有效期

投标有效期是指为保证招标人有足够的时间在开标后完成评标、定标、合同签订等工作而要求投标人提交的投标文件在一定时间内保持有效的期限，该期限由招标人在招标文件中载明，从提交投标文件的截止之日起算，投标有效期起始点为投标截止日。

对于投标有效期、工程造价以及投标人编制投标文件的期限，《招标投标办法》第 29 条规定，招标文件应当规定一个适当的投标有效期，以保证招标人有足够的时间完成评标和与中标人签订合同。投标有效期从投标人提交投标文件截止之日起计算。

在原投标有效期结束前，出现特殊情况的，招标人可以书面形式要求所有投标人延长投标有效期。投标人同意延长的，不得要求或被允许修改其投标文件的实质性内容，但应当相应延长其投标保证金的有效期；投标人拒绝延长的，其投标失效，但投标人有权收回其投标保证金。因延长投标有效期造成投标人损失的，招标人应当给予补偿，但因不可抗力需要延长投标有效期的除外。

《招标投标办法》第31条规定，招标人应当确定投标人编制投标文件所需要的合理时间；但是，依法必须进行招标的项目，自招标文件开始发出之日起至投标人提交投标文件截止之日止，最短不得少于20日。

2. 投标文件无效的情形

在特定情况下，投标文件将被视为无效，而不能进入到评标阶段。《招标投标办法》第50条第2款、《招标投标法实施条例》第51条均规定，有下列情形之一的，评标委员会应当否决其投标：

（1）投标文件未经投标单位盖章和单位负责人签字；

（2）投标联合体没有提交共同投标协议；

（3）投标人不符合国家或者招标文件规定的资格条件；

（4）同一投标人提交两个以上不同的投标文件或者投标报价，但招标文件要求提交备选投标的除外；

（5）投标报价低于成本或者高于招标文件设定的最高投标限价；

（6）投标文件没有对招标文件的实质性要求和条件作出响应；

（7）投标人有串通投标、弄虚作假、行贿等违法行为。

《房屋建筑和市政基础设施工程施工招标投标管理办法》第35条规定，在开标时，投标文件出现下列情形之一的，应当作为无效投标文件，不得进入评标：

（1）投标文件未按照招标文件的要求予以密封的；

（2）投标文件中的投标函未加盖投标人的企业及企业法定代表人印章的，或者企业法定代表人委托代理人没有合法、有效的委托书（原件）及委托代理人印章的；

（3）投标文件的关键内容字迹模糊、无法辨认的；

（4）投标人未按照招标文件的要求提供投标保函或者投标保证金的；

（5）组成联合体投标的，投标文件未附联合体各方共同投标协议的。

3. 投标文件不予受理的情形

《招标投标办法》第50条规定，投标文件有下列情形之一的，招标人应当拒收：

（1）逾期送达；

（2）未按招标文件要求密封。

（六）踏勘现场和参加标前会议

1. 踏勘现场

为获取与编制投标文件有关的必要信息，投标人要按照招标文件中注明的现场踏勘和标前会议的时间和地点，积极参加现场踏勘和标前会议。现场踏勘是投标人正式编制、递交投标文件前必须要经过的重要的准备工作，投标人必须予以高度重视。

投标人进行现场踏勘的内容主要包括以下几个方面：

（1）工程的范围、性质以及与其他工程之间的关系。

（2）投标人参与投标的那一部分工程与其他承包商或分包商之间的关系。

（3）现场地貌、地质、水文、气候、交通、电力、水源等情况，有无障碍物等。

(4) 进出现场的方式，现场附近有无食宿条件，料场开采条件，其他加工条件，设备维修条件等。

(5) 现场附近治安情况。

2. 标前会议

标前会议是开标之前招标人或招标代理机构召开的标前答疑会，一般在现场踏勘之后的1~2天内举行。答疑会的目的是解答投标人对招标文件和在现场中所提出的各种问题，并对图纸进行交底和解释。在标前会和现场勘察会议前后，投标人以书面的形式或口头形式提出的质疑，以及招标人发现招标文件中存在的不足和问题，应修改补遗的部分等，均应在投标截止日（即是开标日）15天以前发出对质疑、澄清和文件修改补遗的书面通知。

三、开标

开标是招标人按照招标文件确定的时间和地点，邀请所有投标人到场，当众开启投标人提交的投标文件，宣布投标人名称、投标报价及投标文件中其他重要内容。《招标投标法》第44条规定，招标人应当按照招标文件规定的时间、地点开标。

《招标投标办法》第49条规定，开标应当在招标文件确定的提交投标文件截止时间的同一时间公开进行；开标地点应当为招标文件中确定的地点。

开标由招标人主持，邀请所有的投标人和评标委员会的全体人员参加。招投标管理机构负责监督，如果是大中型项目也可以请公证机构进行公正。为了体现平等竞争的原则，使开标做到公平、公正、公开，招标人需要邀请所有投标人或其代表出席开标，可以使投标人得以了解开标是否依法进行，这样做能够使投标人对招标人起到一定的监督作用。开标的形式主要有公开开标、有限开标和秘密开标三种。

1. 公开开标

邀请所有投标人参加开标仪式，其他愿意参加者也不受限制，当众公开开标。

2. 有限开标

只邀请投标人和有关人员参加开标仪式，其他无关人员不得参加，当众公开开标。

3. 秘密开标

只有负责招标的成员参加开标，不允许投标人参加开标，一般做法是指定时间递交投标文件。递交投标文件后招标人将开标的名次结果通知给投标人，不公开标价，其目的是不暴露投标人的准确报价数字。

四、评标和中标

评标是审查确定中标人的必经程序，对于依法必须招标的项目招标人必须根据评标委员会提出的书面评标报告和推荐的中标候选人确定中标人，因此，评标是否合法、规范、公平、公正，对于招标结果具有决定性作用。中标，也称定标，即招标人从评标委员会推荐的中标候选人中确定中标人，并向中标人发出中标通知书，并同时将中标结果通知所有未中标的投标人。

《招标投标法》、《招标投标法实施条例》及其系列文件规定了评标委员会的组成、评标的方法、标准、程序及要求等。《招标投标法》第 37 条规定，评标由招标人依法组建的评标委员会负责。依法必须进行招标的项目，其评标委员会由招标人的代表和有关技术、经济等方面的专家组成，成员人数为五人以上单数，其中技术、经济等方面的专家不得少于成员总数的 2/3。评标委员会成员的名单在中标结果确定前应当保密。

《招标投标法实施条例》第 46 条规定，除招标投标法第 37 条第 3 款规定的特殊招标项目外，依法必须进行招标的项目，其评标委员会的专家成员应当从评标专家库内相关专业的专家名单中以随机抽取方式确定。任何单位和个人不得以明示、暗示等任何方式指定或者变相指定参加评标委员会的专家成员。

评标委员会应当按照招标文件确定的评标标准和方法，对投标文件进行评审和比较；设有标底的，应当参考标底。评标委员会完成评标后，应当向招标人提出书面评标报告，并推荐合格的中标候选人。

招标人根据评标委员会提出的书面评标报告和推荐的中标候选人确定中标人。招标人也可以授权评标委员会直接确定中标人。

依法必须进行招标的项目，招标人应当自收到评标报告之日起 3 日内公示中标候选人，公示期不得少于 3 日。

五、发出中标通知书及合同签订

（一）发出中标通知书

中标人确定后，招标人应及时将中标结果通知中标人及所有未中标的投标人，中标通知书就是向中标的投标人发出的告知其中标的书面通知文件。中标通知书是作为招标投标法规定的承诺行为，即中标通知书发出之时即生效，对于中标人和招标人都产生约束力。《招标投标法》第 45 条规定，中标人确定后，招标人应当向中标人发出中标通知书，并同时将中标结果通知所有未中标的投标人。中标通知书对招标人和中标人具有法律效力。中标通知书发出后，招标人改变中标结果的，或者中标人放弃中标项目的，应当依法承担法律责任。

中标通知书发出后，招标人和中标人应当按照招标文件和中标人的投标文件在规定时间内订立书面合同，中标人按合同约定履行义务，完成中标项目。

《招标投标办法》第 59 条规定，招标人不得向中标人提出压低报价、增加工作量、缩短工期或其他违背中标人意愿的要求，以此作为发出中标通知书和签订合同的条件。

（二）合同签订

招标人和中标人在投标有效期内并在自中标通知书发出之日起 30 日内，按照招标文件和中标人的投标文件订立书面合同，合同的标的、价款、质量、履行期限等主要条款应当与招标文件和中标人的投标文件的内容一致。

招标人和中标人不得再行订立背离合同实质性内容的其他协议。合同中确定的建设规模、建设标准、建设内容、合同价格应当控制在批准的初步设计及概算文件范围内；确需超出规定范围的，应当在中标合同签订前，报原项目审批部门审查同意。凡应报经审查而未报的，在初步设计及概算调整时，原项目审批部门一律不予承认。

招标人最迟应当在书面合同签订后 5 日内向中标人和未中标的投标人退还投标保证金

及银行同期存款利息。

招标人要求中标人提供履约保证金或其他形式履约担保的,招标人应当同时向中标人提供工程款支付担保。

招标人不得擅自提高履约保证金,不得强制要求中标人垫付中标项目建设资金。

第三节 违反招投标法的法律责任

【问题引入】

某研究院大楼设计建筑面积为19 945m^2,预计造价7 400万元,其中土建工程造价约为3 402万元,配套设备暂定造价为3 998万元。2001年初,该工程项目进入某建设工程交易中心以总承包方式向社会公开招标。

包工头李某得知该项目的情况后,立即分别到该省4家建筑公司活动,要求挂靠这4家公司参与投标。这四家公司在未对李某的公司资质和业绩进行审查的情况下就同意其挂靠,并分别商定了"合作"条件:一是投标保证金由李某支付;二是一家建筑公司代李某编制标书,由李某支付"劳务费",其余三家公司的经济标书由李某编制;三是项目中标后全部或部分工程由李某组织施工,挂靠单位收取工程造价3%~5%的管理费。

2001年1月李某给4家公司各汇去30万元投标保证金,并支付给甲建筑公司1.5万元编制标书的"劳务费"。

问题:李某和允许其挂靠的4家公司违反了《招标投标法》的哪些规定?

一、常见违法招标投标行为及法律责任

在工程建设项目审计中,经常会发现招标投标方面的违法违规问题,主要表现在以下几个方面:

(一)必须进行招标的项目不招标

《招标投标法》第3条规定"在中华人民共和国境内进行下列工程建设项目包括项目的勘察、设计、施工、监理以及与工程建设有关的重要设备、材料等的采购,必须进行招标"。第4条进一步规定,任何单位和个人不得将依法必须进行招标的项目化整为零或者以其他任何方式规避招标,上述规定的目的是为了防止招标人违规进行招标。在实际操作中,违反上述规定规避招标的招标人往往会采取各种手段,使项目达不到强制招标的规模要求,从而实现直接发包的目的。

1. 肢解项目

招标规模是建设工程是否必须进行招标的主要标准之一,建设单位将项目肢解为各种子项,各子项的造价或预算低于招标限额,达不到强制性招标的要求,从而规避招标。按照规定,造价50万元以上的建设工程必须招标,50万元以下的工程可直接发包。有些单位为了逃避招投标程序,经常把造价50万元以上的工程进行分拆或肢解,从而达到指定施工单位的目的。如:将办公楼装修工程肢解为楼地面装修、吊顶;将信息化建设项目肢

解为一个个单个设备及软件系统采购。①

2. 项目变更、调整

例如：建设单位先将工程总造价降低到招标限额以下，直接发包确定施工单位后，再进行项目调整，最后按实结算，工程结算造价往往大大超过招标限额。

3. 签订小额合同

招标人与施工方签订合同的合同额达不到招标规模，然后通过不断续签合同以达到规避招标的目的。有的业主以时间紧迫、任务重大为借口，将工程定义为"应急工程"，只在小范围发布招标公告，甚至直接确定承包人。②

《招标投标法》第49条规定，违反本法规定，必须进行招标的项目而不招标的，将必须进行招标的项目化整为零或者以其他任何方式规避招标的，责令限期改正，可以处项目合同金额5‰以上10‰以下的罚款；对全部或者部分使用国有资金的项目，可以暂停项目执行或者暂停资金拨付；对单位直接负责的主管人员和其他直接责任人员依法给予处分。

【案例 2-1】

2005年1月26日，某工程公司、某置业公司及某县房管局签订协议书。三方约定：由某县房管局在桃江花园3号楼建设一栋九层高的大厦，该大厦及占地归某县房管局所有，某置业公司负责该大厦工程建设的报建手续，税费由某县房管局承担；某县房管局除应免除某置业公司安置补偿费用外，另行给付某置业公司155万元差额款（大厦竣工后结算）；某置业公司应负责该大厦外围的公共基础设施建设，并允许某县房管局使用某置业公司的水电设施，水电费用由某县房管局承担；大厦由某工程公司负责承建，由某工程公司全额垫资完成全部主体工程，主体工程完成一个月内某县房管局预付工程总造价的70%给某工程公司，工程竣工验收之日起一个月内某县房管局预付工程总造价的20%给某工程公司，余款10%在六个月付清；工程造价以现行《全国建筑安装基础定额（江西省估价表）》及《江西省建筑安装取费定额》，按实际完成工作量计算工程总造价；工期于2005年9月30日前完成主体工程，12月31日竣工；违约条款约定：某县房管局如未按约定付款，某工程公司有权以所欠金额的2%按月向某县房管局计取违约金，同时工期顺延；工程竣工验收之日起六个月内，某县房管局未付清某工程公司全部工程款，某工程公司有权拍卖其酒店房产；由于某县房管局的原因造成工程停建或缓建，某工程公司有权要求某县房管局及时办理工程决算和补偿损失，并在一个月内付清全部款项。某工程公司、某置业公司及某县房管局签订协议书所涉及的大厦工程其实际发包方（建设方）为某县房管局，而某县房管局所使用的资金属国有资金，依照招投标法的相关规定，该工程项目必需进行招标。某县房管局在该工程项目发包时，以某置业公司名义办理相关报建手续，该行

---

① 吴玲：《警惕：规避招标五种现象》，载《建筑时报》2005-12-12。
② 余冰、黄晓冰、胡能：《重视标前标后监管促进招标投标全程规范》，载《中国招标》2013年第38期，第5页。

为是一种规避法律的行为，其实质是以合法形式掩盖非法目的，违反了国家法律的禁止性规定，因此该协议应该无效。①

（二）将项目委托给不具备相应资质的招标代理机构

《招标投标法》规定，招标人不具备自行招标条件的，应当委托具有相应资质的招标代理机构组织招标。《工程建设项目招标代理机构资格认定办法》和《政府采购代理机构资格认定办法》分别对工程招标代理机构和政府采购代理机构代理项目的范围和规模作了明确规定，《工程建设项目招标代理机构资格认定办法》第 5 条第 3 款规定，乙级工程招标代理机构，只能承担工程总投资 1 亿元人民币以下的工程招标代理业务；《政府采购代理机构资格认定办法》第 6 条第 2 款规定，乙级政府采购代理机构只能代理单项政府采购项目预算金额在一千万元人民币以下的政府采购项目。但有的招标人出于各种目的规避规定，如：某市政道路建设工程，总投资超过 2 亿元，招标人将该项目划分为若干个标段分别招标，每个标段造价在 3 000 万～4 000 万元左右，将其中几个标段委托给某乙级工程代理机构代理；②《招标投标法》第 50 条规定，招标代理机构违反本法规定，泄露应当保密的与招标投标活动有关的情况和资料的，或者与招标人、投标人串通损害国家利益、社会公共利益或者他人合法权益的，处 5 万元以上 25 万元以下的罚款，对单位直接负责的主管人员和其他直接责任人员处单位罚款数额 5%以上 10%以下的罚款；有违法所得的，并处没收违法所得；情节严重的，暂停直至取消招标代理资格；构成犯罪的，依法追究刑事责任。给他人造成损失的，依法承担赔偿责任。前款所列行为影响中标结果的，中标无效。

（三）不按规定发布招标信息

《招标投标法》第 24 条规定，招标人应当确定投标人编制投标文件所需要的合理时间；但是，依法必须进行招标的项目，自招标文件开始发出之日起至投标人提交投标文件截止之日止，最短不得少于二十日。国家发展计划委员会 2000 年 7 月 1 日《招标公告发布暂行办法》③ 第 4 条规定，依法必须招标项目的招标公告必须在指定媒介发布，任何单位和个人不得非法限制招标公告的发布地点和发布范围。

建设单位为了规避公开招投标，往往在信息发布上做文章，要么限制信息发布范围，要么不公开发布信息，规避公开招投标。虽然《招标投标法》规定对招投标信息的发布作了明确的规定，但在实际操作过程中，一些人常借口提高工作效率随意缩短信息发布时间，客观上造成了潜在投标对象获知信息的不平等。为了减少中意的投标人竞争对手，使其能够在投标中顺利胜出，有的招标人在招标前把项目的主要内容和特点告诉某个特定投

---

① 《最高人民法院关于审理建设工程施工合同纠纷案件适用法律若干问题的解释》案例分析，载华律网：http：//www.66law.cn/topic2010/sghtjfdsf/14067.shtml，访问时间：2014 年 12 月 16 日。

② 郑万华：《招标人违规行为表现形式、原因分析及治理对策探究》，载休宁县招标采购监督管理局网站：http：//www.xnztb.gov.cn/news_view.asp？newsid=1071，访问时间：2014 年 11 月 29 日。

③ 2000 年 7 月 1 日国家发展计划委员会 4 号发布，根据 2013 年 3 月 11 日国家发展和改革委员会、工业和信息化部、财政部、住房和城乡建设部、交通运输部、铁道部、水利部、国家广播电影电视总局、中国民用航空局第 23 号令《关于废止和修改部分招标投标规章和规范性文件的决定》修改。

标人,让其早做准备,在项目正式招标时,以工期紧等借口为由,招标公告中规定的发售招标文件以及"等标期"的时间很短,让其他投标人不能及时获得招标信息,即使有的投标人及时获取招标信息和招标文件,也没有足够的时间编制招标文件,无法按时投标,能够按时投标的只能是招标人的"意中人"及其合伙人。①《招标投标办法》第73条规定,招标人有下列限制或者排斥潜在投标人行为之一的,由有关行政监督部门依照招标投标法第51条的规定处罚;其中,构成依法必须进行施工招标的项目的招标人规避招标的,依照招标投标法第49条的规定处罚:

(1) 依法应当公开招标的项目不按照规定在指定媒介发布资格预审公告或者招标公告;

(2) 在不同媒介发布的同一招标项目的资格预审公告或者招标公告的内容不一致,影响潜在投标人申请资格预审或者投标。

招标人不按规定发布招标信息规避招标的,根据《招标投标法》第49条规定,责令限期改正,可以处项目合同金额5‰以上10‰以下的罚款;对全部或者部分使用国有资金的项目,可以暂停项目执行或者暂停资金拨付;对单位直接负责的主管人员和其他直接责任人员依法给予处分。招标人不按规定发布招标信息限制或排斥潜在投标人的,根据《招标投标法》第51条规定,责令改正,可以处1万元以上5万元以下的罚款。

(四) 排斥、差别对待或歧视对待潜在投标人

《招标投标法》规定,招标文件中不得要求或标明特定的生产供应者以及含有倾向或者排斥潜在投标人的其他内容;但在实际中,一些招标人自觉或不自觉采取各种手段排斥潜在投标人或差别、歧视对待对潜在投标人。《招标投标法》、《政府采购法》对投标人和供应商的资质条件都有明确规定,对于大多数项目而言,只要国家法律法规对从事该行业的经营者没有强制性特殊规定的,投标人只须符合法律规定的一般条件均可参与竞争,但一些招标人以保障项目质量为由,随意提高投标人资质,投资规模达几百万元左右的普通房建项目,要求投标人须具有施工总承包一级或更高资质,通过这些手段使得投标局限在少数几家"意中人"范围之间竞争,致使招标采购项目不能充分竞争,增大了招标人与投标人、投标人与投标人之间串通投标的可能性。对于国家法律法规有着特殊强制性要求的项目,有时却故意降低或不提要求。有的招标人打着"让招标投标更具有竞争性"的幌子,让一些不符合资质的"意中人"供应商能够参与投标活动,扰乱招投标市场。《招标投标办法》规定,投标保证金一般不得超过投标总价的2%,但最高不得超过80万元人民币,招标人为了使一些不是"意中人"的潜在投标人知难而退,以各种理由提高投标保证金标准,如:造价三四百万元的建设工程项目,招标人将投标保证金提高到几十万、甚至上百万的数额,面对高额的投标保证金,很多流动资金不宽裕的中小施工企业只能望而却步。②

---

① 郑万华:《招标人违规行为表现形式、原因分析及治理对策探究》,载休宁县招标采购监督管理局网站:http://www.xnztb.gov.cn/news_view.asp?newsid=1071,访问时间:2014年11月29日。

② 郑万华:《招标人违规行为表现形式、原因分析及治理对策探究》,载中国招标投标协会网站:http://www.ctba.org.cn/list_show.jsp?record_id=163543,访问时间:2014年11月29日。

《招标投标法》第 51 条规定，招标人以不合理的条件限制或者排斥潜在投标人的，对潜在投标人实行歧视待遇的，强制要求投标人组成联合体共同投标的，或者限制投标人之间竞争的，责令改正，可以处 1 万元以上 5 万元以下的罚款。

（五）投标人假借资质参与竞争

《建筑法》第 26 条明确规定，禁止建筑施工企业以任何形式允许其他单位或者个人使用本企业的资质证书、营业执照，以本企业的名义承揽工程。但在实际报名和资格审查过程中，招投标中心并没有严格按照规定程序操作，审核过程中也缺少相应的制约措施，致使假借资质、以他人名义报名的现象时有发生。前述案例中李某在不符合投标资格的情况下，分别挂靠 4 家建筑公司参与投标，约定项目中标后全部或部分工程由郑某组织施工，挂靠单位收取工程造价 3%～5% 的管理费。李某的行为是典型的假借资质参与投标与串通投标的行为。《招标投标法》第 54 条规定，投标人以他人名义投标或者以其他方式弄虚作假，骗取中标的，中标无效，给招标人造成损失的，依法承担赔偿责任；构成犯罪的，依法追究刑事责任。

依法必须进行招标的项目的投标人有前款所列行为尚未构成犯罪的，处中标项目金额 5‰ 以上 10‰ 以下的罚款，对单位直接负责的主管人员和其他直接责任人员处单位罚款数额 5% 以上 10% 以下的罚款；有违法所得的，并处没收违法所得；情节严重的，取消其一年至三年内参加依法必须进行招标的项目的投标资格并予以公告，直至由工商行政管理机关吊销营业执照。

（六）串通投标

《招标投标法》第 32 条规定，投标人不得相互串通投标报价，不得排挤其他投标人的公平竞争，损害招标人或者其他投标人的合法权益。投标人不得与招标人串通投标，损害国家利益、社会公共利益或者他人的合法权益。禁止投标人以向招标人或者评标委员会成员行贿的手段谋取中标。

由于建筑行业僧多粥少的现实情况，使得串通投标的现象屡禁不止。串通投标包括以下情形：

1. 投标人与招标人串通

这表现在招标人在开标前开启投标文件并将有关信息泄露给其他投标人，直接或者间接向投标人泄露标底、评标委员会成员等信息，明示或者暗示投标人压低或者抬高投标报价，招标人授意投标人撤换、修改投标文件，招标人明示或者暗示投标人为特定投标人中标提供方便等。

2. 投标人相互串通

建筑工程投标人与投标人之间交"交易"。这种行为主要体现在：投标人在进行竞争之前，预选一个企业建筑工程为中标企业，其余的单位只是作陪衬竞标者，在竞标会后，如果预选投标者中标，就要根据之前协商的条件给陪标的企业一定的利益作为陪标费。这种投标者之间的串标行为成为了现在企业之间的"潜规则"。[①]投标人之间相互串通形式

[①] 李帆：《浅谈建设工程围标、串标行为的治理》，载《经营管理者》2014 年 3 月下期，第 297 页。

有多种多样，比如多个投标人之间会结成联盟，投标时轮流坐庄其他陪标；又或者结成利益共同体，事先约定好利益分配，中标人中标后互给陪标人相应的经济利益；甚者低价中标之后，有意放弃资格，递补第二名，并与第二名分享中间差价；投标人事先约定在竞标时相互抬高或者价低报价，以此来控制评标价格，获取不当利益。①《招标投标法》第53条规定，投标人相互串通投标或者与招标人串通投标的，投标人以向招标人或者评标委员会成员行贿的手段谋取中标的，中标无效，处中标项目金额5‰以上10‰以下的罚款，对单位直接负责的主管人员和其他直接责任人员处单位罚款数额5%以上10%以下的罚款；有违法所得的，并处没收违法所得；情节严重的，取消其一年至二年内参加依法必须进行招标的项目的投标资格并予以公告，直至由工商行政管理机关吊销营业执照；构成犯罪的，依法追究刑事责任。给他人造成损失的，依法承担赔偿责任。

（七）评标过程不符合规定

《招标投标法》第40条规定，评标委员会应当按照招标文件确定的评标标准和方法，对投标文件进行评审和比较；设有标底的，应当参考标底。评标委员会完成评标后，应当向招标人提出书面评标报告，并推荐合格的中标候选人。招标人根据评标委员会提出的书面评标报告和推荐的中标候选人确定中标人。招标人也可以授权评标委员会直接确定中标人。在评标过程中，招标人在评标委员会依法推荐的中标候选人以外确定中标人招标文件中一般会设置无效标条款，明确规定判定为无效标的的几种情况，中标无效条款一般还会有一个"兜底"条款，如："符合招标文件规定的无效标的其他情形"。招标人在制定招标文件时，故意在招标文件中设置废标陷阱，导致一些投标企业在非实质性条款上被判为废标。如在招标文件中经常会有这样的提法：投标人不能实质性地响应招标文件的相关条款将作为废标处理，到底哪些条款为实质性条款，招标文件中并未明确，这就带来了在评标时的随意性，想不让某家中标，就刻意地去寻找投标文件的漏洞，哪怕一个小小的疏漏，只要与招标文件中的某些并不重要的条款进行对照，认为不符就草率地判定为废标。②

《招标投标法》第57条规定，招标人在评标委员会依法推荐的中标候选人以外确定中标人的，依法必须进行招标的项目在所有投标被评标委员会否决后自行确定中标人的，中标无效。责令改正，可以处中标项目金额5‰以上10‰以下的罚款；对单位直接负责的主管人员和其他直接责任人员依法给予处分。

二、中标无效的法定情形

中标无效，指的是招标人确定的中标失去了法律效力，即获得中标的投标人丧失了与招标人签订合同的资格，招标人不再有与之签订合同的义务。《招标投标法》所规定的中

---

① 刘瑜：《工程建设项目招投标活动中围标串标现象的分析与对策》，载《商业经济》2013年第10期，第42页。

② 王军：《规范工程建设主体行为，完善有形建筑市场建设——深入学习实践科学发展观活动调研报告》，铜山建设局网站：http://www.tsjsj.gov.cn/articledetail.asp?classid=10&id=56，访问时间：2014年10月12日。

标无效的情形主要有六种：

1. 招标代理机构违反本法规定、泄露保密的情况和资料，或者与招标人、投标人串通损害国家利益、社会公共利益或者他人合法权益的行为影响中标结果的，中标无效

《招标投标法》第50条规定："招标代理机构违反本法规定，泄露应当保密的与招标投标活动有关的情况和资料的，或者与招标人、投标人串通损害国家利益、社会公共利益或者他人合法权益的……前款所列行为影响中标结果的，中标无效。"

2. 招标人向他方透露已获得招标文件的潜在投标人的名称、数量或者可能影响公平竞争的有关招标投标的其他情况，或者泄露标底的行为影响中标结果的，中标无效

《招标投标法》第52条规定："依法必须进行招标的项目的招标人向他人透露已获取招标文件的潜在投标人的名称、数量或者可能影响公平竞争的有关招标投标的其他情况的，或者泄露标底的……前款所列行为影响中标结果的，中标无效。"

3. 投标人相互串通围标，投标人与招标人串通投标，投标人以向招标人或者评标委员会行贿的手段取得中标的，中标无效

《招标投标法》第53条规定：投标人相互串通投标或者与招标人串通投标的，投标人以向招标人或者评标委员会成员行贿的手段谋取中标的，中标无效……

《招标投标法实施条例》第39条规定，禁止投标人相互串通投标。有下列情形之一的，属于投标人相互串通投标：

（1）投标人之间协商投标报价等投标文件的实质性内容；

（2）投标人之间约定中标人；

（3）投标人之间约定部分投标人放弃投标或者中标；

（4）属于同一集团、协会、商会等组织成员的投标人按照该组织要求协同投标；

（5）投标人之间为谋取中标或者排斥特定投标人而采取的其他联合行动。

第40条规定，有下列情形之一的，视为投标人相互串通投标：

（1）不同投标人的投标文件由同一单位或者个人编制；

（2）不同投标人委托同一单位或者个人办理投标事宜；

（3）不同投标人的投标文件载明的项目管理成员为同一人；

（4）不同投标人的投标文件异常一致或者投标报价呈规律性差异；

（5）不同投标人的投标文件相互混装；

（6）不同投标人的投标保证金从同一单位或者个人的账户转出。

第41条规定，禁止招标人与投标人串通投标。

有下列情形之一的，属于招标人与投标人串通投标：

（1）招标人在开标前开启投标文件并将有关信息泄露给其他投标人；

（2）招标人直接或者间接向投标人泄露标底、评标委员会成员等信息；

（3）招标人明示或者暗示投标人压低或者抬高投标报价；

（4）招标人授意投标人撤换、修改投标文件；

（5）招标人明示或者暗示投标人为特定投标人中标提供方便；

（6）招标人与投标人为谋求特定投标人中标而采取的其他串通行为。

上述串通投标，骗取中标的，中标无效。

4. 投标人以他人名义投标或者以其他方式弄虚作假，骗取中标的，中标无效

以他人名义投标，指投标人挂靠其他施工单位，或从其他单位通过转让或租借的方式获取资格资质证书，或者由其他单位及法定代表人在自己编制的投标文件上加盖印章和签字等行为。《招标投标法》第54条规定："投标人以他人名义投标或者以其他方式弄虚作假，骗取中标的，中标无效，给招标人造成损失的，依法承担赔偿责任；构成犯罪的，依法追究刑事责任。"

5. 依法必须进行招标的项目，招标人违反本法规定，与投标人就投标价格、投标方案等实质性内容进行谈判的行为影响中标结果的，中标无效

《招标投标法》第55条规定："依法必须进行招标的项目，招标人违反本法规定，与投标人就投标价格、投标方案等实质性内容进行谈判的，给予警告，对单位直接负责的主管人员和其他直接责任人员依法给予处分。前款所列行为影响中标结果的，中标无效。"

6. 招标人在评标委员会依法推荐的中标候选人以外确定中标人的，依法必须进行招标项目存所有投标被推荐候选人以外确定中标人的，中标无效

投标人在中标候选人之外确定中标人的，强制招标项目在所有投标被评标委员会否决后自行确定中标人的。

《招标投标法》第57条规定："招标人在评标委员会依法推荐的中标候选人以外确定中标人的，依法必须进行招标的项目在所有投标被评标委员会否决后自行确定中标人的，中标无效。责令改正，可以处中标项目金额5‰以上10‰以下的罚款；对单位直接负责的主管人员和其他直接责任人员依法给予处分。"

上述是《招标投标法》所规定的中标无效的情形，其中串通投标、投标人弄虚作假以及招标人在中标候选人以外确定中标人等三种违法行为，一旦认定为违法行为则可确定中标无效，而招标代理机构、招标人违规泄露标底或招标人与投标人进行实质性谈判等三种违法行为，在认定违法行为的基础上还需要认定违法行为是否影响了中标效果，只有存在违法行为且违法行为影响中标效果时才能确定中标无效。

【典型案例】

2007年6月12日，原告某建筑公司与被告某房地产公司签订《施工协议书》一份，主要约定："由甲方投资建设位于××城项目，按项目管理办法现将1#、2#、7#、8#住宅楼承包给乙方。工程为1#、2#、7#、8#住宅楼，结构形式为砖混结构，地上7层；工期：2007年7月1日开工，2008年6月30日竣工，总工期日历天数为366天；质量等级：主体合格，竣工一次验收合格；执行单平米造价500元/m² 包死价，承包面积暂定20 600m²，协议总价款暂定为10 300 000元，最终造价以竣工后面积进行结算。施工过程中的变更部分，按如下原则结算……；付款方式：甲方向乙方拨付的施工进度款按照施工进度分阶段进行拨付……待竣工验收合格后，拨付至工程款的95%（结算完毕后一月内）。质保金：预留质量保证金为工程总价款的5%（其中防水工程的质量保证金占工程总价的1%，其他工程占4%）；保修期：防水工程保修期为五年，其他工程保修期为两年，在保修期内因施工质量问题乙方须随叫随到，如不能随时到达，甲方有权安排人员进行维修，其费用从乙方质量保证金中扣除，保

修期满后质量保证金一次付清……"2007年7月13日，原、被告又签订《施工协议书》二份，被告分别又将××城项目3#、4#，11#、16#住宅楼承包给原告。3#、4#住宅楼承包面积暂定10 900m²，协议总价款暂定为5 450 000元。11#、16#住宅楼承包面积暂定10 250m²，协议总价款暂定为5 125 000元。其他条款与2007年6月12日《施工协议书》条款一致。该以上三份《施工协议书》分别签订以后，原告即进入工地开始施工。

2007年8月11日，原、被告对以上1#、2#、7#、8#住宅楼和3#、4#、11#、16#住宅楼工程项目进行了招投标，但该招投标是由被告开会具体安排运作中标、陪标事宜，而原告根据被告安排进行中标。双方又签订了《建设工程施工合同》二份，该二份合同在某县建设局进行备案，备案编号分别为****1、****2。备案编号****1《建设工程施工合同》主要内容为："工程名称：××城住宅小区（A标段1#、2#、7#、8#楼）；工程内容：住宅楼（A标段1#、2#、7#、8#楼）施工图纸全部内容，4栋楼7层砖混结构19 448m²；资金来源：自筹；开工日期：2007年8月15日，竣工日期：2009年8月14日；合同工期总日历天数730天；工程质量标准：合格；合同价款：14 286 771.46元。"备案编号****2《建设工程施工合同》主要内容为："工程名称：××城住宅小区（B标段3#、4#、11#、16#楼）；工程内容：住宅楼（B标段3#、4#、11#、16#楼）施工图纸全部内容，4栋楼7层砖混结构建筑面积约19 580m²；合同价款：14 385 902.93元。"资金来源与开工、竣工日期及工程质量标准等与备案编号****1《建设工程施工合同》一致。该二份《建设工程施工合同》原、被告双方仅签订一份在某县建设局进行备案。

2008年3月14日和3月17日，原告被告双方又签订了《补充协议》二份，主要内容为："由于乙方在2007年施工过程中出现了诸多情况及问题，使工程进度极其缓慢，自2007年7月份开工至2008年1月工程进度没有达到主体封顶及主体认证阶段，甚至还出现了拖欠工人工资及材料费等事件的发生，严重损坏甲方的形象，为杜绝类似情况的发生，经双方协商，依据双方签订的施工协议，特作如下补充和变更共同遵守：一、由于乙方自身原因延误正常工期，导致钢材价格自2007年10月份有较大的上涨，造成施工或成本增加，为了照顾乙方、弥补施工成本增加因素，减轻乙方负担作以下调整：①以**公司*项目部、**县*建王**项目部为基准，以其进钢筋价格及储存量为依据；②弥补钢筋差价的计算方式：四层以上，弥补钢筋差价。进场钢筋价格以3 500元/吨为基数，停工时钢筋价格以4 400元/吨为基数，价差为900元/吨，以900元/吨折合到总建筑面积补给乙方。③弥补方式：以各楼建筑面积含筋量均按24kg/m²折合总建筑面积，每平方米增加预算11元，此价款待竣工后增加至工程决算中。二、为鼓励乙方赶超工程施工进度，甲方同意实施如下奖励措施：①工期奖：如能按合同约定时间按时竣工的楼号，按合同建筑面积每平方米奖励5元。②质量奖：竣工一次性验收合格的楼号按合同建筑面积奖励5元/m²。③乙方如未出现拖欠材料、民工工资及治安管理等恶劣影响事件按合同建筑面积奖励5元/m²。三、如发生以上不良情况的，甲方有权以对等金额，对乙方进行处罚。且4~7层钢筋价差不再补给乙方。四、本补充协议作为施工合同的补充文件存在，与正式的建筑工程施工合同具有同等法律效力，本补充协议已明确的事项，以本补充协议为准，没有涉及的内容以施工协议为准"。

对于上述协议，原、被告均认可于2008年3月签订的二份《补充协议》系对2007年6月12日《施工协议书》和2007年7月13日《施工协议书》的补充。原、被告实际履行的也为该《施工协议书》和《补充协议》。

工程于2007年7月1日开工，2008年6月30日竣工，2008年10月16日由被告验收合格。原告实际完工总面积为43 313.58平方米，在原告起诉前被告给付原告款项为21 974 967元。原告以《建设工程施工合同》每平方米单价为734元为依据，起诉被告欠付其总工程款为12 971 997元，庭审后核对账目诉请变更为9 817 201元。

法院经审理后认为，原、被告于2007年6月12日签订的一份《施工协议书》、2007年7月13日签订的二份《施工协议书》，因没有依法进行招标程序为无效协议。原、被告于2008年3月14日和3月17日签订二份《补充协议》，因系对三份《施工协议书》的补充，故该二份《补充协议》也系无效协议。

原告对案涉工程实际进场施工，且在招投标过程中原、被告双方又存在串通投标，损害国家利益、社会公共利益或者他人的合法权益，故中标无效。原、被告于2007年8月11日签订的二份《建设工程施工合同》，虽进行了招投标并在建设部门进行备案，仍为无效合同。

建设工程施工合同无效，但建设工程经竣工验收合格，承包人仍有权请求参照合同约定支付工程价款。涉案工程经竣工验收合格，被告应给付原告工程价款。双方实际履行的是《施工协议书》和《补充协议》，应参照此支付工程价款。综上，法院判决被告×房地产公司给付原告××建筑公司工程款226 244元及利息。[①]

◎思考题：

1. 建设工程必须招标的项目范围有哪些？
2. 招标代理机构的资质是如何进行划分的？
3. 建设工程招标投标中的标底有什么作用？
4. 中标通知书的法律性质是什么？
5. 中标无效的情形有哪些？
6. 如何认定串通投标行为？

---

① 该案例摘录于《黑白合同案例：中标无效，法院判决参照双方实际履行的建设工程施工合同结算》，载武汉阮山律师网：http：//www.whlawyer.com/ndel.asp？NID=139&PID=12，访问时间：2014年12月13日。

第三章 建设工程施工合同

【本章导读】

建设工程施工合同是建设工程合同的一种,2013版《施工合同示范文本》在结合《建筑法》、《招标投标法》等法律法规的基础上,为建设工程施工合同双方提供了一个较为完善的合同范本,综合考虑了施工合同中双方的权利义务关系,有利于减少双方的争议。建设工程施工合同除了《合同法》所规定的内容外,还包括工程范围、建设工期、中间交工工程的开工和竣工时间、工程质量、工程造价、技术资料交付时间、材料和设备的供应责任、拨款和结算、竣工验收、质量保修范围和质量保证期、相互协作条款等。实践中建设单位与施工单位所签的施工合同因违反法律、行政法规的强制性规定被认定为无效,但被认定为无效的建设工程施工合同在工程验收合格的情况下承包方仍然有权向建设单位主张工程建设价款。建设工程施工合同法律关系的主体是发包人和承包人,在发生合同纠纷诉讼时,首先要确定建设工程施工合同当事人的诉讼主体资格。

第一节 建设工程施工合同概述

【问题引入】

2010年10月10日,永利公司与龙翔公司签订了《工程施工合同》一份,合同约定由双方共同承建水利公司中标的工程项目,并由龙翔公司指派项目经理建设并管理。2010年10月28日永利公司经过议标中标与阳光公司签订了《施工合同书》,双方就工期,付款方式,造价等进行约定。同年12月29日自然人金某与龙翔项目经理许某就外墙防护工程签订了《工程承包合同书》一份,双方就施工地点,承包范围,承包形式,安全责任,工程单价,付款方式等进行了约定。2011年3月13日金某与许某进行结算,许某当欠工程款40余万元,多次雇讨未果,于2013年3月1日起诉。①

问题:金某不具备建筑资质,其与许某之间签订的工程承包合同是否有效?

---

① 李广健:《不具备建筑资质签订的承包合同如何处理案例》,载110法律咨询网:http://www.110.com/ziliao/article-468983.html,访问时间:2014年10月20日。

一、建设工程合同和建设工程施工合同

建设工程合同是一方进行工程建设，另一方支付价款的合同。按照《合同法》的规定，建设工程合同分为建设工程勘察合同、建设工程设计合同、建设工程施工合同。建设工程的建设过程复杂，所涉及的合同种类也比较多。

1. 建筑工程勘察设计合同

建筑工程勘察设计合同是建设单位与勘察单位、设计单位就建设工程项目的勘察、设计进行约定，明确双方权利义务的合同。分为建设工程勘察合同和建设工程设计合同两种。建设单位是委托方，勘察单位、设计单位为受托方。勘察单位根据建设工程的要求，查明、分析、评价建设场地的地质地理环境特征和岩土工程条件，编制建设工程勘察文件，设计单位根据建设工程的要求，对建设工程所需的技术、经济、资源、环境等条件进行综合分析、论证，编制建设工程设计文件。相关的法律依据有《建设工程勘察设计管理条例》(国务院293号令)、《建设工程勘察设计资质管理规定》(建设部令第160号) 等。

2. 建设工程施工合同

建设工程施工合同是发包人与承包人就完成工程项目的建筑施工、设备安装、设备调试、工程保修等工作内容，确定双方权利和义务的合同。合同的主要内容包括工程范围、建设工期、开工与竣工时间、工程质量标准、工程造价、技术资料交付时间、材料设备供应、质量保修范围和保证期、双方互相协作条款等。相关的法律法规有《建筑法》、《招标投标法》、《建设工程质量管理条例》(国务院279号令)、《建筑业企业资质管理规定》(住房和城乡建设部令第22号)、《建设工程质量保证金管理暂行办法》(建设部7号令)、《房屋建筑工程质量保修办法》(建设部80号令) 等。2013年4月，住房和城乡建设部联合国家工商行政管理总局印发建市〔2013〕56号文件，发布了2013版《建设工程施工合同（示范文本)》(GF-2013-0201) （以下简称2013版《施工合同示范文本》)。该示范文本适用于房屋建筑工程、土木工程、线路管道和设备安装工程、装修工程等建设工程的施工承发包活动。

3. 建设工程监理合同

建设工程监理合同是建设单位与工程监理单位就建设工程项目的监督管理事项，明确双方权利与义务的合同。建设单位聘请工程监理单位代其对工程项目的建筑材料、施工技术标准、施工进度等事项进行监督管理。相关的法律依据有《水利工程建设监理规定》(水利部令第28号)、《公路水运工程监理企业资质管理规定》(交通运输部令2014年第7号) 等。

4. 建设工程物资采购合同

建设工程物资采购合同是具有平等主体的自然人、法人、其他组织之间就建设工程的物质材料的采购而签订的合同，分材料采购合同和设备采购合同两类。其主要内容包括双方当事人身份、标的物、合同价款、技术标准和质量标准、采购数量和计量方法、包装方式、付款方式和办法、交货期限、违约责任及其他条款等，法律依据有《合同法》、《招标投标法》等。

5. 其他合同

其他合同包括加工承揽合同、技术合同、租赁合同等，建设工程租赁合同在建设工程合同中也大量存在，主要是施工单位向物质公司租赁各种建筑设备、建筑材料等，双方之间的法律关系受《合同法》的调整。

二、建设工程施工合同的特点与分类

建设工程施工合同是建设工程合同的一种，施工合同的当事人是发包人和承包人，双方是平等的民事主体。对合同范围内的工程实施建设时，发包人必须具备组织协调能力；承包人必须具备有关部门核定的资质等级并持有营业执照等证明文件。发包人既可以是建设单位，也可以是取得建设项目部承包资格的项目总承包单位。在施工合同中，由工程师对工程施工进行管理。施工合同中的工程师是由监理单位委派的总监理工程师或发包人指定的履行合同的负责人，其具体身份和职责由双方在合同中约定。

（一）建设工程施工合同的特点

《合同法》第287条规定，本章没有规定的，适用承揽合同的规定。从该条可以看出，建设工程施工合同是作为承揽合同的一种特殊类型来规定的。建设工程施工合同具备承揽合同的所有特征，但又有着其自身的特点，主要表现在以下几个方面：

1. 对合同承包方的资质要求严格

一项建设工程的完成，从土地使用权的取得、用地规划的审批、建设工程的招标投标到项目的施工会涉及多方主体，虽然施工合同的当事人只有两方，但履行过程中涉及的主体却有多种，包括审批部门、监理单位、设计单位等。由于建设工程直接关系到使用者的人身安全，因此对承包方的资质有严格要求，要审查承包方的资质证明、营业执照、安全生产合格证、企业等级证书。外地建设企业进驻当地施工，应当根据当地政府的有关规定办理必要的手续，如进省（市）许可证等。

前述案例中金某不具备相应的建设工程资质，争议合同违反了合同法强制性规定，因此合同无效。由于金某已按合同要求履行了施工义务，且双方进行了结算，许某结欠工程款40余万元，有许某立下的结算单为凭，许某为项目经理构成表见代理，故应承担支付工程款的民事责任。

2. 施工合同标的特殊

施工合同的标的是各类建筑产品，在建造过程中易受自然条件、地质水文条件、社会条件、人为条件等因素影响，不同地点建造的相同类型和级别的建筑，施工过程中所遇到的情况不尽相同，应当采取的措施与办法也不一样。建设产品体积庞大，消耗的人力、物力、财力多，一次性投资数额大。在施工过程中会面临地质状况的变化、气候条件的变化而改变工程设计图、施工进度表等，延缓竣工时间是常态。

3. 合同履行期限长

建筑物的施工由于结构复杂、设计主体多、建筑材料类型多、工作量大，使得工期一般都较长。在建设工程验收合格交付以后，施工单位还要根据施工合同对建设工程承担保修责任。

4. 合同内容复杂

建设工程施工合同涉及多方主体，在较长的合同期内，双方履行义务往往会受到不可抗力、履行过程中法律法规政策的变化、市场价格的浮动等因素的影响，必然导致合同的内容约定、履行管理都很复杂。除了按照招标要求签订的施工合同外，在发生工程变更时还会签订一系列的补充协议，来完善施工行为。

（二）建设工程施工合同的类型

根据建设工程施工合同中合同价款的确定方式不同，建设工程施工合同可以划分为总价合同、单价合同和成本加酬金合同三大类。根据招标准备情况和建设工程项目的特点，建设工程施工合同可选用其中的任何一种。

1. 总价合同

总价合同又分为固定总价合同和可调总价合同。

（1）固定总价合同。承包商按投标时发包人接受的合同价格一笔包死。在合同履行过程中，如果发包人没有要求变更原定的承包内容，承包商在完成承包任务后，不论其实际成本如何，均应按合同价获得工程款的支付。

采用固定总价合同时，承包商要考虑承担合同履行过程中的全部风险，一般适用于工程招标时的设计深度已达到施工图设计的深度，合同履行过程中不会出现较大的设计变更，工程规模较小，技术不太复杂的中小型工程或承包内容较为简单的工程部位。工程合同期较短（一般为1年之内），双方可以不必考虑市场价格浮动可能对承包价格的影响。

（2）可调总价合同。这类合同与固定总价合同基本相同，但合同期较长（1年以上），只是在固定总价合同的基础上，增加合同履行过程因市场价格浮动对承包价格调整的条款。由于合同期较长，承包商不可能在投标报价时合理地预见1年后市场价格的浮动影响，因此，双方会在合同内约定合同价款的调整原则、方法和依据，常用的调价方法有文件证明法、票据价格调整法和公式调价法等。

2. 单价合同

单价合同是指承包方就工程的分项填报单价，双方以实际完成工程量乘以所报单价确定结算价款的合同。大多用于工期长、技术复杂、实施过程中发生各种不可预见因素较多的大型土建工程，以及发包人为了缩短工程建设周期，初步设计完成后就进行施工招标的工程。

3. 成本加酬金合同

成本加酬金合同时将工程项目的实际造价划分为直接成本费和承包商完成工作后应得酬金两部分。工程实施过程中发生的直接成本费由发包人实报实销，另按合同约定的方式付给承包商相应报酬。

成本加酬金合同大多适用于边设计、边施工的紧急工程或灾后修复工程。由于在签订合同时，发包人还不可能为承包商提供用于准确报价的详细资料，因此，在合同中只能商定酬金的计算方法。在成本加酬金合同中，发包人需承担工程项目实际发生的一切费用，因而也就承担了工程项目的全部。而承包商由于无风险，其报酬往往也较低。

按照酬金的计算方式不同，成本加酬金合同的形式有：成本加固定酬金合同、成本加固定百分比酬金合同、成本加浮动酬金合同、目标成本加奖罚合同等。

三、2013版《施工合同示范文本》

(一)出台背景

2013版《施工合同示范文本》是在1999版《建设工程施工合同(示范文本)》(以下简称99版施工合同范本)基础上修改而来。99版施工合同范本实施14年以来,市场环境发生了极大的变化,承包模式也有了很大的变化,如工程总承包、施工总承包、直接发包、暂估价发包等,各种纷纷与质量案例事故屡见不鲜,如黑白合同、分包转包、暂停施工、工程变更、表见代理、拖欠工程款等纠纷等。99版施工合同范本实施后,《建筑工程施工质量验收统一标准》、《建设工程工程量清单计价规范》、《建筑工程施工组织设计规范》等技术规范陆续出台,并修订数版,如《建设工程工程量清单计价规范》先后有2003版、2008版、2013版,基于上述情况,对99版施工合同范本进行了修改,出台了2013版《施工合同示范文本》。2013版《施工合同示范文本》在具体约定双方当事人权利义务方面体现了《建设工程质量管理条例》、《建设工程安全生产管理条例》、《民用建筑节能条例》等相关规定,同时还在一定程度上反映了《建设工程勘察设计管理条例》、《招标投标法实施条例》等法规的精神。

(二)2013版《施工合同示范文本》的文本结构

2013版《施工合同示范文本》由《合同协议书》、《通用合同条款》、《专用合同条款》三部分组成,并附具了11个专用协议文本格式,要注意的是2013版《施工合同示范文本》并非强制适用。

1. 合同协议书

《合同协议书》是2013版《施工合同示范文本》中总纲性的文件,集中约定了合同当事人基本的合同权利义务,合同当事人需在协议上签字盖章,具有很高的法律效力。协议书共计13条,主要包括工程概况、合同工期、质量标准、签约合同价和合同价格形式、承包人项目经理、合同文件构成、承诺、签订时间以及合同生效条件等重要内容,其中组成建设工程施工合同的文件包括:

(1) 施工合同协议书。
(2) 中标通知书。
(3) 投标书及其附件。
(4) 施工合同专用条款。
(5) 施工合同通用条款。
(6) 标准、规范及有关技术文件。
(7) 图纸。
(8) 工程量清单。
(9) 工程报价单或预算书。

2. 通用合同条款

《通用条款》是根据《合同法》、《建筑法》等法律法规就工程建设的实施及相关事项,对合同当事人的权利义务作出的原则性约定。具有很强的通用性,基本适用于各类建设工程。除双方协商一致对其中的某些条款作了修改、补充或取消外,双方都必须履行。

通用合同条款共计20条，具体条款分别为：一般约定、发包人、承包人、监理人、工程质量、安全文明施工与环境保护、工期和进度、材料与设备、试验与检验、变更、价格调整、合同价格、计量与支付、验收和工程试车、竣工结算、缺陷责任与保修、违约、不可抗力、保险、索赔和争议解决。条款安排既考虑了现行法律规范对工程建设的有关要求，也考虑了建设工程施工管理的特殊需要。

3. 专用合同条款

考虑到建设工程的内容各不相同，工期、造价也随之变动，承包人、发包人各自的能力，施工现场的环境和条件也各不相同，《通用条款》不能完全适用于各个具体工程，因此配之以《专用条款》对其作必要的修改和补充，使《通用条款》和《专用条款》成为双方统一意愿的体现。《专用条款》的条款号与《通用条款》相一致，但主要是空格，由当事人根据工程的具体清况予以明确或者对《通用条款》进行修改、补充。

专用合同条款是对通用合同条款原则性约定的细化、完善、补充、修改或另行约定的条款。合同当事人可以根据不同建设工程的特点及具体情况，通过双方的谈判、协商对相应的专用合同条款进行修改补充。

4. 附件

2013版《施工合同示范文本》的附件是对施工合同当事人的权利义务的进一步明确，并且使得施工合同当事人的有关工作一目了然，便于执行和管理。2013版《施工合同示范文本》包括了11个附件，分别为协议书附件：承包人承揽工程项目一览表；专用合同条款附件：发包人供应材料设备一览表、工程质量保修书、主要建设工程文件目录、承包人用于本工程施工的机械设备表、承包人主要施工管理人员表、分包人主要施工管理人员表、履约担保格式、预付款担保格式、支付担保格式、暂估价一览表。

2013版《施工合同示范文本》为非强制性使用文本，合同当事人可结合建设工程具体情况，根据2013版《施工合同示范文本》订立合同，并按照法律法规规定和合同约定承担相应的权利义务，在一定程度上能减少双方在合同履行方面的纠纷与矛盾。

第二节　建设工程施工合同的内容

【问题引入】

某城市拟新建一大型火车站，各有关部门组织成立建设项目法人，在项目建议书、可行性研究报告、设计任务书等经市计划主管部门审核后，报国家计委、国务院审批并向国务院计划主管部门申请国家重大建设工程立项。审批过程中，项目法人以公开招标方式与三家中标的一级建筑单位签订《建设工程总承包合同》，约定由该三家建筑单位共同为车站主体工程承包商，承包形式为一次包干，估算工程总造价18亿元。但合同签订后，国务院计划主管部门公布该工程为国家重大建设工程项目，批准的投资计划中主体工程部分仅为15亿元。因此，该计划下达后，委托方（项目法人）要求建筑单位修改合同，降低包干造价，建筑单位不同意，委托方诉至法院，要求解除合同。法院认为，双方所签合同标的系重大建设工程项目，合同签订前未经国务院有关部门审批，未取得必要批准文件，并违背国家批准的投资计划，故认定合同无效，委托人（项目法人）负主要责任，赔偿建筑单位损失若干。

问题：法院认定合同无效，由委托方负主要责任是否正确？

一、建设工程施工合同的内容

《合同法》明确规定，建设工程合同应当采用书面形式。建设工程施工合同属于建设工程合同，也应当采用书面形式。除由法律、法规直接规定外，合同双方当事人的权利义务是通过合同条款来约定的。《合同法》第12条规定，合同的内容由当事人约定。合同主要条款，是订立合同时所必须具备的内容，它主要包括以下几项：

1. 当事人的名称或者姓名和住所

这是订立合同必须首先明确的事项，当事人不明或错误可能导致后期发生纠纷时无法确定主体。

2. 合同标的

它是指合同双方权利义务关系的对象，不同种类的合同，有不同的标的。另外在合同中必须对标的作出明确的约定，且不可违反国家法律、政策的规定，否则无效。

3. 数量和质量

这是对标的的具体化，其中数量约定应当按国家所规定的计量单位确定，质量的约定应当符合国家规定和标准化要求。

4. 价款或报酬

价款或报酬是指履行合同义务的一方应当获取的钱款和报酬，如标的为货物的合同中，需方向供方所支付的货币，标的为劳务的合同中，接受劳务方对提供方支付的报酬。价款或报酬即要约定总价，亦要约定计价方式或计价标准。

5. 履行期限

履行期限是指合同当事人履行合同义务的时间，一般履行期限越具体越好。合同当事人除遇不可抗力外均应在约定期限内履行诺言，否则承担违约责任。

6. 履行地点与方式

履行地点与方式是指合同双方当事人约定完成合同所规定义务的场所以及所采用的方式，一般来说履行的方式有运输、支付、结算、包装等，不同的合同履行方式也不同。

7. 违约责任

违约责任是指一旦合同当事人不履行或不按合同约定要求履行合同义务，应当承担的民事法律后果，包括双倍返还定金、支付违约金、赔偿损失等责任方式。

8. 解决争议的方法

合同从订立到履行到解除整个阶段都可能出现双方不能达成一致的矛盾和争议，双方可以在合同中约定争议产生后的解决方式如诉讼或仲裁，诉讼可以约定管辖法院、仲裁可以约定仲裁庭。

根据《合同法》的规定，建设工程施工合同应当包括以下几个方面的内容：

（一）当事人的基本情况

当事人条款合同应明确发包人与承包人的名称、法定代表人、工商登记号、住所及联系方式等基本情况，承包人应具备与合同工程相对应的施工企业资质等级。

（二）工程名称和范围

该条款主要用于明确合同所指向的建设工程的内容和范围。项目名称、施工现场的位置、施工界区等都应在合同中予以明确。

（三）施工准备条款

该部分条款主要对在工程施工前应完成的工作进行约定，包括施工现场应具备的施工条件，土地平整、道路通畅及水电设施应予完成；具备必要的施工合法性文件，其中最重要的文件即为施工许可证，依建筑法规定，未取得施工许可证的工程不能开工，当然还包括其他如临时用地、爆破作业等其他许可文件；施工场地地质和地下管线资料及工程设计图纸的交付，发包人并应对其提供的资料和图纸的真实性和合法性负责。

（四）建设工期

建设工期是指施工人完成施工任务的期限，包括开工及开工日期、工程暂停施工、工期顺延、竣工日期等。一项整体的建设工程，往往由许多的中间工程组成，中间工程的完工时间，影响着后续工程的开工，制约着整个工程的顺利完成，在施工合同中需对中间工程的开工和竣工时间作明确约定。

（五）工程质量和检验

建设工程的质量直接影响公众安全和社会公共利益，因此工程质量和检验是建设工程施工合同必不可少的内容。双方可约定工程质量需符合何种标准以及当双方对工程质量发生争议时的鉴定机构及其程序。按国家标准，建设工程质量检验按分项、分部、单位工程的质量评定均分为"合格"与"优良"两个等级。

（六）工程价款与支付

在建设工程合同实务中，价款问题产生的纠纷最为常见。建设工程尤其是大型工程的造价金额通常较大，合同履行期相对较长，其中可变因素较多，因此在客观上也确实存在价款难以确定或其确定过程较复杂的情况。在建筑、安装合同中，能准确确定工程价款的，需予明确规定。如在合同签订当时尚不能准确计算出工程价款的，尤其是按施工图预算加现场签证和按时结算的工程，在合同中需明确规定工程价款的计价原则，具体约定执行的定额、计算标准，以及工程价款的审定方式等。

在工程款的支付方面，通常工程款可分为三部分：预付款、进度款和结算款。预付款是指开工前由发包人向承包人支付的款项，款项用于承包人开工前期的准备工作，该部分款项应于开工后从发包人应付工程款中扣除。进度款则指发包人按合同约定的工程进度逐笔支付的款项。结算款是指工程竣工后，双方对工程总价进行结算所确认的工程款，对发包人已付工程款与结算款的差额部分，发包人应予支付。

（七）技术资料交付时间

工程的技术资料，如勘察、设计资料等，是进行建筑施工的依据和基础，发包方必须将工程的有关技术资料全面、客观、及时地交付给施工人，才能保证工程的顺利进行。

（八）材料和设备的供应责任

建设工程涉及大量的材料与设备，因此合同应就材料与设备供应主体、供应范围、供应日期、验收程序及标准、保管责任等问题进行约定。材料和设备既可由发包人提供，也可由承包人提供，提供方应对材料与设备的合格性承担责任，另一方有权对其进行检验并提出质量异议。

（九）竣工验收与结算

竣工验收与结算条款应对验收和决算的程序进行明确约定。在预计竣工日期之前的合理期限内，承包人应通知发包人准备验收，并提供相关验收资料，发包人应及时组织有关各方包括勘察设计单位、监理单位等与承包人共同进行竣工验收，并对存在的质量问题提出修改意见，验收合格或经修改后合格的，承包人应提交竣工验收报告。发包人不组织验收的，应承担对其不利的法律后果。竣工验收后，双方应按合同约定或法定程序进行结算。

（十）质量保修范围和质量保证期

建设工程办理交工验收手续后，国家对建筑工程的质量保证期限一般都有明确要求。在规定的期限内，设计、施工、材料等原因造成的质量缺陷，应当由责任方承担维修责任。所谓质量缺陷是指工程不符合国家或行业现行的有关技术标准、设计文件以及合同中对质量的要求。为了保证保修任务的完成，承包人应当向发包人支付保证金，也可由发包人从应付承包人工程款内预留。质量保证金的比例及金额由双方约定，一般为施工合同价款的5%。工程的缺陷责任期满后，发包人应当及时结算和返还（如有剩余）质量保证金。发包人应当在质量保证期满后14天内，将剩余保证金和按约定利率计算的利息返还承包人。

（十一）相互协作条款

施工合同与勘察、设计合同一样，不仅需要当事人各自积极履行义务，还需要当事人相互协作，协助对方履行义务，如在施工过程中及时提交相关技术资料、通报工程进展情况，在完工时及时检查验收等。

（十二）违约责任及索赔条款

发包人可能存在的主要违约事由为不依合同约定支付工程款，此外还存在着不提供必要的施工条件及资料、不按期组织各类验收等情形，合同应对各种可能的违约情形的违约责任进行规定。发包人承担违约责任的主要方式为实际履行、赔偿损失和解除合同等。承包人可能存在的主要违约事由是未按期完工及完成的工程质量不符合法定及约定的质量标准及不能提供必要的工程竣工资料。承包人承担违约责任的主要方式为修理或重作、赔偿损失、解除合同等。合同应对履行过程中的索赔程序进行约定，一旦出现索赔事由，守约方应及时向违约方发出索赔通知，并提供相关证据，违约方应按合同约定的期限进行答复和处理。

（十三）合同解除

施工合同订立以后，当事人应当按照合同的约定履行。但是，在一定的条件下，合同没有履行或者完全履行，当事人也可以解除合同。

（十四）争议的解决

合同当事人在履行施工合同中发生争议，可以和解或者要求合同管理及其他有关部门调解。和解或调解不成的，双方可以在专用条款内约定以下任一种方式解决争议：

(1) 第一种解决方式：双方达成仲裁协议，向约定的仲裁委员会申请仲裁；
(2) 第二种解决方式：向有管辖权的人民法院起诉。

二、建设工程施工合同双方当事人的义务与责任

(一) 施工合同中发包人的义务与责任

依据《合同法》的规定，建设工程施工合同发包人应承担以下义务：

1. 做好施工前的一切准备工作，确保建设承包单位准时进入施工现场

《合同法》第283条规定，发包人未按约定的时间和要求提供原材料、设备、场地、资金、技术资料的，承包人可以顺延工程日期，并要求停工、窝工损失赔偿。在这里发包人承担违约责任的方式是赔偿损失，施工人有权要求工期和费用索赔。前述案例中火车站建设项目属2亿元以上大型建设项目，被列入国家重大建设工程，应经国务院有关部门审批并按国家批准的投资计划订立合同，不得任意扩大投资规模。委托方在未经审批的情况下，与中标单位签订建筑合同，缺乏合同成立的前提条件，合同金额也超出国家批准的投资的有关规定，扩大了固定资产投资规模，违反了国家计划，故法院认定合同无效，委托方承担主要过错赔偿责任，其认定是正确的。

2. 为施工人提供必要的条件，配合施工人的工作

向承包人提供符合质量的材料、设备，因提供的材料质量存在瑕疵和提供的设备不符合要求而延误工期，造成质量责任的，应承担责任。《合同法》第284条规定，因发包人的原因致使工程中途停建、缓建的，发包人应当采取措施弥补或者减少损失，赔偿承包人因此造成的停工、窝工、倒运、机械设备调迁、材料和构件积压等损失和实际费用。在这里发包人承担违约责任的方式是采取补救措施和赔偿损失。如果出现发包人提供的技术资料存在错误、发包人变更设计文件、发包人变更工程量、发包人未按约定及时提供建筑材料和设备、发包人未提供必要的工作条件致使施工人无法正常作业等情况，发包人应当承担不履行、不适当履行或迟延履行违约责任，施工人可以停建、缓建，及时通知发包人并向发包人索赔损失。

3. 按照合同规定向施工人支付工程预付款，保障施工人必要的施工经费

发包人未按约定支付工程价款，导致施工人无法施工，在合理期限内发包人仍未履行义务的，施工人可以要求解除施工合同。

4. 组织竣工验收

建设工程竣工后，发包人应当根据施工图纸说明书、国家颁发的施工验收规范和质量检验标准进行验收。《合同法》第278条规定，隐蔽工程在隐蔽以前，承包人应当通知发包人检查。发包人没有及时检查的，承包人可以顺延工程日期，并有权要求赔偿停工、窝工等损失。在这里发包人承担违约责任的方式是赔偿损失，施工人有权要求工期和费用索赔。在隐蔽前检查隐蔽工程，既是发包人的权利，也是发包人的义务。如果发包人接到通知后不及时检查，施工人就无法进行隐蔽施工，发包人应承担迟延履行违约责任。

5. 支付价款，接收工程

发包方对承包方完成的建设工程项目，经验收合格，应按照双方约定支付价款，并接

收工程。《合同法》第286条规定，发包人未按照约定支付价款的，承包人可以催告发包人在合理期限内支付价款。发包人逾期不支付的，除按照建设工程的性质不宜折价、拍卖的以外，承包人可以与发包人协议将该工程折价，也可以申请人民法院将该工程依法拍卖。建设工程的价款就该工程折价或者拍卖的价款优先受偿。施工人按照合同规定完成工程建设后，履行了合同义务，发包人应当按约定支付工程价款。

（二）施工合同中承包人的义务责任

根据《建筑法》、《招标投标法》等建筑法规，承包人承担下义务和责任：

1. 按照施工合同和设计文件严格施工

承包人应严格按照工程设计图纸、施工技术标准和施工合同进行施工，不得擅自修改工程设计，不得偷工减料。对建筑材料、建筑构配件、设备和商品混凝土应当进行检验，未经检验或者检验不合格的，不得使用。因施工人原因致使建设工程质量不符合约定的，应当在合理期限内无偿修理或者返工、改建，承包人修理、返工、改建所支出的费用，均由其自行承担。

2. 按期完成和交付合格工程

完成和交付合格工程是发包人的缔约目的，也是承包人取得工程款的前提。因承包人原因致使建设工程质量不符合约定的，发包人有权要求施工人在合理期限内无偿修理或者返工、改建。承包人拒绝的，发包人可以要求承包人支付修复费用或请求减少工程价款。经过修理或者返工、改建后，造成逾期交付的，施工人应当承担违约责任。即因承包人的原因使工程质量不合格的，虽经承包人修理、返工、改建后，达到了合同约定的质量标准，但因修理、返工、改建导致工程逾期交付的，与一般的履行迟延相同，承包人应当承担迟延履行的违约责任，赔偿发包人因此而遭受的损失。

3. 保修责任和损害赔偿责任

建设工程实行质量保修制度。建筑工程竣工验收后，在保修范围和保修期限内出现质量问题的，承包人应当及时履行保修义务，因保修不及时造成人身或财产损害的，应当承担赔偿责任。因承包人原因致使建设工程在合理使用期限内造成人身和财产损害的，承包人应当承担赔偿责任。

第三节 建设工程合同的效力和解除

【问题引入】

2005年2月甲建筑公司与某房地产公司签订《建设工程施工合同》，约定由该甲建筑公司承建某住宅楼。2005年11月，甲建筑公司未经发包人同意，将这项工程转包给乙建筑公司。2006年6月15日，该工程竣工，经验收合格。乙建筑公司依据合同约定向甲建筑公司索要工程款，但甲建筑公司以房地产公司未向其支付款项为由拖欠乙建筑公司工程款。乙建筑公司遂向房地产公司请求支付工程款，房地产公司以甲建筑公司非法转包，其与乙建筑公司不存在合同关系为由拒绝支付。

问题：乙建筑公司向某房地产公司索要工程款是否于法有据？

一、施工合同无效的常见情形及法律后果

合同是平等主体的自然人、法人、其他组织之间设立、变更、终止民事权利义务关系的协议。依法成立的合同，对当事人具有法律约束力。当事人应当按照约定履行自己的义务，不得擅自变更或者解除合同。

《合同法》第52条规定，有下列情形之一的，合同无效：（1）一方以欺诈、胁迫的手段订立合同，损害国家利益；（2）恶意串通，损害国家、集体或者第三人利益；（3）以合法形式掩盖非法目的；（4）损害社会公共利益；（5）违反法律、行政法规的强制性规定。《合同法》第53条规定，合同中的下列免责条款无效：（1）造成对方人身伤害的；（2）因故意或者重大过失造成对方财产损失的。

建设工程施工合同，是承包人进行工程建设，发包人接受工作成果并支付价款的合同。建设工程项目往往标的大、成本高，在实践中，建设、施工等单位，为降低成本，许多做法与法律、法规的要求相冲突，造成合同被确认无效的情形也就自然大量存在。《最高人民法院关于审理建设工程施工合同纠纷案件适用法律问题的解释》（以下简称《建设工程施工合同解释》）第1条规定，建设工程施工合同具有下列情形之一的，应当根据合同法第52条第（5）项的规定，认定无效：（1）承包人未取得建筑施工企业资质或者超越资质等级的；（2）没有资质的实际施工人借用有资质的建筑施工企业名义的；（3）建设工程必须进行招标而未招标或者中标无效的。第4条规定，承包人非法转包、违法分包建设工程或者没有资质的实际施工人借用有资质的建筑施工企业名义与他人签订建设工程施工合同的行为无效。建设工程合同无效的情形除了《合同法》第52、53条所规定的情形外，主要有以下4种无效情形：

（一）承包人未取得建筑施工企业资质或者超越资质等级承揽工程

国家对从事建设经营活动的企业的资质、等级有着严格的要求，如建筑企业资质分为施工总承包、专业承包和劳务分包三个序列，将建筑企业分为一级到四级四个等级。建筑法第26条规定，承包建筑工程的单位应当持有依法取得的资质证书，并在其资质等级许可的范围内承揽工程。禁止建筑施工企业超越本企业资质等级许可的业务范围或者以任何形式用其他建筑施工企业的名义承揽工程。禁止建筑施工企业以任何形式允许其他单位或者个人使用本企业的资质证书、营业执照，以本企业的名义承揽工程。从事建筑活动的施工企业、勘察单位、设计单位和工程监理单位，按照其拥有的注册资本、专业技术人员、技术装备和已完成的建筑工程业绩等资质条件，划分为不同的资质等级，经资质审查合格，取得相应等级的资质证书后，方可在其资质等级许可的范围内从事建筑活动。建设工程合同的标的是建设工程项目，工程的质量直接关系到国计民生，因此国家对承包人的主体资格进行了严格的限制。从事建设经营活动的企业必须在其资质等级许可的范围内从事建筑活动，超越资质等级属于资质上存在瑕疵，因而超越资质签订的建设工程施工合同，也可能会被认定为无效。如果施工单位不具有相应的建筑资质，缺乏应有的技术支持，往往会使工程质量存在重大隐患，建设工期得不到保证，不能按期按质量要求交付合格产品。施工单位不具备相应的建筑资质，是造成当前建筑工程质量问题突出，甚至导致发生房倒屋塌的重大恶性事故的重要原因。例如，1995年12月，四川省德阳市一座7层高楼

整体倒塌,造成17人死亡、10人受伤,直接经济损失200多万元,其主要原因,就是当地一家丁级设计所超越其资质等级承揽该楼的建筑设计任务,设计上有严重错误,加上施工管理混乱而造成的。① 对于超越资质进行施工建设的法律后果,《建设工程施工合同解释》第5条规定了补救措施,该条规定,承包人超越资质等级许可的业务范围签订建设工程施工合同,在建设工程竣工前取得相应资质等级,当事人请求按照无效合同处理的,不予支持。

(二)没有资质的实际施工人借用有资质的建筑施工企业名义承揽工程

建设工程质量对社会公众安全具有重要影响,因此政府对工程质量有严格要求,对施工企业资质有明确划分。实践中一些不具备资格的或低资质的企业、包工队以"挂靠"有较高资质等级的施工企业或者采取与资质等级较高的施工企业搞假"联营"等形式,以资质等级较高的施工企业的名义承揽工程;而有些施工企业则见利忘义,为谋取不正当利益(如收取挂靠管理费、资质证书和营业执照的有偿使用费等),允许其他单位甚至个人使用本企业的名义承揽工程。例如,上海一家建筑企业以工程造价的3%~5%的价格出卖本企业的资质证书和营业执照;长春一家建筑集团总共网罗了48个挂靠的包工队。这种现象的存在,对建立正常的建筑市场秩序、保证工程质量危害极大,必须予以禁止。② 根据《建设工程施工合同解释》第5条规定,承包人在建设工程竣工前取得相应资质等级,合同可不按无效处理。

(三)违反有关招标投标规定订立的建设工程合同

建设工程如属于《招标范围和规模标准规定》中规定的范围和标准的,必须依据招标投标方式订立建设工程合同。建设工程合同除不宜进行招标投标的以外,必须依法通过招标投标方式订立,否则所订立的合同无效。实践中常见的违法招投标行为有如下几种:

1. 应当进行招标而不招标

建设单位对应当进行招标的工程不进行招投标,直接与施工单位就投标价格、投标方案进行谈判,将工程发包给施工单位。

2. 肢解招标

建设单位将应该招标的工程进行肢解来规避招投标,与施工单位签订的合同。

3. 虚假招标

表面上进行了招投标,但实际上并没有按照法定的招标程序进行招投标。

4. 恶意招投标

行为人主观恶意,欺诈或串通,导致中标无效,因而导致合同无效。如招标人与个别投标人恶意串通,内定中标人的;招标人向他人透露已获取招标文件的潜在投标人的名称、数量或者可能影响公平竞争的有关招标投标的其他情况,泄露标底的;投标人串通投标报价的等。

上述导致建设工程合同无效的事由违反法律、行政法规的强制性规定的行为,以此种

---

① 《中华人民共和国建筑法释义》,中国建筑工业出版社1997年版,第48页。
② 《中华人民共和国建筑法释义》,中国建筑工业出版社1997年版,第49页。

形式签订的建设工程合同属于无效合同。

（四）承包人非法转包和违法分包建设工程的

《建筑法》第 28 条规定："禁止承包单位将其承包的全部建筑工程转包给他人，禁止承包单位将其承包的全部工程肢解以后以分包的名义分别转包给他人。"《合同法》第 272 条也规定："承包人不得将其承包的全部建设工程转包给第三人或者将其承包的全部建设工程肢解以后以分包的名义分别转包给第三人。"《招标投标法》第 48 条第 1 款的规定，中标人要按照合同约定完成中标项目，不得将中标项目转包给他人。法律禁止对建设工程进行非法转包也是为了保障建设工程的质量，一方面非法转包会使得建设工程被层层转包后，建设投入经费大大减少，从而导致偷工减料，影响工程质量；另一方面非法转包会使得建设工程被不具备相应资质条件的施工队，留下严重的工程质量隐患，甚至造成重大质量事故。对于大中型建设工程和结构复杂的建设工程来说，实行总承包与分包相结合的方式，允许承包人在遵守一定条件的前提下，将自己总承包工程项目中的部分非主体、非关键性工作项目分包给其他承包人，以扬长避短，发挥各自的优势，这对提高工作效率，降低工程造价，保证工程质量以及缩短工期，都有好处。但如果承包人将项目的主体工程发包给他人，可能会影响建设工程的主体质量。

对非法转包和违法分包导致建设工程施工合同无效的处理，应区分两种情况：

第一，非法转包或违法分包的建设工程经竣工验收合格的，《建设工程施工合同解释》第 2 条明确规定："建设工程施工合同无效，但建设工程经竣工验收合格，承包人请求参照合同约定支付工程价款的，应予支持"；第 26 条规定："实际施工人以发包人为被告主张权利的……发包人只在欠付工程价款范围内对实际施工人承担责任。"因此，只要建筑工程质量合格，实际施工人就可以向发包人请求支付工程款，但发包人只在欠付工程价款范围内支付工程款。

第二，非法转包或违法分包的建设工程经竣工验收不合格的，承包人应承担修复义务，修复后的建设工程经竣工验收合格的，发包人在欠付的工程款内对实际施工人承担支付责任；修复后的建设工程经竣工验收不合格，承包人请求支付工程价款的，不予支持。因此，对转包的工程经修复仍不合格的，承包人和实际施工人无权要求发包人支付工程款。上述案例中甲建筑单位未经发包人同意，将这项工程转包给乙建筑公司，该转包行为因为违反法律的强制性规定而无效。但该工程由乙建筑公司施工完毕并经验收合格，乙建筑公司可以直接向发包人索要工程款，但发包人仅在欠付的工程款内对实际施工承担责任。另外《建设工程施工合同解释》第 4 条在确定非法转包合同无效的同时，明确规定人民法院可以根据《民法通则》第 134 条规定，收缴当事人已经取得的非法所得。该条中所指的当事人包括总承包人（转包人）和实际施工人，因此，非法转包对承包人和实际施工来讲都存在较大的风险。

二、施工单位垫资施工合同的效力

垫资施工，又称带资施工，即是由施工单位先行垫付工程所需资金，建好后，建设单位再支付工程款的一种承包方式。随着国内外建筑市场竞争日趋加剧，建筑企业带资承包、垫资施工已成为建筑市场的普遍现象。大部分开发商为了降低项目开发的前期成本，缓解建设资金的压力，作为发包方明确要求施工方垫资，否则建筑企业无法获得工程项目。垫资施工的建筑企业明知垫资之后会有风险，但为了得到工程，仍然选择垫资施工。工程垫资大概可以分为两类：一是直接垫资，即施工企业通过企业间资金借贷的方式，直接把资金借给发包方，这其实是一种企业间的资金拆借行为；二是间接垫资，即发包人要求承包人实际先行支付工程项目的材料费、劳务费等资金，从而改变习惯上的工程预付、中间结算或竣工结算的比例和时间，最终达到由施工企业垫资的目的。

《建设工程施工合同解释》第6条规定："当事人对垫资和垫资利息有约定，承包人请求按照约定返还垫资及其利息的，应支持，但是约定的利息计算标准高于中国人民银行发布的同期同类贷款利率的部分除外。当事人对垫资没有约定的，按照工程欠款处理。当事人对垫资利息没有约定，承包人请求支付利息的，不予以支持。"该解释并未直接说明垫资合同的效力，但对垫资承包引发的返还垫资款及利息提出了解决办法。在垫资承包方式下，承包人请求返还垫资及其利息的，有约定的情况按双方的约定处理，没有约定的情况下按工程欠款处理。垫资施工对发包方没有任何风险，但对承包方而言，却存在无法拿回垫付工程款的风险。

三、黑白合同的效力认定

黑白合同是指建设工程施工合同的当事人就同一建设工程签订的两份或两份以上实质性内容相异的合同。通常把经过招标投标并经备案的正式合同称为"白合同"（又称阳合同），把实际履行的补充协议称为"黑合同"（亦称阴合同）。黑白合同的形成与我国当前的施工企业发展迅速，而法律监管不到位有直接关系。近年来，黑白合同在大型基本建设项目中普遍存在，导致了工程款层层拖欠、工程质量低下等危害社会公众利益的不良后果。《建设工程施工合同解释》第21条规定，当事人就同一建设工程另行订立的建设工程施工合同与经过备案的中标合同实质性内容不一致的，应当以备案的中标合同作为结算工程价款的根据。备案的中标合同即为白合同，而与白合同实质内容不一致的为黑合同，白合同是作为结算工程价款的根据。

依《建设工程施工合同解释》第21条规定结算价款的备案的中标合同应为有效合同，即该合同依法经过招标投标程序订立。根据《招标投标法》第10条的规定，招标分为公开招标和邀请招标。议标即不经招标投标程序而直接发包的施工合同不适用本条规定。根据《招标范围和规模标准规定》第3条和第7条的规定，商品住宅包括经济适用住房单项合同（包括重要设备、材料的采购）估算价在200万元人民币以上，或者项目总投资额3000万元人民币以上的，必须进行招标。当事人违法进行招投标，当事人又另行订立建设工程施工合同的，不论中标合同是否经过备案登记，两份合同均为无效；应当按照《建设工程施工合同解释》第2条的规定，将符合双方当事人的真实意思，并在施工中具体履行的那份合同，作为工程价款的结算依据。

【案例3-1】

2000年3月和8月，某建筑公司和某房地产公司签订了两个工程的施工合同，价款共计 2.3 亿余元，工程完工后，某建筑公司诉请法院以该两份合同为据判令某房地产公司支付尚欠工程款。某房地产公司则辩称：2000 年 3 月，建筑公司为拿到工程项目，向房地产公司作出垫资地上 8 层、让利 7.2%、对房地产公司分包项目不收费等极为优惠的许诺，在此情况下房地产公司决定将工程发包给建筑公司。双方据此签订了书面协议。招标投标完全是建筑公司一手策划的，甚至连标书都是建筑公司制作的，当时参加投标的企业也都是建筑公司为保证自己"中标"而组织起来"投标"的该公司下属单位。对此，双方已通过承诺书明确：进行招投标并签订"中标合同"用以备案仅是为了办理开工证，施工价格由双方商定，中标价对双方无约束力。双方签订的涉及垫资、让利、工程款与中标价无关等内容的补充协议，才是双方真实意思的表示，应以该协议作为结算工程款依据。法院经审理认为，双方签订的补充协议违背了《招标投标法》第 46 条关于"招标人和中标人应当自中标通知书发出之日起 30 日内，按照招标文件和中标人的投标文件订立书面合同。招标人和中标人不得再行订立背离合同实质性内容的其他协议"的规定，并于 2004 年 1 月以与补充协议相对的两份合同作为结算工程款的依据，判令房地产公司支付尚欠建筑公司工程款。①

四、建设工程施工合同的解除

（一）合同的解除

1. 合同解除的条件

根据《合同法》的相关规定，当事人协商一致，可以解除合同。当事人可以约定一方解除合同的条件。解除合同的条件成就时，解除权人可以解除合同。有下列情形之一的，当事人可以解除合同：(1) 因不可抗力致使不能实现合同目的；(2) 在履行期限届满之前，当事人一方明确表示或者以自己的行为表明不履行主要债务；(3) 当事人一方迟延履行主要债务，经催告后在合理期限内仍未履行；(4) 当事人一方迟延履行债务或者有其他违约行为致使不能实现合同目的；(5) 法律规定的其他情形。

2. 合同解除的程序

当事人一方依照本法第 93 条第 2 款、第 94 条的规定主张解除合同的，应当通知对方。合同自通知到达对方时解除。对方有异议的，可以请求人民法院或者仲裁机构确认解除合同的效力。法律、行政法规规定解除合同应当办理批准、登记等手续的，依照其规定。

3. 合同解除的法律后果

合同解除后，尚未履行的，终止履行；已经履行的，根据履行情况和合同性质，当事人可以要求恢复原状、采取其他补救措施，并有权要求赔偿损失。

---

① 该案例来自《建设工程"黑白合同"法律问题研究》，载法律快车网：http://www.lawtime.cn/info/zhaiquan/hetongzhaiwu/20100805/4216.html，访问时间：2014 年 12 月 13 日。

(二) 建设工程施工合同的解除

1. 发包人合同解除权的行使

承包人具有下列情形之一, 发包人请求解除建设工程施工合同的, 应予支持:

(1) 明确表示或者以行为表明不履行合同主要义务的;

(2) 合同约定的期限内没有完工, 且在发包人催告的合理期限内仍未完工的;

(3) 已经完成的建设工程质量不合格, 并拒绝修复的;

(4) 将承包的建设工程非法转包、违法分包的。

2. 承包人合同解除权的行使

发包人具有下列情形之一, 致使承包人无法施工, 且在催告的合理期限内仍未履行相应义务, 承包人请求解除建设工程施工合同的, 应予支持:

(1) 未按约定支付工程价款的;

(2) 提供的主要建筑材料、建筑构配件和设备不符合强制性标准的;

(3) 不履行合同约定的协助义务的。

3. 情势变更导致合同解除或变更

《关于适用〈中华人民共和国合同法〉若干问题的解释 (二)》第26条规定, 合同成立以后客观情况发生了当事人在订立合同时无法预见的、非不可抗力造成的不属于商业风险的重大变化, 继续履行合同对于一方当事人明显不公平或者不能实现合同目的, 当事人请求人民法院变更或者解除合同的, 人民法院应当根据公平原则, 并结合案件的实际情况确定是否变更或者解除。

4. 建设工程施工合同解除的法律后果

建设工程施工合同解除后, 已经完成的建设工程质量合格的, 发包人应当按照约定支付相应的工程价款; 已经完成的建设工程质量不合格的, 参照《建设工程施工合同解释》第3条规定处理。因一方违约导致合同解除的, 违约方应当赔偿因此而给对方造成的损失。

第四节 建设工程施工合同的诉讼主体认定

【问题引入】

某综合楼建设工程, 某建筑公司为总包方, 将工程全部承包给张某 (包工包料包施工方式), 张某又将其中脚手架及其辅助工程交其同乡李某承包。李某完工后, 张某在李某制作的《项目工资清单》上签字并写明"同意支付", 并在承诺书上加盖了该某建筑公司项目部图章。后来, 李某多次催要, 张某始终没有支付款项。李某直接向某建筑公司要, 某建筑公司支付了一部分以后也没了下文。李某起诉, 要求某建筑公司和张某付清余款。

问题: 张某、李某与某建筑公司在本案中的诉讼地位如何?

第四节 建设工程施工合同的诉讼主体认定

一、建设工程施工合同的主体

建设工程合同法律关系的主体是指建设工程施工合同法律关系的参加人,包括建设单位①、施工单位、监理单位、设计单位、招标代理企业、公民个人等所有在建设工程法律关系中享受权利并承担义务的人和组织。建设工程施工合同的主体包括发包人和承包商。发包人是指施工合同约定的具有工程发包主体资质和支付工程价款能力的当事人;承包人是施工合同约定的具有工程承包主体资格并被发包人接受的当事人。

二、建设工程施工合同主体纠纷的发生原因

《招标投标法》第8条规定,招标人是依照本法规定提出招标项目、进行招标的法人或者其他组织。投标人必须具备相应招标和参与招标竞争两个条件后,才能成为投标人。有很多招标项目对投标人的资格进行了限定,投标人必须具备相应的资格才能参与投标。建设工程实行招投标制度的本意是为了实现公平竞争,但受利益的驱使,实践中违法招标投标的行为并不少见,如因承包商资质不够导致纠纷,因无权代理与表见代理引发纠纷,因联合体承包导致纠纷,因挂靠问题产生纠纷、施工合同分包、转包等,有时,实际施工人与供货方的买卖合同纠纷,卖方也会将实际施工人的上一级发包方列为被告。另外法人的内部职能机构或下属机构是不能对外签订合同的,但在实践中法人的内部职能机构往往成为了合同一方的当事人,在发生合同纠纷时也涉及合同主体资格问题。

三、建设工程施工合同纠纷诉讼主体的认定

很多诉讼往往因诉讼主体错误导致诉讼结果很不理想,因此确定诉讼主体非常有必要。

(一)建筑企业内部不具有法人资格的职能部门所签合同的诉讼主体问题

《民法通则》第36条规定,法人是具有民事权利能力和民事行为能力,依法独立承担民事权利和民事义务的组织。法人能独立地承担民事权利和民事义务,法人的内部职能部门不能独立享有民事权利和承担民事义务。实践中不少建设工程合同是法人的职能部门签订,加盖的也是职能部门的公章。在产生纠纷后,应以该建设单位为诉讼主体,起诉或应诉。

(二)分支机构的诉讼主体问题

法人的分支机构是法人在某一区域设置的、完成法人部分职能的业务活动机构。《公司法》第14条规定,公司可以设立分公司,分公司不具有企业法人资格,其民事责任由公司承担。《中华人民共和国民事诉讼法》(以下简称《民事诉讼法》)第48条第1款规定,公民、法人和其他组织可以作为民事诉讼的当事人。根据《最高人民法院关于适用〈中华人民共和国民事诉讼法〉的解释》(以下简称《民事诉讼法意见》)第52条规定:"其他

---

① 在本书中建设单位与发包人、招标人是同一个概念。施工单位与承包人、投标人是同一个概念。但是承包人也可以是发包人,因为承包人也可依法将工程进行转包和分包。发包人与承包人的称谓通常在工程合同文件中使用,招标人与投标人的称谓通常在招标投标文件中使用。

组织"包括"法人依法设立并领取营业执照的分支机构"。意见第53条规定,"法人非依法设立的分支机构,或者虽依法设立,但没有领取营业执照的分支机构,以设立该分支机构的法人为当事人",即分公司只要由法人依法设立并领取了营业执照那么就能够作为民事诉讼的当事人。因此,对于具备了营业执照但无法人资格的建筑施工企业的分支机构(分公司、工程处、项目经理部、建筑队等)签订的建设工程合同产生纠纷后,该分支机构可作为诉讼主体,如该分支机构不具有独立的财产,或者其财产不足以清偿债务,则应追加该建筑企业为共同诉讼人。如果分支机构没有营业执照,则以建筑企业为诉讼主体。

(三) 借用资质证书和营业执照所签合同的诉讼主体问题

无论是营业执照还是资质证书,都是国家行政主管部门对建筑市场的强制性准入标准,因为建筑业涉及公众利益和公众安全,是国家予以强制规范的领域,不具有相应资质条件的建筑施工企业借用有相应资质条件的建筑施工企业名义与发包人签订的建设工程合同应属无效。因此引发质量、工程款纠纷的,涉诉后,由借用人和出借人为共同诉讼人,起诉或应诉。

(四) 实行总、分包的工程发生纠纷后的诉讼主体问题

按照我国建筑法有关规定,总包企业可以将主体以外的其他分部工程分包给其他建筑企业,但须经发包人同意,并且总包企业须对整个建设工程的质量负责。如果分包人与发包人在合同履行过程中发生纠纷,应区别不同情形确定诉讼当事人:分包人是总包人的下属企业,或与总包人存在隶属关系的,虽然下属企业也具有独立法人资格,但仍应以总包人作为当事人;分包人与总包人没有隶属关系,但分包人与发包人因承建工程发生纠纷的,应以总包人为当事人,分包人为第三人参加诉讼;如果经发包人同意,由总包人将自己承包的建设项目转让给分包人的,则属于合同权利义务的转让,与总包人无关,发生纠纷,应以发包人和受让人为诉讼主体。①

(五) 共同承包或联合承包的建筑工程项目的诉讼主体问题

《建筑法》第27条规定:"大型建筑工程或者结构复杂的建筑工程,可以由两个以上的承包单位联合共同承包。共同承包的各方对承包合同的履行承担连带责任。"因共同承包、联合承包而进行的建筑工程项目,产生纠纷后诉至法院的,应以共同承包人、联合承包人为共同诉讼人起诉或应诉;发包方仅起诉一方承包人或者仅一方承包人起诉发包方的,应通知或追加其他承包人参加诉讼。共同承包人、联合承包人组成联营体且具备法人资格的,则应以该联营体为诉讼主体。

两个以上的承包人联合承包工程,由其中一方与发包人签订建设工程合同而发生纠纷的,其他联合承包工程的施工人应列为共同的原被告。

两个以上的法人、其他经济组织或个人合作建设工程,并对合作建设工程享有共同权益的,其中合作一方因与工程的承包人签订建设工程合同而发生纠纷的,其他合作建设方应列为共同原被告。

---

① 参见钟欣:《建设工程合同有关问题研究》,载最高人民法院网:http://www.chinacourt.org/article/detail/2007/01/id/231590.shtml,访问时间:2007年1月15日。

(六) 因建设工程转包发生纠纷的诉讼主体问题

《建筑法》明确禁止承包人将承包的工程违法分包或非法转包他人。《建设工程施工合同解释》规定，非法转包、违法分包签订的建设工程施工合同无效，并且可以收缴非法所得，在非法转包工程和违法分包的工程纠纷中所签订的合同都是无效的。包括：总包单位将建设工程交给不具备资质条件的单位的；未经发包人认可就分包的；将主体结构分包的；再分包的。因转包产生的合同纠纷，如发包人起诉，应列承包人和转包人作为共同被告；如因转包合同产生纠纷，以承包人和转包人为诉讼主体，可将发包人列为第三人；多层次转包的，除诉讼当事人外，可将其他各方列为第三人。

(七) 筹建处、指挥部等临时性机构发包工程发生纠纷后的诉讼主体问题

筹建处、指挥部等机构对外发包工程发生纠纷后的诉讼主体确认主要看该机构是否具有法人资格，如果具有法人资格，则有独立财产可以独立承担责任，具备诉讼主体资格。如果该机构虽是法人的临时机构，但领取了营业执照，在性质上属于法人的分支机构，仍然可以该机构作为被告，但责任由法人承担。如果未领取营业执照，则不具备诉讼主体资格，应以法人为诉讼主体起诉。

(八) 施工人挂靠其他建筑施工企业施工产生纠纷的诉讼主体问题

挂靠经营关系的建筑施工企业以自己的名义或以被挂靠单位的名义签订的承包合同，一般应以挂靠经营者和被挂靠单位为共同诉讼人起诉或应诉。《民事诉讼法意见》第54条规定："以挂靠形式从事民事活动，当事人请求由挂靠人和被挂靠人依法承担民事责任的，该挂靠人和被挂靠人为共同诉讼人。"施工人挂靠其他建筑施工企业，并以被挂靠施工企业名义签订建设工程合同，而被挂靠建筑施工企业不愿起诉的，施工人可作为原告起诉，不必将被挂靠建筑施工企业列为共同原告。前述案例中张某与某建筑公司的所谓承包合同实际上是一种挂靠关系。张某与李某尽管没有签订合同，但已经构成分包关系。张某对所涉工程款项已予以确认，故其应向李某支付相应工程款。而公司与张某采取挂靠方式承包工程，违反相关法律规定，也应就李某主张的工程款承担付款责任。李某可以张某和某建筑公司为共同被告要求支付工程款。

(九) 拖欠工程款引起纠纷的诉讼主体问题

《建设工程施工合同解释》第26条规定，实际施工人以发包人为被告主张权利的，人民法院可以追加转包人或者违法分包人为本案当事人，发包人只在欠付工程价款范围内对实际施工人承担责任。因拖欠工程款引起的纠纷，承包人将承包的建设工程合同转包而由实际施工人起诉承包人的，可不将发包人列为案件的当事人；承包人提出将发包人列为第三人，并对其主张权利而发包人对承包人又负有义务的，可将发包人列为第三人；如转包经发包人同意，即属合同转让，应直接列发包人为被告。

(十) 工程质量引起纠纷的诉讼主体问题

《建设工程施工合同解释》第25条规定，因工程质量引起的纠纷，发包人可以以总承包人、分包人和实际施工人为共同被告，承担连带责任。这里实际施工人指的是违法转包和非法分包的承包人。在法院的审判实践中，发包人只起诉承包人，在审理中查明有转包的，应追加实际施工人为被告，由实际施工人与承包人对工程质量承担连带责任。

【典型案例】

  1996年某公司承建某市园林处家属楼工程，原告与周某某共同组织民工为其施工。后因原告与周某某之间发生矛盾，双方于1997年1月29日对各自工程进行决算，形成了《解决园林处工地问题会议决定》，其上显示周某某累计材料款及工资为360 529.59元，原告累计材料款及工资为201 990.99元。同日在某公司主持下，形成了《园林处商住楼有关问题最后阶段会议纪要》，原告表示补偿周某某3 000元，某公司表示补偿周某某10 000元。之后，周某某离开工地，某市园林处家属楼剩余工程由原告承包。1997年9月20日，某公司与原告通过协商，形成了《关于园林处工程结算问题的纪要》，其主要内容为"工程内容：内外粉刷等；价格：按建筑面积计算，经双方充分协商定价为39元/m²；原告和周某某在园林处后期工程工地设备除去拉走部分，剩余部分设备、工具双方分清，以签字认可为准"。1998年1月21日，某公司与原告通过决算形成了《关于园林处工程结算的纪要》，主要内容为"根据1997年9月20日《关于园林处工程结算问题的纪要》内容，所遗留问题解决如下：原纪要内容第2条，关于原告和周某某在园林处后期工程工地设备，双方已分清，此问题与某公司无关；关于后期隐蔽工程，另加工程及室外工程，经双方同意，按实际决算，总工程款为36 641.58元，其中包含材料费；园林处原告队工程结算款为284 166.44元"。某市园林处家属楼工程在建期间，某公司通过借款及代购材料的方式支付原告部分款项，工程竣工后，某公司又通过借款的方式支付原告部分款项。经结算，某公司通过借款及代购材料的方式共计支付原告315 514.11元。由于某公司现已更名某某公司，所以原告就以现公司某某公司为被告要求被告支付原告工程欠款190 000元。而被告则认为该欠款跟被告无关。

  法院经审理认为，原告的总工程款为320 808.02元，扣除某公司通过借款及代购材料的方式支付原告的315 514.11元，某公司尚欠原告工程款5 293.91元。某公司后变更为某某公司，应当对某公司的欠款承担清偿责任。故判决某某公司支付原告工程款5 293.91元。①

◎ 思考题：

1. 建设工程施工合同应从哪些方面进行审查？
2. 如何认定建筑施工企业借用他人资质？
3. 如何理解与认定实际施工人？
4. 违法分包的情形有哪些？
5. 司法实践中如何认定"黑白合同"？
6. 建设工程合同无效的情形有哪些？
7. 建设工程合同无效后如何处理？

---

① 该案例摘录于陈思忠与河南省金和建设工程有限公司建设工程施工合同纠纷一案，载110法律网：http://www.110.com/panli/panli_100652.html，访问时间：2009年6月19日。

第四章 建设工程签证与索赔

【本章导读】

工程签证与工程索赔是施工过程中常见的行为，由于建设工程施工合同具有投资大、周期长、建设过程复杂等特点，即使发包方与承包方签订了严谨的合同，在实际施工中仍不可避免会根据实际情况对施工合同进行变更，此时在工程量的认定及工程款的结算工作中签证就起到了很强的证明作用。在出现法律法规或2013版《施工合同示范文本》所涉及的签证情形时，承包方必须按程序进行签证，以便向发包方进行索赔。在施工过程中以及工程竣工验收后，因发包方原因导致的承包方的损失，承包方可向发包方进行索赔，发包方可因承包方原因造成的损失向承包方提出反索赔。在提出索赔时应当遵循相关的程序，包括提出索赔报告、分析索赔原因、准备索赔证据等。

第一节 建设工程签证

【问题引入】

2005年4月，A施工单位与B发包人签订了关于某工程的《建设工程施工合同》并约定：包干总价为7 000万元，整个施工期间：工程设计变更产生的工程量增减（设计变更签证需经发包人同意并加盖公章）；合同约定开工日为2005年6月10日，竣工日为2006年12月31日，若延误工期，则每天承担5万元的违约金。

2005年6月10日，A施工单位正式开工。在该工程桩基的施工中，对桩基进行了测试的结果是不能完全达到承载要求。于是，设计单位为此进行了设计变更。变更了原来桩基的规格，并将桩根数从120根增加到150根。

7月10日，施工单位根据变更后的设计向监理发送"桩基工程开工报告"，总监理工程师审核意见为"同意开工"。同日，设计单位和监理单位在该工程桩基"工程变更表"中签章，对工程的设计变更进行了确认。8月30日，桩基工程通过质量验收，根据预算，工程因桩基设计变更导致比原标书增加50多万元，并且工期增加了15天。

施工期间，又因为发包人变更外墙铝板及铝合金幕墙设计，延误工期45天，但A施工单位在施工过程中并未提出工期索赔。2007年3月底，该工程竣工验收合格后，A施工单位要求B发包人对工程款进行结算，B发包人找了种种理由拖欠工程款。于是，A施工单位提起诉讼。B发包人反以A施工单位延误工期提起反诉，要求承担工期延误90天的违约金计450万元。

因双方对工程总造价和工期存在争议，法院委托专业机构对争议工程造价和工期进行鉴定。但本案最终鉴定机构未将桩基设计变更导致比原标书增加的 50 多万元列入工程造价，理由是工程签证存在瑕疵。工期方面也只认定了 60 天的顺延工期。最终法院判决，增加的 50 万元工程款不支持，并判 A 公司承担工期延误违约金 150 万元。①

问题：建设工程签证的程序有哪些？

一、建设工程签证的概念及法律特征

（一）建设工程签证的概念

建设工程签证是发包方与承包方就按合同约定对支付各种费用、设计变更、顺延工期、造价调整、赔偿损失等事项所达成的双方意思表示一致的补充协议，经双方书面确认的签证是工程结算或最终结算的凭据。现场签证是记录现场发生情况的第一手资料，特别是对一些投标报价包干的工程，结算时更是要对设计变更和现场签证进行调整。签证即签认、证明的意思，工程签证直接关系到发包人与施工单位的切身利益，是工程结算的重要依据。

设计变更、工程洽商、工作联系单等不是工程签证，发生了设计变更、工程洽商等行为不一定发生工程签证行为。一般来说，工程签证大部分是涉及工程价款的，它是仅就合同价款之外的责任事件所做的签认行为。只有在设计变更、工程指令等行为发生了合同约定之外的责任事件时，才进入工程签证程序。当进入工程签证工作程序时，设计变更、工作联系单中涉及合同价款之外的责任事件则成为签证的内容，而设计变更、工作联系单则成为签证的附件。

（二）签证的法律特征

1. 工程签证是双方法律行为

工程签证是双方协商一致的结果，是双方法律行为，工程签证直接涉及工程的结算，对双方具有重要意义，因此必须经过双方协商认可最终达成一致。建设工程施工合同在履行过程中不可避免地会发生一些变更，如设计变更、工期变更、造价变更等，几乎所有的建设工程承包合同都对变更及如何达成一致意见有规定，工程签证无疑是合同双方意思表示一致的结果，因此，工程签证也是建设工程施工合同中出现的新的补充合同，是整个建设工程施工合同的组成部分。

2. 工程签证可直接作为工程结算的凭据

施工过程中涉及顺延工期、增加费用、承担违约责任、赔偿损失等事项时，应由发包方、承包方、工程监理共同确认。凡已获得三方确认的签证，属于意思表示一致的法律行为，均可直接在工程形象进度结算或工程最终造价结算中与签证对应的履行资料一起作为

---

① 该案例来自于郇恒娟：《通过案例探讨工程签证与索赔的经济利益》，载中顾法律网：http：//news.9ask.cn/gcjz/zeren/201110/1546657.shtml，访问时间：2014 年 9 月 25 日。

计算工程量及工程价款的依据。

(三) 签证的构成要件

构成建设工程签证一般需要具备以下四个要件：

(1) 签证主体必须是施工单位与建设单位双方当事人，只有一方当事人签字不是签证；

(2) 签证的工作人员有必要的授权，未经授权签署签证单不能发生签证的效力；

(3) 签证的内容涉及设计变更、工期顺延或费用的变化、工程量的变化等内容；

(4) 签证双方必须就涉及工期顺延或费用的变化等内容协商一致，通常表述为双方一致同意、发包人同意、发包人批准等。如果发包人签署意见为情况属实，则不是具有直接结算功能的凭证。

二、建设工程签证的分类与范围

(一) 建设工程签证的分类

1. 工程经济签证

工程经济签证是指在施工过程中由于设计变更、施工图纸错误、发包方要求、违约等情形，未能正常施工造成发包方或承包方经济损失方面的签证。工程经济签证涉及工程的各个阶段，签证的内容与程序要求严格。

2. 工程技术签证

工程技术签证主要是指施工组织设计方案、技术措施的临时修改。作为发包方来说，如果是承包方提出的为了便于施工而改变的施工方案、技术措施，应该由承包方自行承担费用，发包方只签署技术签证，不会给予任何的费用补偿。

3. 工程工期签证

工程工期签证主要是指在实施过程中，由发包人等原因造成的延期开工、暂停开工、停工、工期延误等的签证。招标文件中一般约定了工期罚则，对于在实施过程中因主要材料、设备进退场时间及发包人等原因造成的延期开工、暂停开工、工期延误等原因形成的签证，在工期提前奖、工期延误罚款的计算时发挥着重要作用。

4. 工程隐蔽签证

工程隐蔽签证是指对隐蔽工程如软地基处理、钢筋隐蔽工程等进行施工时所涉及的签证。隐蔽工程被覆盖后很难再对该工程进行质量检验，因此应当及时签证，否则将影响以后的工程结算。

(二) 建设工程签证的范围

1. 实践中签证的范围

《建筑法》、《建设工程质量管理条例》等法律法规没有直接规定签证的范围，但从签证的作用出发，在下列情况下应当进行签证：

(1) 工期延误的签证。工期延误包括工期顺延，建设工程工期延误是经常发生的事情，延误工期的因素很多，常见的有：发包人未取得建设工程施工许可，发包人在约定的开工日期尚未做好拆迁、土地平整等准备工作，未能按照约定提供原材料、设备、场地、资金、施工图纸、技术资料等导致开工延期；设计变更导致工程量增加引起的工期延误；

发包人没有按照约定日期支付工程预付款、工程进度款，承包人停工造成的延误；停水、停电、停气引起的工程延误；工程师未按合同约定完成本身工作导致工期延误；恶劣天气引起的工程延误；约定由发包人提供的建设材料、设备，不能及时提供或提供的材料设备不符合合同约定导致的工期延误；因政策、法规的改变引起的工期延误；签约时双方没有预计到的因素导致的工期延误，比如说施工场地挖掘到文物、地下管线、障碍物等；不能归咎于双方的不可抗力引起的工程延误，比如地震。

（2）价款调整的签证。可导致工程价款增加的情形包括工程量增加、质量标准提高、工程设计变更、施工条件变更、固定价可调条件成就等。

（3）窝工停工损失的签证。包括发包人未及时检查隐蔽工程；因发包人原因造成主管部门要求建设工程暂停施工；发包方的工程师要求对已经建设完毕的隐蔽工程重新检验，如验收合格，造成承包人损失、导致工期延误的，承包人可要求进行签证；因发包人原因停建、缓建和返工；发包人未提供施工协助；工程师指令错误或迟延等造成窝工停工的情形。

（4）工程量确认的签证。如果是采用工程量清单报价的，工程款是单价与工程量的乘积，故承包人应当按照合同约定向工程师提交已完成的工程量报告，确认工程量意味着发包方对承包方工作量的承认。如果是单价闭口工程，① 以工程量来确定工程总价或者虽然总价闭口但发生设计变更等情况的，承包人要及时和发包人进行签证。如果合同中规定承包人需要每月向工程师提交工程量完工报告（月形象进度报表）的，亦需要及时提交完工报告获取签证，对于隐蔽工程及承包人垫付的费用也需要及时签证。

2. 2013版《施工合同示范文本》涉及签证的情形

（1）隐蔽工程检查签证。工程除专用合同条款另有约定外，工程隐蔽部位经承包人自检确认具备覆盖条件的，承包人应在共同检查前48小时书面通知监理人检查，通知中应载明隐蔽检查的内容、时间和地点，并应附有自检记录和必要的检查资料。

监理人应按时到场并对隐蔽工程及其施工工艺、材料和工程设备进行检查。经监理人检查确认质量符合隐蔽要求，并在验收记录上签字后，承包人才能进行覆盖。经监理人检查质量不合格的，承包人应在监理人指示的时间内完成修复，并由监理人重新检查，由此增加的费用和（或）延误的工期由承包人承担。

除专用合同条款另有约定外，监理人不能按时进行检查的，应在检查前24小时向承包人提交书面延期要求，但延期不能超过48小时，由此导致工期延误的，工期应予以顺延。监理人未按时进行检查，也未提出延期要求的，视为隐蔽工程检查合格，承包人可自行完成覆盖工作，并作相应记录报送监理人，监理人应签字确认。监理人事后对检查记录有疑问的，可按第5.3.3项〔重新检查〕的约定重新检查。

（2）隐蔽工程重新检查签证。承包人覆盖工程隐蔽部位后，发包人或监理人对质量有疑问的，可要求承包人对已覆盖的部位进行钻孔探测或揭开重新检查，承包人应遵照执

---

① 闭口价是国际标准《土木工程施工合同》中广泛适用的一种报价形式，指的是在双方确定工程施工项目之后，工程款不再变化的价格。闭口价具有不可更改的特点，合同一旦签订，总价就确定下来了，任何合同总价的错误，无论是计算上的错误，还是其他错误，皆视为已获双方认可。

行，并在检查后重新覆盖恢复原状。经检查证明工程质量符合合同要求的，由发包人承担由此增加的费用和（或）延误的工期，并支付承包人合理的利润；经检查证明工程质量不符合合同要求的，由此增加的费用和（或）延误的工期由承包人承担。

（3）不合格工程签证。因承包人原因造成工程不合格的，发包人有权随时要求承包人采取补救措施，直至达到合同要求的质量标准，由此增加的费用和（或）延误的工期由承包人承担。无法补救的，按照第13.2.4项〔拒绝接收全部或部分工程〕约定执行。因发包人原因造成工程不合格的，由此增加的费用和（或）延误的工期由发包人承担，并支付承包人合理的利润。

（4）质量争议检测签证。合同当事人对工程质量有争议的，由双方协商确定的工程质量检测机构鉴定，由此产生的费用及因此造成的损失，由责任方承担。合同当事人均有责任的，由双方根据其责任分别承担。合同当事人无法达成一致的，按照第4.4款〔商定或确定〕执行。

（5）工程延期签证。发包人应按照法律规定获得工程施工所需的许可。经发包人同意后，监理人发出的开工通知应符合法律规定。监理人应在计划开工日期7天前向承包人发出开工通知，工期自开工通知中载明的开工日期起算。除专用合同条款另有约定外，因发包人原因造成监理人未能在计划开工日期之日起90天内发出开工通知的，承包人有权提出价格调整要求，或者解除合同。发包人应当承担由此增加的费用和（或）延误的工期，并向承包人支付合理利润。因发包人原因未按计划开工日期开工的，发包人应按实际开工日期顺延竣工日期，确保实际工期不低于合同约定的工期总日历天数。因发包人原因导致工期延误需要修订施工进度计划的，按照第7.2.2项〔施工进度计划的修订〕执行。

（6）不利物质条件签证。不利物质条件是指有经验的承包人在施工现场遇到的不可预见的自然物质条件、非自然的物质障碍和污染物，包括地表以下物质条件和水文条件以及专用合同条款约定的其他情形，但不包括气候条件。承包人遇到不利物质条件时，应采取克服不利物质条件的合理措施继续施工，并及时通知发包人和监理人。通知应载明不利物质条件的内容以及承包人认为不可预见的理由。监理人经发包人同意后应当及时发出指示，指示构成变更的，按第10条〔变更〕约定执行。承包人因采取合理措施而增加的费用和（或）延误的工期由发包人承担。

（7）异常恶劣的气候条件签证。异常恶劣的气候条件是指在施工过程中遇到的，有经验的承包人在签订合同时不可预见的，对合同履行造成实质性影响的，但尚未构成不可抗力事件的恶劣气候条件。合同当事人可以在专用合同条款中约定异常恶劣的气候条件的具体情形。承包人应采取克服异常恶劣的气候条件的合理措施继续施工，并及时通知发包人和监理人。监理人经发包人同意后应当及时发出指示，指示构成变更的，按第10条〔变更〕约定办理。承包人因采取合理措施而增加的费用和（或）延误的工期由发包人承担。

（8）暂停施工签证。因发包人原因引起暂停施工的，监理人经发包人同意后，应及时下达暂停施工指示。因发包人原因引起的暂停施工，发包人应承担由此增加的费用和（或）延误的工期，并支付承包人合理的利润。

监理人认为有必要时，并经发包人批准后，可向承包人作出暂停施工的指示，承包人应按监理人指示暂停施工。

监理人发出暂停施工指示后 56 天内未向承包人发出复工通知，除该项停工属于承包人原因引起的暂停施工及不可抗力外，承包人可向发包人提交书面通知，要求发包人在收到书面通知后 28 天内准许已暂停施工的部分或全部工程继续施工。

暂停施工期间，承包人应负责妥善照管工程并提供安全保障，由此增加的费用由责任方承担。暂停施工期间，发包人和承包人均应采取必要的措施确保工程质量及安全，防止因暂停施工扩大损失。

除上述情形需要签证外，其他如提前竣工、材料与工程设备的接收与拒收等发生变更的事项双方均应按程序进行签证。

三、建设工程签证的流程和常见问题

（一）工程签证的流程

（1）施工单位发现有需要进行签证的事项时，收集相关签证的事实，包括写清签证原因、签证内容、附上初步预算或工程量清单等，能进行拍照或进行画图的就采取拍照或画图方式表现。

（2）向监理工程师发送工程签证单，由监理工程师审核。监理工程师检查工程量确认单的完整性，对所涉及的签证事项进行实地核查，并完成签证事项的审核；监理单位将审核完成的工程量确认单报送至建设单位，并知会施工单位；不合格的工程量确认单退还给施工单位。

（3）建设单位的专业工程师核实签证原因、事项及工程量并签署审核意见。

（4）建设单位的专业工程师签署意见后，再由建设单位的预算部门进行审核，预算部门对工程量的真实性及准确性负责，独立完成核查和确认工作，并签署审核意见。

（5）建设单位的预算部门审核并签署意见后，再由建设单位的审计部门进行审核并签署审核意见。

（6）建设单位审核完后将签证单于各方保留一份留底。

（二）工程签证中的常见问题

1. 签证不及时

时间是签证的基本要求之一，也是签证准确度的基础。这就要求双方代表就当时在工程现场实际发生事情进行准确测量、描述、办理签证手续，但是有的业主现场代表不负责任，当时不办理，口头答应，事后靠追记补办，甚至于在结算审计过程中还在补办签证手续。这样很容易导致现场发生的具体情况回忆不清，补写的签证单与实际发生的条件不符，数据不准，在结算过程和审计过程中双方代表争吵扯皮。[①]

前述案例中，因为 A 施工单位在建设单位变更外墙铝板及铝合金幕墙设计时，未马上要求工期签证或工期索赔，且没有充足的证据去证明工期延误的原因及具体期限。在桩

---

① 黄劲杭：《对当前工程签证存在问题及其对策的思考》，载《现代商业》2011 年第 7 期，第 155 页。

基试验阶段设计单位进行了设计变更,虽然 A 施工单位就此变更及时进行了签证,但仅获得了监理方的认可,而未获得建设单位的认可。诉讼中,虽通过鉴定支持了一部分工期,但根本无法得出全部的工期延误天数,导致 A 施工单位白白承担 150 万元的工期延误违约金,其所提出增加的 50 万元的桩基款亦未得到法院支持。工期签证和索赔是工期纠纷案件中承包人主张权利最有效的证据之一。如果承包人没有工期签证或证据充分的工期索赔,则需要提供大量证据去证明自己对工期延误没有过错。《建设工程施工合同解释》第 19 条规定,双方对工程量有争议的,如果施工单位能提供证据证明工作量的,可以支持施工单位一方的诉求。该条相反的理解就是如果施工单位没有证据证明工作量的,则法院不予支持。

2. 签证内容模糊、准确性差

签证中不列明工程项目及其工作内容,只列明工程量和单价,既不作文字解释,也没有提供签证工程量和单位的计算依据。如某工程存在一张金额 6 万元的签证,只签了钻眼多少个,每个多少钱连在哪个项目、哪个部位钻眼、单价是如何计算出来的都没有注明。[①] 如果发生上述情况建设单位授权的人员进行了签字确认,在发生纠纷时将承担不利的后果,一份有效的签证,足以证明双方的工作量及工程价款情况。

3. 签证程序不规范

现场签证一般需要建设单位、施工单位两方共同签字,要求签证代表具有单位授权,但在签证时主体资格不符合签证要求,签证人员未获得正式授权,工程签证缺乏单位公章,签证发生涂改未注明原因等。

4. 虚假签证

在现场签证工作中依然存在着不正之风,如施予恩惠,有好处就办事,且有些以少签多,高估冒算,巧立名目,弄虚作假;没好处就放着不办,或故意刁难,以致出现行贿受贿现象。[②]

5. 签字不规范

有的工程师签字环节非常不规范,签字的形式五花八门,有的签字潦草,辨认不清;有的签字评语文不对题,前后矛盾;有的签字实质性不强,常见的签署签证不规范的方式有:(1)只签名:只签姓名,没有签署具体意见。这种情况只能说明相关签字人阅过,相关人未发表同意与否的意见。这种情况只能称阅过,未发表同意与否的意见。(2)签名+"同意"。如某市政道路工程,甲方委托监理公司进行计量控制,施工中发生了土方外运项目,乙方直接向甲方申报签证,在签证的内容栏内乙方填写:土方工程量为"3 500 立方",签证单价为"43 元/立方"。甲方代表阅后在审批栏内签名及签批为"同意"字样。"同意二字看似简洁实则意思含糊,究竟是同意什么内容?没有讲清;严格地说,这种签证是不能作为结算依据的。(3)签名+"情况属实":这种情况只能说明事实的存在,

---

[①] 李炳和:《工程签证存在的问题、原因及应对措施》,载《城镇供水》2007 年第 1 期,第 58 页。

[②] 黄劭杭:《对当前工程签证存在问题及其对策的思考》,载《现代商业》2011 年第 7 期,第 155 页。

并没有完全确认所列项目可以结算；或未对完成情况及数量进行明确。所以这并不是签证，至于能否增加费用或顺延工期尚要结合合同约定及其他证据材料才能综合认定。[1]

四、建设工程签证的注意事项

(一) 施工单位工程签证应注意的事项

完整的签证有利于顺利结算，也避免在发生纠纷后取证困难。工程签证涉及工期的变更（通常是延长）和工程价款的变更（通常是增加），关系到施工企业和建设单位的根本利益，建设单位为避免工程造价的增加，常会采取不签证、少签证、拖延签证等方式来应对。发包人拒绝签证的情形是普遍存在的，其原因一方面是发包人害怕其工作人员乱签证，故一概禁止签证；另一方面是有些发包人不尊重承包人的工作，故意耍赖。工程签证对于施工单位来说非常重要，在签证时要注意以下问题：

1. 明确签证的范围

如前所述，建设工程在施工过程中总是面临突发情况和各种计划外的变更事项，发包人未能按照合同规定的时间和要求提供材料、场地、设备资料等造成承包人停窝工，由于发包人原因导致工程中途停建、缓建或由于设计变更等因素导致工程停窝工、返工以及施工过程中发生停水停电等导致的停窝工费用损失、工期损失，对于这些变化如非施工单位自身的主观原因，施工单位就应当及时主动向发包方提请签证。

2. 明确发包方签证主体

工程签证的程序一般是由承包方找监理方确认工程量，监理方批示意见后，发包方再进行确认。发包方能进行签证的代表应当是双方在合同中已经约定的，或者是得到发包方授权的人员。因此在发生签证时要明确签证的有权主体，并且尽量要求发包方盖公章，避免日后发包方以签证主体为授权而拒绝承认签证内容。上述案例中，建设工程在桩基试验阶段进行了设计变更，虽然A施工单位就此变更及时进行了签证，但是仅获得了监理方的认可，而未得到建设单位的认可。因此法院未支持施工单位的诉求。并且建设单位在施工过程中也存在更换签证审核代表的情形，施工单位更是要注意签证审核人身份。

3. 及时进行签证

根据《建设工程质量管理条例》、2013版《施工合同示范文本》的规定，大部分的签证均有一定的时限要求，如未在该时限内提出，则承包人可能面临此后的索赔无法得到支持的风险。同时办理签证，注明办理签证的真实准确的日期，实践中在工程审计时发现多张签证单上施工单位和建设单位签的日期都是同一天，很明显这些工作不是在同一时间开展和完工的，这种图方便的做法往往为日后的纠纷埋下伏笔。

4. 签证的内容应具体明确

签证时应准确表达签证含义，不能产生歧义。签证时应注明发生签证的原因，如发生变更是由于发包方未能取得施工许可证导致工期顺延还是因为发包方指示发生的施工变更等。签证内容应尽量量化，明确签证的工期、质量标准、付款方式、结算方式、违约条款

---

[1] 彭安华：《工程建设项目签证管理中存在的问题及防范措施》，郧西县审计局网站：http://www.hbyxsj.gov.cn/a/zhengfutantao/liluntantao/2014/0428/52.html，访问时间：2015年8月10日。

等,便于工程结算,如工期签证,在发生工期顺延的情形下,承包人应在发生后 14 天内,就延误的工期以书面形式向工程师提出报告,工程师在收到报告后 14 天内予以确认,逾期既不确认又不提出修改意见,视为同意顺延工期,如果承包人仅仅是提出顺延工期,而不明确本次签证延误的天数或小时,并不能达到工期签证的效果。另外对于费用的明细应准确,在施工过程中,经常会出现一些无法计算工程量或者特殊的定额没有的项目,需要用签证明确费用。这时的签证应明确签证确认的费用是直接费还是已含管理费和税费,如果只签了直接费,则后续可能就是否包含管理费、税费等问题产生争议。

5. 重视其他施工文件

当发生签证事件时,有些建设单位对于工程签证单非常抗拒,拒绝在签证单上签字,有些是由于建设单位和施工单位双方对签证不重视导致的,施工单位可以在工作联系单、工程联系函、会议纪要等文件中对工程签证事项予以确定。另外施工单位应保留与签证有关的施工日志、施工进度表、施工备忘录、例会记录、工程照片和验收报告等证据,以防日后发生争议时无文件可查。

(二) 建设单位签证审核的注意事项

1. 尽量减少设计变更

在建设工程实施过程中,设计图纸粗糙、材料规格档次不合设计标准、使用功能改变等原因都可导致设计变更。因此首先应严禁通过设计变更扩大建设规模,提高设计标准,增补项目内容,一般情况下不允许设计变更,除非不变更会影响项目的正常运行。其次认真对待必须发生的设计变更,对涉及费用增减的设计变更,必须经设计院、发包人代表、监理单位总工程师共同签章认可方为有效。[①]

2. 及时对施工单位的工程签证进行回复

在工程施工过程中,在发生工期延误情形时,承包人应在情况发生后 14 天内,就延误的工期以书面形式向工程师提出报告,工程师须在收到报告后 14 天内予以确认,逾期既不确认又不提出修改意见,视为同意顺延工期。在调整价款方面,承包人应在合同规定的调整情况(包括设计变更、政策性价款调整、工程造价管理机构的价格调整等)发生后 14 天内,将调整原因、金额以书面形式通知发包人,发包人确认调整金额后将其作为追加合同价款,与工程进度款同期支付;如果发包人收到承包人通知后 14 天内不予确认,则视同已同意该项调整。工程完工后,一旦具备竣工验收条件,则承包人应及时向发包人提交竣工验收报告并要求发包人签收。发包人应在收到竣工验收报告后 28 天内组织有关单位验收,并在验收后 14 天内给予认可或提出修改意见。如果发包人收到承包人提交的竣工验收报告后 28 天内不组织验收,或者验收后 14 天内不提出修改意见,则视为竣工验收报告已被发包人认可。

《建设工程价款结算暂行办法》考虑到施工实际情况,按照工程造价金额的不同规定相应的结算审查日期,最长规定 60 天的审查时间。如果发包人在收到竣工结算报告后 28 天(或者合同约定的其他时间)内无正当理由不支付工程竣工结算价款,则应从第 29 天

[①] 《建筑工程签证注意事项及要点》,载南皮县政府信息公开平台:http://zwgk.cangzhou.gov.cn/cangzhou/nanpi/article5.jsp?infoId=231252,访问时间:2014 年 10 月 23 日。

起按同期银行贷款利率支付拖欠工程价款的利息,并承担违约责任。《建设工程施工合同解释》第20条也明确规定,"当事人约定,发包人收到竣工结算文件后,在约定期限内不予答复,视为认可竣工结算文件的,按照约定处理。承包人请求按照竣工结算文件结算工程价款的,应予支持",这就从法律上确认了发包人逾期不予认定结算报告视同认可的合法性。所以对于建设单位来说,对于施工单位提出的工程签证及相关报告必须及时进行回复,逾期不回复的则视为确认。

3. 慎重订立补充协议或会议纪要

从开始施工到工程验收交工,建设单位、施工单位、监理单位会涉及多种工作联络的书面文件,如工程师的工程变更指令、口头变更确认函、承包单位与监理单位的各种请示、报告、批复、书面文件往来、各种建材的出厂合格证书、试验报告、自检检测资料、验收资料、工作联系单、工作指令等,在施工合同的履行过程中,建设单位与施工单位会就多项事情达成补充协议或者会议纪要,如标前会议纪要、施工协调会议纪要、施工进度变更会议纪要、施工技术讨论会议纪要等,这些补充协议或会议纪要同样构成了施工合同的重要组成部分。由于上述文件所记载的内容记录了工程施工的实时情况,所涉及的相关数据也可以构成对承包方有利的证据,而让发包方变得被动。

《建设工程施工合同解释》第19条规定,当事人对工程量有争议的,按照施工过程中形成的签证等书面文件确认。承包人能够证明发包人同意其施工,但未能提供签证文件证明工程量发生的,可以按照当事人提供的其他证据确认实际发生的工程量。因此建设单位应当认真审核施工单位提交的文件,慎重签署。

第二节 建设工程索赔

【问题引入】

某施工单位与建设单位按《建设工程施工合同(示范文本)》签订了可调整价格施工承包合同,合同工期390天,合同总价5 000万元。合同中约定按建标[2003]06号文综合单价法计价程序计价,其中间接费率为20%,规费费率为5%,取费基数为:人工费与机械费之和。结构施工阶段因建设单位提出工程变更,施工单位根据建设单位提出的工程变更,考虑事件发生的实际情况,采取了积极措施,防止事态扩大。关于该工程变更事件,施工单位增加人工费为4万元、材料费为6万元、机械费为5万元,工作持续时间延长30天(该工作处于关键线路上)。根据双方签订的合同,施工单位遵循索赔的原则和程序,提交了索赔报告、索赔计算、实际完成工程量、签订的合同、双方协商文件、签证、会议纪要等文件,提出了工期索赔和费用索赔。[1]

问题:施工单位提出的索赔要求是否能得到支持?

---

[1] 《工程索赔的案例分析》,载建设工程教育网:http://www.jianshe99.com/lunwen/gongcheng-guanli/ma20140411094740607 03766.shtml 访问时间:2014年10月23日。

近年来我国的建设速度与规模明显加剧，由于法律不完善，在施工过程中出现大量不规范的情形，纠纷日益增多。虽然建设单位与施工单位在合同中约定了工期、质量、造价、违约责任等内容，但工程的复杂性以及工程在施工过程中的不稳定性，很难达到合同所约定的目标，由此也产生了索赔与反索赔等纠纷。

一、建设工程索赔的概念与种类

（一）建设工程索赔的概念

索赔是在工程承包合同履行中，当事人一方由于另一方未履行合同所规定的义务而遭受损失时，向另一方提出赔偿要求的行为。在实际工作中，"索赔"是双向的，建设单位和承建单位都可能提出索赔要求。通常情况下，索赔是指承建单位在合同实施过程中，对非自身原因造成的工程延期、费用增加而要求建设单位给予补偿损失的一种权利要求。而建设单位对于属于承建单位应承担责任造成的，且实际发生了的损失，向承建单位要求赔偿，称为反索赔。[①]

工程索赔与工程签证既有联系也有区别，工程签证是工程索赔的前提条件，工程索赔不仅包含工程签证的事项，亦包括工程签证以外非因承包方原因造成的索赔事项。与工程签证是双方法律行为的特征不同，工程索赔是双方未能协商一致的结果，是单方主张权利的表示，为单方法律行为。

（二）建设工程索赔的种类

1. 合同中明示的索赔与默示的索赔

根据索赔的合同依据不同将建设工程索赔分为合同中明示的索赔与合同中默示的索赔。合同中明示的索赔是指承包人所提出的索赔要求，在该工程项目的合同文件中有文字依据，承包人可以据此提出索赔要求，并取得经济补偿。合同中默示的索赔，指的是承包人的该项索赔要求，虽然在工程项目的合同条件中没有专门的文字叙述，但可以根据该合同条件的某些条款的含义，推论出承包人有索赔权。合同中明示的索赔由于在合同中有明确约定，因此承包人索赔时有明确依据，而没有明确约定的默示的索赔，承包人虽然有索赔权，但索赔的难度会增加。

2. 总承包人和分包人之间的索赔与承包人和供货人之间的索赔

根据索赔的当事人的不同分为承包人同发包人之间的索赔与总承包人和分包人之间以及承包人同供货人之间的索赔。承包人同发包人之间的索赔是承包施工中最普遍的索赔形式，如承包人向发包人提出的工期索赔和费用索赔，发包人也向承包人提出经济赔偿的要求，称"反索赔"。总承包人和分包人，按照他们之间所签订的分包合同，都有向对方提出索赔的权利，以维护自己的利益，获得额外开支的经济补偿。

3. 工期索赔与费用索赔

按索赔目的不同分为工期索赔与费用索赔。工期索赔是指由于非承包人责任的原因而导致施工进程延误，要求批准延展合同工期的索赔。工期索赔虽然是对工期延误的确认，

---

① 《索赔概念和类型》，载信管网：http://www.cnitpm.com/pm/9213.html，访问时间：2014年10月7日。

但对工期索赔可以避免在施工单位不能按约定时间完工时,被建设单位追究工期延误违约责任,最终还表现在工程费用问题上。费用索赔主要是要求经济补偿。当施工的客观条件改变导致承包人增加开支时,要求发包人对超出计划成本的附加开支给予补偿。

4. 单项索赔和总索赔

按索赔的处理方式不同分为单项索赔和总索赔。单项索赔是针对某一事件提出的,在合同实施的过程中,发生与合同约定不符的事项时,承包方就该事项向发包人提交索赔意向书和索赔报告。总索赔又叫一揽子索赔或综合索赔。一般在工程竣工前,承包人将施工过程中未解决的单项索赔集中起来,提出一篇总索赔报告。合同双方在工程交付前后进行最终谈判,以一揽子方案解决索赔问题。

二、建设工程索赔的发生原因

承包人在施工工程中基于以下原因可以向发包人提出索赔:

(一) 发包人违约

发包人违约常常表现为发包人或其委托人未能按合同规定为承包人提供应由其提供的、使承包人得以施工的必要条件,或未能在规定的时间内付款。比如发包人未能按规定时间完成拆迁清场,工程师未能在规定时间内发出有关图纸、指示、指令或批复,工程师拖延发布各种证书(如进度付款签证、移交证书等),发包人提供材料等的延误或不符合合同标准等。

(二) 施工条件变化

建设工程的顺利建设与自然条件密切相关,如遇暴雨雪等恶劣天气会影响施工,而在施工过程中,对于突发的一些地质灾害如塌方、漏水、地质断层等,是承包商在施工前进行的现场勘察无法发现的,在双方未能有效约定情况下,亦会成为索赔的原因。

(三) 工程变更

工程的变更可以是工程设计的变更,也可以是建筑材料的变更、工作时间的变更、工作量的变更、工作范围的变更等,变更会引起一些建筑技术变动以及时间成本,基于此原因,承包方可以提出索赔。

(四) 工期拖延

由于受天气、水文地质、材料供应、劳务变化等因素的影响,使得工程不能按期进行,由此增加一些计划外的开支,产生一些损失。如果拖延是因承包方引起,则承包方无权提出索赔。

(五) 工程师指令

监理单位委派工程师对施工现场进行协商,统一指挥。工程师根据建设单位的要求会对施工作出一些安排,包括加快施工进度、更换某些材料等,如果因为工程师指令导致施工发生了改变,增加了承包方工作成本,承包方可据此索赔。

(六) 国家政策及法律法规变更

涉及建设工程的国家政策及法律法规发生变化时,往往会大范围影响到承包方的施工进度与施工成本,比如某建筑安装公司在建设某热电企业的过程中,国家发布了禁止建设小型热电发电厂的通知,某建筑安装公司根据建设单位的要求停止了施工,但由此造成了窝工停工损失。在此情况下，承包方就有理由提出索赔。

（七）其他分包人原因

某些大中型建设工程，除了承包方进行主体工程施工外，发包方往往会将其他一些工作分给各专业施工单位进行，如水电、门窗、地下管道等专业工作。如分包单位是由建设单位指定的情形下，承包方很难对各分包单位进行统一组织协商，只要有一个分包单位没有完成其专业工作，就会影响其他分部工程进程，承包方也会增加计划外的劳务工资、材料租赁等经济成本，在此情况下承包方有理由主张索赔。

三、发包人的反索赔

反索赔是指建设单位（发包人）向放工单位（承包人）提出的索赔。索赔是双向的，不仅承包人可以向发包人索赔，发包人同样也可以向承包人索赔。一般情况下，承包方向发包方索赔称为索赔，承包方索赔时发包方转而向承包方索赔的称之为反索赔。建设单位向施工单位索赔的主要目的是减少或防止可能产生的索赔和对施工单位的索赔要求进行抗辩。建设单位向施工单位提出索赔的原因主要包括：

（一）工期延误索赔

工期延误属于施工单位责任时，建设单位对施工单位进行索赔，即由施工单位支付延期竣工违约金。建设单位在确定违约金的费率时，一般要考虑以下因素：建设单位盈利损失；由于工期延长而引起的贷款利息增加；工程拖期带来的附加监理费；由于本工程拖期竣工不能使用，租用其他建筑时的租赁费。违约金的计算方法，在每个合同文件中均有具体规定，一般按每延误一天赔偿一定的款额计算。

（二）施工缺陷索赔

指施工单位的施工质量不符合施工技术规程的要求，或使用的设备和材料不符合合同规定，或在保修期未满以前未完成应该负责补修的工程时，建设单位有权向施工单位追究责任。如果施工单位未在规定的期限内完成修补工作，建设单位有权雇佣他人来完成工作，发生的费用由施工单位承担。

（三）对指定分包人的付款索赔

指工程施工单位未能提供已向指定分包人付款的合理证明时，建设单位可以直接按照监理工程师的证明书，将施工单位未付给指定分包人的所有款项（扣除保留金）付给这个分包人，并从应付给施工单位的任何款项中如数扣回。

（四）发包人合理终止合同或承包人不正当放弃工程的索赔

承包人具有如下情形时：明确表示或者以行为表明不履行合同主要义务，合同约定的期限内没有完工，且在发包人催告的合理期限内仍未完工，已经完成的建设工程质量不合格，并拒绝修复，将承包的建设工程非法转包、违法分包的等，发包人可以解除合同，将工程接手，并向承包人进行索赔。

四、索赔的程序

（一）2013版《工程合同示范文本》有关索赔程序的规定

1. 承包人的索赔

根据合同约定，承包人认为有权得到追加付款和（或）延长工期的，应按以下程序

向发包人提出索赔:

(1) 承包人应在知道或应当知道索赔事件发生后 28 天内,向监理人递交索赔意向通知书,并说明发生索赔事件的事由;承包人未在前述 28 天内发出索赔意向通知书的,丧失要求追加付款和(或)延长工期的权利;

(2) 承包人应在发出索赔意向通知书后 28 天内,向监理人正式递交索赔报告;索赔报告应详细说明索赔理由以及要求追加的付款金额和(或)延长的工期,并附必要的记录和证明材料;

(3) 索赔事件具有持续影响的,承包人应按合理时间间隔继续递交延续索赔通知,说明持续影响的实际情况和记录,列出累计的追加付款金额和(或)工期延长天数;

(4) 在索赔事件影响结束后 28 天内,承包人应向监理人递交最终索赔报告,说明最终要求索赔的追加付款金额和(或)延长的工期,并附必要的记录和证明材料。

2. 对承包人索赔的处理

(1) 监理人应在收到索赔报告后 14 天内完成审查并报送发包人。监理人对索赔报告存在异议的,有权要求承包人提交全部原始记录副本;

(2) 发包人应在监理人收到索赔报告或有关索赔的进一步证明材料后的 28 天内,由监理人向承包人出具经发包人签认的索赔处理结果。发包人逾期答复的,则视为认可承包人的索赔要求;

(3) 承包人接受索赔处理结果的,索赔款项在当期进度款中进行支付;承包人不接受索赔处理结果的,按照第 20 条〔争议解决〕约定处理。

3. 发包人的索赔

根据合同约定,发包人认为有权得到赔付金额和(或)延长缺陷责任期的,监理人应向承包人发出通知并附有详细的证明。

发包人应在知道或应当知道索赔事件发生后 28 天内通过监理人向承包人提出索赔意向通知书,发包人未在前述 28 天内发出索赔意向通知书的,丧失要求赔付金额和(或)延长缺陷责任期的权利。发包人应在发出索赔意向通知书后 28 天内,通过监理人向承包人正式递交索赔报告。

4. 对发包人索赔的处理

对发包人索赔的处理如下:

(1) 承包人收到发包人提交的索赔报告后,应及时审查索赔报告的内容、查验发包人证明材料。

(2) 承包人应在收到索赔报告或有关索赔的进一步证明材料后 28 天内,将索赔处理结果答复发包人。如果承包人未在上述期限内作出答复的,则视为对发包人索赔要求的认可。

(3) 承包人接受索赔处理结果的,发包人可从应支付给承包人的合同价款中扣除赔付的金额或延长缺陷责任期;发包人不接受索赔处理结果的,按第 20 条〔争议解决〕约定处理。

5. 提出索赔的期限

(1) 承包人按约定接收竣工付款证书后,应被视为已无权再提出在工程接收证书颁发前所发生的任何索赔。

（2）承包人按最终结清提交的最终结清申请单中，只限于提出工程接收证书颁发后发生的索赔。提出索赔的期限自接受最终结清证书时终止。

（二）实践中索赔的程序

具体的索赔程序，可以根据双方的合同约定来进行。在工程实践中，承包人的索赔程序通常可分为以下几个步骤：

1. 递交索赔意向通知和准备索赔工作

承包人应在知道或应当知道索赔事件发生后 28 天内，向监理人递交索赔意向通知书，并说明发生索赔事件的事由；承包人未在前述 28 天内发出索赔意向通知书的，丧失要求追加付款和（或）延长工期的权利。

索赔事件发生以后，承包人在向发包人发出索赔通知的同时，应该着手进行索赔准备工作，主要有以下几项：

（1）事实调查。通过对施工现场的了解确认索赔事项，了解事件发生的时间、起因、解决措施、事件造成的损失等。损失调查的重点是收集、分析、对比实际和计划的施工进度，工程成本和费用方面的资料，在此基础上计算索赔金额。

（2）事件责任分析。在对事件的前因后果进行调查后，确定发生索赔事件的责任原因，明确责任主体。

（3）对比索赔条件。对双方签订的合同进行研究，对比所发生事件是否违反了合同约定或相关法律法规，损失是否在合同约定的索赔范围内。

（4）收集证据。证据是支持索赔请求的基础，索赔事件发生后，承包人应抓紧收集证据，包括合同文件、纪要文件、来往信件、施工进度计划和实际施工进度记录等，保证证据的完整性。

（5）起草索赔报告。在做好索赔工作后就起草索赔报告，索赔报告的内容主要是根据上述工作整理而成，包括索赔的理由和索赔的事实依据。

2. 递交索赔报告

承包人在发出索赔意向通知书后 28 天内，应向监理人正式递交索赔报告；索赔报告应详细说明索赔理由以及要求追加的付款金额和（或）延长的工期，并附必要的记录和证明材料。

索赔事件具有持续影响的，在发出索赔意向通知书后 28 天内不能算出索赔额和工期延展天数时，承包人应按合理时间间隔继续递交延续索赔通知，说明持续影响的实际情况和记录，列出累计的追加付款金额和（或）工期延长天数。

在索赔事件影响结束后 28 天内，承包人应向监理人递交最终索赔报告，说明最终要求索赔的追加付款金额和（或）延长的工期，并附必要的记录和证明材料。

3. 工程师审核索赔报告

接到承包人的索赔意向通知后，工程师应当密切关注索赔事件的发展，及时提出解决方案，避免损失扩大。在接到正式索赔报告以后，认真研究承包人报送的索赔资料。首先在不确认责任归属的情况下，分析事件发生的原因，重温合同的有关条款，研究承包人的索赔证据，并检查他的同期记录；其次通过对事件的分析，工程师再依据合同条款划清责任界限，如果必要时还可以要求承包人进一步提供补充资料。尤其是对承包人与发包人或工程师都负有一定责任的事件影响,更应划出各方应该承担合同责任的比例。最后再审查承包人提出的索赔补偿要求,剔除其中的不合理部分,拟定自己计算的合理索赔款额和工期延展天数。①

前述案例中由于建设单位提出工程结构变更,且处于关键线路上,施工单位及时采取措施,但仍然导致关键线路上的施工滞后,影响了竣工日期。施工单位根据双方所签合同,提交了索赔报告、索赔计算、实际完成工程量、签订的合同、双方协商文件、签证、会议纪要等文件,证据充分,其索赔主张应予支持。

4. 与承包人协商补偿

对于补偿数额即使双方看法一致发包方也会尽可能争取少付一部分费用,实践中往往因双方的意见相差太大,无法取得统一。常见的有对事件责任的认定双方有争议,对合同的理解双方有分歧,在施工过程中缺乏必要的记录,导致索赔报告证据不充分等,在协商不成的情况下,工程师会将此结果告之发包人和承包人。

五、索赔报告与索赔证据

(一)索赔报告

索赔报告是向对方提出索赔要求的书面文件,是承包人对索赔事件的处理结果,也是发包人审议承包人索赔请求的主要依据。

1. 索赔报告的内容

索赔报告的具体内容,随该索赔事件的性质和特点而有所不同。但从报告的必要内容与文字结构方面而论,一个完整的索赔报告应包括以下四个部分:

(1)总论部分。一般包括以下内容:序言、索赔事项概述、具体索赔要求索赔报告编写及审核人员名单。

文中首先应概要地论述索赔事件的发生日期与过程;施工单位为该索赔事件所付出的努力和附加开支;施工单位的具体索赔要求。在总论部分结尾,附上索赔报告编写组主要人员及审核人员的名单,注明有关人员的职称、职务及施工经验,以表示该索赔报告的严肃性和权威性。总论部分的阐述要简明扼要,说明问题。

(2)事实部分。本部分主要是说明己方具有的索赔权利,这是索赔能否成立的关键。事实部分的内容主要来自该工程项目的合同文件,并参照有关法律规定。该部分中施工单位应引用合同中的具体条款,说明己方理应获得经济补偿或工期延长。

事实部分的篇幅可能很大,其具体内容随各个索赔事件的特点而不同。一般地说,根据部分应包括以下内容:索赔事件的发生情况、已递交索赔意向书的情况、索赔事件的处理过程、索赔要求的合同根据、所附的证据资料。

在写法结构上,按照索赔事件发生、发展、处理和最终解决的过程编写,并明确全文引用有关的合同条款,使建设单位和监理工程师能历史地、逻辑地了解索赔事件的始末,并充分认识该项索赔的合理性和合法性。

---

① 《工程索赔的步骤》,载华律网:http://www.66law.cn/topic2010/gssplszx/23260.shtml,2012-5-15,访问时间:2014 年 10 月 23 日。

(3) 计算部分。索赔计算的目的,是以具体的计算方法和计算过程,说明己方应得经济补偿的款额或延长时间。如果说根据部分的任务是解决索赔能否成立,则计算部分的任务就是决定应得到多少索赔款额和工期。前者是定性的后者是定量的。

在款额计算部分,施工单位首先必须阐明下列问题:①索赔款的要求总额;②各项索赔款的计算,如额外开支的务工费、材料费、管理费和所失利润;③指明各项开支的计算依据及证据资料,施工单位应注意采用合适的计价方法。至于采用哪一种计价法,应根据索赔事件的特点及自己所掌握的证据资料等因素来确定。其次,应注意每项开支款的合理性,并指出相应的证据资料的名称及编号。

(4) 证据部分。证据部分包括该索赔事件所涉及的一切证据资料以及对这些证据的说明,证据是索赔报告的重要组成部分,没有翔实可靠的证据,索赔是不能成功的。

索赔证据资料的范围很广,它可能包括工程项目施工过程中所涉及的有关政治、经济、技术、财务等资料。在引用证据时要注意该证据的效力或可信程度。为此,对重要的证据资料最好附以文字证明或确认件。例如,对一个重要的电话内容,仅附上自己的记录本是不够的,最好附上经过双方签字确认的电话记录;或附上发给对方要求确认该电话记录的函件,即使对方未给复函,亦可说明责任在对方,因为对方未复函确认或修改,按惯例应理解为他已默认。

2. 编写索赔报告的一般要求

索赔报告是具有法律效力的正规的书面文件,编写索赔报告一般有以下要求:

(1) 索赔事件应该真实。索赔报告中所提出的索赔事件应当是真实的,承包商应对事件的事实性负举证责任,如果是虚拟的事实,或者有大量不确定的事实,将严重影响承包方的信誉。

(2) 责任认定明确。事件发生后,只有属于发包方的原因导致的损失才可向发包方索赔,因此首先应明确责任主体,分析责任原因,提供有效证据。

(3) 损失清楚。对于索赔事件导致的损失包括工期延误、材料支出、人工成本的支出损失等,应当为实际损失,且该损失是因发包方的原因导致的损失,应当充分论证事件影响实际损失之间的直接因果关系,并说明承包方为避免损失扩大所能采取的措施。

(4) 索赔计算必须合理、正确。要采用合理的计算方法的数据,正确地计算出应取得的经济补偿款额或工期延长。计算中应力求避免漏项或重复,不出现计算上的错误。

(5) 文字要精练、条理要清楚、语气要中肯。索赔报告必须简洁明了、条理清楚、结论明确、有逻辑性。索赔证据和索赔值的计算应详细和清晰,没有差错而又不显繁琐。语气措辞应中肯,在论述事件的责任及索赔根据时,所用词语要肯定,忌用"大概"、"一定程度""可能"等词汇;在提出索赔要求时,语气要恳切,忌用强硬或命令式的口气。[①]

(二) 索赔的证据

对索赔证据要求能说明事件的全过程,索赔证据之间相互关联,不能相互矛盾,对索

[①] 《建设单位反索赔》,载广西造价信息网:http://www.gxzj.com.cn/news.aspx?id=5591,访问时间:2014年10月20日。

赔证据的取得及提出应当及时。一般要求证据必须是书面文件，有关记录、协议、纪要须是双方签署的，工程中的重大事件、特殊情况的记录、统计必须由监理工程师签证认可。工程索赔的主要证据如下：

（1）合同文件。包括招标文件及其澄清文件、投标报价文件、中标通知书、其他各种签约（备忘录、修正案等），发包人认可的工程实施计划，各种工程图纸（包括图纸修改指令），技术规范等；承包人的报价文件，包括各种工程预算和其他作为报价依据的资料，如环境调查资料、标前会议和澄清会议资料等。

（2）来往信件（书信、电子邮件等）。如发包人的变更指令，各种认可信、通知，监理工程师的指令、与建设单位或监理工程师的来往函件和电话记录、对承包人问题的答复信等。应当注意的是，商讨性的和意向性的信件通常不能作为变更指令或合同变更文件。

在合同实施过程中，承包人对发包人和工程师的口头指令、传真件、电子邮件等和对工程问题的处理意见要及时索取书面证据。来信的信封也要封存，信封上的邮戳记载着发信和收信的准确日期，起证明作用。

（3）各种会议纪要。在标前会议和决标前的澄清会议上，发包人对承包人问题的书面答复，或双方签署的会谈纪要；在合同实施过程中，发包人、工程师和各承包人定期会商，研究实际情况，作出决议或决定。它们可作为合同的补充。但会谈纪要须经各方签署才有法律效力。

（4）施工进度计划和实际施工进度记录。包括总进度计划，开工后发包人的工程师批准的详细的进度计划、每月进度修改计划、实际施工进度记录、月进度报表等。工程报建报监资料、试（检）验报告、施工管理记录、施工进度计划及进度修改计划、施工过程记录、检验批、分项、分部质量验收记录、竣工验收资料、现场气象记录、材料进场记录、劳动力、管理人员、施工机械设备、现场设施的安排计划和实际情况、完工验收记录、施工事故详细记录、材料的采购订货、运输、使用计划和实际情况等。

（5）施工现场的工程文件。如施工记录、施工备忘录、施工日报、每日出勤的工人和设备报表、工长和检查员的工作日记、施工图纸收发记录、施工材料使用记录本、施工质量检查记录、施工进度实况记录、施工效率降低的记录监理工程师填写的施工记录和各种签证等。各种工程统计资料，如周报、旬报、月报。这些报表通常包括本期中以及至本期末的工程实际和计划进度对比、实际和计划成本对比和质量分析报告、合同履行情况评价等。工程文件能全面反映工程施工中的各种情况，如劳动力数量与分布、设备数量与使用情况、进度、质量、特殊情况及处理等。

（6）工程照片。如表示工程进度的照片、隐蔽工程覆盖前的照片、发包人责任造成返工和工程损坏的照片、索赔事件的详细记录本或摄像等。

（7）气象报告。工地风、雨、温度、湿度记录，权威机构发布的天气和气温预报，尤其是异常天气的报告等，如果遇到恶劣的天气，应作记录并请工程师签证。

（8）工程中各种检查验收报告和各种技术鉴定报告。工程水文地质勘探报告、土质分析报告、文物和化石的发现记录、地质承载力试验报告、隐蔽工程验收报告、材料试验报告、材料设备开箱验收报告、工程验收报告等。

（9）工地的交接记录（应注明交接日期，场地平整情况、水、电、路情况等），图纸和各种资料交接记录。工程中送停电、送停水、道路开通和封闭的记录和证明，它应有工程师签证。合同双方在工程过程中各种文件和资料的交接都应有一定的手续，要有专门的记录，防止在交接中出现漏洞和说不清楚的情况。

（10）建筑材料和设备的采购、订货、运输、进场，使用方面的记录、凭证和报表等。

（11）市场行情资料，包括官方公布的工程信息价、生产单位发布的产品市场价格、市场价格、官方的物价指数、工资指数、中央银行的外汇比率中央银行公布的外汇汇率、政府官员和工程主管部门领导视察工地时的讲话记录、重要经济政策文件，如税收决定、海关规定、外币汇率变化、工资调整等。

（12）财务会计核算资料、报表及往来凭证。包括：工资单、工资报表、总分类账、管理费用报表、工程成本报表、工程款收款凭证、索赔款月报表、工人工资表、材料设备采购单、索赔款月报表及收款记录、工人劳动计时卡及工资历表、材料、设备及配件采购单、付款收据、收款单据、工程款及索赔款迟付记录、迟付款利息报表、向分包商付款记录、现金流动计划报表、会计日报表、会计总账、财务报告、会计来往信件及文件、通用货币汇率变化等。

（13）重大新闻报道记录如罢工、动乱、地震以及其他重大灾害等。

（14）符合国家法律要求的其他证据材料和规范性政策文件。[①] 如工程所在地适用的法律及工程所在地政府发布的对工程有影响的政府文件。

【典型案例】

2003年9月25日，某建筑安装工程有限公司为了招标，向乙热电公司缴纳招标保证金5万元。12月26日，甲热电公司筹建处、乙热电公司筹建处与某建筑安装工程有限公司签订了合同编号为**-08号《建设工程施工合同》，约定：由某建筑安装工程有限公司承建甲热电公司2×160MW机组工程主厂房，自2003年12月30日开工，工期560天，合同价款4 660万元，工程款按月形象进度支付50%的进度款，工程竣工后余款2年内逐步付完，不计利息。12月29日，双方又签订补充合同，约定：发包人资金暂不到位的情况下，承包人保证连续施工不停工；发包人按月形象进度80%支付工程款，剩余款项竣工后一年内付清。合同签订后，某建筑安装工程有限公司即进厂开始施工。2005年7月15日，国家发改委等四部门发布2005年第38号公告，要求包括本案所涉电厂在内的违规小电厂必须立即停止建设。2005年8月11日，某建筑安装工程有限公司乙热电公司工程项目部向发包方提交停工报告，称：由于发包方自2004年11月以后即停止了大笔资金的拨付，2005年也只是拨付了两次生活费，即使在如此艰难的条件下，我方考虑到发包方的困难，坚持自行消化，确保工程不停工，自2005年春节后至今，四个煤磨基础、电缆沟7-15轴、各结构层设备基座等已相继完成，下一步的确无法维持，现正式向业主提出停工要求，如业主资

[①] 《建筑工程索赔常见的证据》，载土木工程网：http://www.civilcn.com/zaojia/zjlw/1318130882152744.html，访问时间：2014年10月20日。

金落实后，我项目部可以随时复工。9月12日，某建筑安装有限工程有限公司乙热电公司工程项目部向监理方某监理公司电厂监理部提交了同样内容的停工报告，该监理部于9月13日签署了"属实，同意停工"的意见，并加盖了公章。9月15日，某建筑安装工程有限公司乙热电公司工程项目部正式停工。2006年10月25日，在乙热电公司某总办公室，召开了由建设方、施工方参加的联席会议，双方就工程复工及工程停工期间的损失降到最低限度等相关事宜商谈纪要如下：一、2007年元月底由某国有公司收购乙热电公司项目成功，届时项目即可开工建设；二、停工期间，施工现场存放的钢管架、扣件等周转材料，搅拌机、提升机等施工设备某建筑安装工程公司暂不调离施工现场；三、施工现场存放的钢材等材料，不允许某建筑安装工程有限公司调出施工现场，待工程开工后，根据实际情况，经双方协商后合理使用。但自该会议召开后至今，某国有公司未收购乙热电公司项目，乙热电公司方既未通知某建筑安装工程有限公司复工，也未通知可以解除合同、拉走设备。2008年3月18日，某建筑安装有限工程公司无奈，将《关于解除乙热电公司2×160MW机组工程施工合同的几点意见》送达给了被告的工作人员，该《意见》主要内容为：一、要求乙热电公司尽快与某建筑安装工程有限公司商谈解除施工合同后的相关问题；二、双方对本工程已完工程形象进度及停工期间某建筑安装工程公司滞留工地现场的施工机械、周转材料、剩余材料及构件进行清点核实，要以书面形式签字确认；三、双方按本意见第二条确认的内容，按实进行工程决算，其中就工程中途停工损失补偿费编制依据为：省建设厅2003年12月24日发布的《关于印发建设工程中途停工损失补偿办法的通知》，该工程停工时间为：2005年9月15日至中途停工损失费补偿计算清单确认之日止。乙热电有限公司签收该意见后既未答复，也未提出异议。

2008年4月15日，某建筑安装工程有限公司以特快专递邮寄给发包方两份文件，一是甲热电公司2×160MW机组工程中途停工某建筑安装工程有限公司滞留工地现场的施工机械、周转材料、剩余材料及构件确认书》，确认：一、施工机械：1. 钢筋切割机2台；2. 钢筋弯曲机2台；3. 木工电锯1台；4. 木工电刨2台；5. 搅拌机500L 2台；6. 电动卷扬机30KN 2台；7. 电焊机4台；8. 打夯机2台；9. 自动上料机1套（两台）；10. 对焊机1台。二、剩余材料及构件：1. 石子260立方；2. 中沙1 080立米；3. 钢筋125.46吨；4. 钢屋架4架（制作.油漆已完）；5. 钢支撑（11）—（15）轴4跨（制作、油漆已完）；6. 钢制抗风架2架（制作、油漆已完）；7. 预应力大型屋面板8 000×1 500：现场存23块、预制加工厂49块；8. 预埋铁2.1吨、角铁2吨、钢板10.1吨。三、周转材料：1. 钢管脚手架60吨；扣件11 500个；竹模板800平方。二是《关于甲热电公司2×160MW机组工程原告已完工程形象进度确认书》。2008年7月21日，某建筑安装工程有限公司又以特快专递邮寄给发包方两份文件，一是甲热电公司2×160MW机组工程决算书，单方决算：工程变更5 814.38元，施工图已完工程22 758 038.41元，工程签证部分80 057.35元，共计22 843 909.14元；二是索赔计算书，该计算书以停工1 417天（从2005年9月15日停工暂算至2009年7月30日，后面要求计至撤场之日），根据省建设厅2003年12月24日发布的《关于印发建设工程中途停工损失补偿办法的通知》的文件精神及工程实际情况,将工程停工损失补偿费计算如下:1. 工地看护费510 120元(每昼夜6人每人60元/昼夜);2. 临时设施补偿费315 824元;3. 剩余材料补偿费:(1)石子12 480元;(2)砂子78 840元;(3)钢筋487 500元;4. 周转材料停滞补偿费:(1)钢管补偿费245 140.31元;(2)扣件补偿费22 371.22元;5. 施工机械停滞补偿费909 458.94元;6. 窝工损失费277 914.14元(含税金9 174.14元)。上述合计2 859 708.61元。2008年8月25日,某建筑安装工程有限公司以停工时间长,为防止生锈影响将来拆除为由,要求拆除主厂房升降架、架子,并将拆除的材料放在现场整理,但无意撤走,经与乙热电公司协商同意,8月29日,按照其制定的《脚手架拆除安全技术措施方案》,开始拆架子,9月1日某建筑安装工程有限公司与项目所在村村民发生经济纠纷,拆除架子工作暂停,某建筑安装工程有限公司直到2010年1月13日经与乙热电公司协商同意,将机械设备、钢管、扣件拆除拉走,将遗留在被告施工现场的废钢材共计123.8吨拉走后按废钢材的价格每吨1 500元卖给某再生资源公司得款185 700元。

乙热电公司于2006年9月16日注册成立,取代了甲热电公司筹建处、乙热电公司筹建处,甲热电公司筹建处、乙热电公司筹建处已不存在。2009年10月10日某建筑安装工程有限公司起诉要求乙热电公司返还招标保证金50 000元及利息13 200元;赔偿损失4 866 108.61元(包括:拖欠工程款利息、工地看护费、临时设施补偿费、剩余材料补偿费、周转材料停滞费、施工机械停滞补偿费等)。

法院经审理认为,原被告双方签订的施工合同及补充协议为合法有效合同,双方应遵守履行。但由于被告所建项目被国家有关部门核定为违规项目,因而被要求停建,从而导致合同无法履行,其过错在于被告;在原告以被告资金不能到位为由停工期间,被告召开双方联席会议,以某公司将收购该违规项目为由,要求原告在停工期间不得撤走钢管架、扣件及施工设备,以及钢材等剩余材料,此后,对于是否收购成功、是否复工、是否应撤走钢管架、扣件及施工设备以及钢材等剩余材料,被告至今未明确通知等待复工的原告,被告应赔偿因此而给原告造成的损失。依照《中华人民共和国民法通则》的规定,当事人有义务防止损失的扩大,原告在长期停工的情况下没有及时与被告协商机械设备及材料的处理问题,致使长期停滞,对损失的扩大亦负有责任,应自负部分损失。原告对于长时间停工造成损失扩大,也有一定过错的理由正当。原告的工地看护费510 120元、剩余材料补偿费393 120元(应扣除原告卖废钢材所得款185 700元,已扣除)、周转材料停滞补偿费267 511.53元、施工机械停滞补偿费909 458.94元、窝工损失费277 974.14元(含税金9 174.14元),共计2 358 184.61元,应由被告赔偿其中的80%,即1 886 547.68元,其余部分由原告自负。原告交给被告的招标保证金5万元,在签订合同后已自动转为履约保证金,现因合同无法继续履行,原告要求返还,理由正当,应予支持。但原告要求计取该5万元之利息,因双方合同对此并未约定,故该请求依据不足,不予支持。对于原告要求赔偿的工程款利息,由于原被告双方对工程款并未决算,工程款无法确定,故其该诉讼请求依据不足,不予支持。由于临时设施费是均摊在整个工程造价中的,被告应赔偿的该部分损失应是摊在未干部分的工程造价中的,由于目前双方对工程款并未决算,该部分数额不能确定,原告可待工程决算确定后另行起诉,在此请求计算依据不足,本院不予支持。原告虽然在庭审中增加诉讼请求,要求被告支付工程款,但由于其未在规定的期限内交纳诉讼费用,在此本院对该部分不作审理,原告可就此部分另行起诉。依照《中华人民共和国民法通则》第106条第1款、第114条,《中华人民共和国合同法》第284条之规定,判决被告桂林热力有限公司返还原告保证金5万元,赔偿停工损失1 886 547.68元,共计1 936 547.68元。①

◎ **思考题:**

1. 建设工程中签证的意义是什么?
2. 建设工程施工过程中哪些情形需要进行签证?
3. 建设工程中签证的程序是什么?
4. 建设工程签证存在的常见问题有哪些?
5. 索赔程序是什么?
6. 工程过程中常见的索赔证据有哪些?
7. 建设工程中施工索赔的关键是什么?

---

① 该案例摘录自110裁判网:http://www.110.com/panli/panli_506378.html,访问时间:2014年10月21日。

第五章　建设工程质量与工期

【本章导读】

确保建筑工程质量，是工程设计、施工、监理工作的重点目标。工程建设必须符合一定的质量标准，在工程项目建设中，参与工程建设的各方应根据国家颁布的《建设工程质量管理条例》和双方签订的合同、协议等有关文件承担相应的质量责任。工程质量责任以承包方承担为一般原则，发包方有过错时发包方也应当承担工程质量责任。工程质量和工期密切相关，工期可由发包方与承包方进行约定，但实践中因种种原因会导致工期顺延、工期延误或承包方暂停施工，解决发包方与承包方有关工期问题的争议时首先要确定开工日期和竣工日期，分析工期延误的原因，在此基础上确定过错责任。

第一节　建设工程质量

【问题引入】

原告某房产开发公司与被告某建筑公司签订一施工合同，修建某住宅小区。小区建成后，经验收质量合格。验收后1个月，房产开发公司发现楼房屋顶漏水，遂要求建筑公司负责无偿修理，并赔偿损失，建筑公司则以施工合同中并未规定质量保证期限，以工程已经验收合格为由，拒绝无偿修理要求。房产开发公司遂诉至法院。法院判决施工合同有效，认为合同中虽然并没有约定工程质量保证期限，但根据国务院《建设工程质量管理条例》规定，屋面防水工程保修期限为5年，因此本案工程交工后两个月内出现的质量问题，应由施工单位承担无偿修理并赔偿损失的责任。故判令建筑公司应当承担无偿修理的责任。

问题：该工程质量责任应由哪一方承担？

一、建设工程质量概述

（一）建设工程质量的概念

工程质量分为狭义和广义两种含义。狭义的工程质量是指建设工程项目施工活动及其产品的质量，即通过施工使工程满足业主（顾客）需要并符合国家法律、法规、技术规范标准、设计文件及合同规定的要求，包括在安全、使用功能、耐久性、环境保护等方面所有明示和隐含需要的能力的特性综合。这一概念强调的是工程的实体质量，如基础是否牢固、主体结构是否安全等，工程项目大都由分项工程、分部工程、单位工程所组成，工程项目实体质量包含分项工程质量、分部工程质量、单位工程质量和工序质量。

广义的工程质量不仅包括工程的实体质量，还包括形成实体质量的工作质量。工作质量是指参与工程的建设者，为了保证工程实体质量所从事工作的水平和完善程度，包括社会工作质量，如社会调查、市场预测、质量回访和保修服务等；生产过程工作质量，如管理工作质量、技术工作质量和后勤工作质量等。工作质量直接决定了实体质量，工程实体质量的好坏是决策、建设工程勘察、设计、施工等单位各方面、各环节工作质量的综合反映。① 建设单位与施工单位之间有关建设工程质量的争议主要指的是建设工程的实体质量，本章所述建设工程质量也是指建设工程的实体质量。

（二）工程质量的特点

建设工程质量的特点是由建设工程本身和建设生产的特点决定的。建设工程产品无论是土木工程、建筑工程、线路管道、设备安装工程还是装修工程的产品都跟安全紧密联系。建设工程产品一般为不动产，一旦建成便难以拆除，而生产该产品的生产者也具有很强的流动性，一个工地完工后再转向另一个工地，不会固定在一个工地进行批量化生产。基于此，建设工程质量的特点主要如下：

1. 影响因素多

工程项目建设过程中受到多种要素的制约，如勘察设计、建筑材料、人员素质、人员素质、工期、工程造价等，不仅受自然因素的影响也受人为因素的影响，这些因素将直接或间接地影响工程项目质量。

2. 质量隐蔽性

建设工程在施工过程中，分项工程交接多、中间产品多、隐蔽工程多，若不及时检查并发现其存在的质量问题，完工后表面质量可能很好，但是内在质量问题很难发现。一旦发现质量问题，很难再推倒重建，因此对建设工程质量的管理重在预防。

（三）工程质量问题原因分析

由于建筑工程工期较长，所用材料品种繁杂，施工过程中影响因素复杂多变，使得引起工程质量问题的成因也错综复杂，往往一项质量问题是由多种原因引起。归纳其最基本的原因主要有以下几方面：

1. 违反法律法规建设

国家对建筑行业制定了一系列的准入制度，包括建设工程施工许可制度，建筑企业资质标准制度，要求建筑企业必须具有一定的资质才能承接相应的工程，对于国家重点项目实施强制招投标制度，目的就是为了保证建设工程的质量。实践中存在的无证施工、超出许可证范围施工、非法转包、违法分包等行为往往导致施工单位达不到建筑资质的要求，施工成本大大削减，为此影响建设工程质量。

2. 地质勘察失真

建设工程设计前应当进行地质勘察，要求按照工程建筑所处的不同勘察阶段，正确的反映工程地质条件，查明不良工程地质作用和地质灾害，精心勘察，进行分析，得出正确

---

① 王兴杰：《谈建筑工程施工过程中的质量管理》，载《中国城市经济》2012年第1期，第107页。

详细的地质勘察报告。错误的地质勘察报告会导致错误的基础方案，造成地基不均匀沉降、失稳，使上部结构或墙体开裂、破坏，或引发建筑物倾斜、倒塌等质量问题。

3. 设计差错

先设计后施工，施工图纸是施工的依据，施工单位应严格按照图纸进行施工。但设计图纸存在遗漏问题或设计不严谨也易导致质量问题。如设计时未能充分考虑建筑功用或天气变化的影响，因此未充分考虑到施工可行性，导致施工质量受影响。

4. 施工管理混乱

《建设工程质量管理条例》第5条规定，从事建设工程活动，必须严格执行基本建设程序，坚持先勘察、后设计、再施工的原则。建设工程质量直接受地质条件影响，有些建筑材料也受自然气候影响，因此必须坚持先勘察、后设计、再施工的原则，根据施工质量验收标准要求，应按施工技术标准对工程进行质量控制，每道工序完成以后，应当由施工单位进行自检符合规定以后才能进入下道工序。实践中有施工单位并未认真进行检查。另外在施工过程中不按图纸施工或者未经设计单位同意擅自修改设计图纸，在施工现场对施工材料存放混乱，导致材料受损等行为均影响工程质量。受建设单位委托的监理单位本该对工程进行监督和管理，但监理单位派出的工程师并没有按规定对材料、构配件、设备进行严格审查，在组织质量验收时未认真进行审核，导致存在多种质量隐患。

5. 材料选用不恰当

建筑工程采用的主要材料、半成品、成品、建筑构配件、器具和设备选用不恰当或选用不合格产品均会引起质量问题。例如防水工程沥青品种的选择，浇筑时所选用碎石的粒度大小，抹灰用砂含泥量的控制，砂石含泥量及有害物含量超标，外加剂掺量等不符合要求时，会影响混凝土强度、和易性、密实性、抗渗性，从而导致混凝土结构强度不足、裂缝、渗漏等质量问题。门窗木材或铝材品种的选择也会对工程质量造成影响，如某工程刚刚竣工，内墙装饰涂料，由于质量不过关，在很短的时间内就出现变色、脱皮等情况，外墙饰面砖釉面爆皮、空鼓、脱落及灰缝不均匀等质量通病，造成外墙渗水。选用不合格的钢筋，可能会造成建筑物倒塌。

二、建筑工程施工质量验收标准与程序

（一）建筑工程施工质量验收的标准

建筑工程施工质量验收标准的编制依据，主要是《建筑法》、《建设工程质量管理条例》、《建筑结构可靠度设计统一标准》（建标〔2001〕230号）及其他有关设计规范等。建筑工程施工质量验收统一标准、规范体系由《建筑工程施工质量验收统一标准》（GB 50300-2013）和各专业验收规范共同组成，各专业验收规范具体包括：《建筑地基基础工程施工质量验收规范》（GB 50202-2002）；《砌体结构工程施工质量验收规范》（GB 50203-2011）；《混凝土结构工程施工质量验收规范》（GB 50204-2015）；《铝合金结构工程施工质量验收规范》（GB 50576-2010）；《木结构工程施工质量验收规范》（GB 50206-2012）；《电子会议系统工程施工与质量验收规范》（GB 51043-2014）；《有色金属加工机械安装工程施工与质量验收规范》（GB 51059-2014）；《水泥工厂余热发电工程施工与质量验收规范》（GB 51005-2014）；《地下防水工程质量验收规范》（GB 50208-2011）；《建筑地面工程施工质量验收规范》(GB 50209-2010)；《住宅室内装饰装修工程质量验收规范》(JGJ/T304-2013)；《建筑给水排水及采暖工程施工质量验收规范》(GB 50242-2002)；《通风与空调工程施工质量验收规范》(GB 50243-2002)；《建筑结构加固工程施工质量验收规范》(GB 50550-2010)；《建筑防腐蚀工程施工质量验收规范》(GB 50224-2010) 等。

(二) 建设工程质量验收的程序和组织

有关建设工程质量验收的程序可参见《建筑工程施工质量验收统一标准》(GB 50300-2013) 中的第6.0.1~6.0.6项的规定，检验批和分项工程是建筑工程施工质量验收的基础，所有检验批和分项工程均应由专业监理工程师组织验收。

(1) 检验批应由专业监理工程师组织施工单位项目专业质量检查员、专业工长等进行验收。

(2) 分项工程应由专业监理工程师组织施工单位项目专业技术负责人等进行验收。

(3) 分部工程应由总监理工程师组织施工单位项目负责人和项目技术负责人等进行验收。

勘察、设计单位项目负责人和施工单位技术、质量部门负责人应参加地基与基础分部工程的验收。

设计单位项目负责人和施工单位技术、质量部门负责人应参加主体结构、节能分部工程的验收。

(4) 单位工程中的分包工程完工后，分包单位应对所承包的工程项目进行自检，并应按本标准规定的程序进行验收。验收时，总包单位应派人参加。分包单位应将所分包工程的质量控制资料整理完整，并移交给总包单位。

(5) 单位工程完工后，施工单位应组织有关人员进行自检。总监理工程师应组织各专业监理工程师对工程质量进行竣工预验收。存在施工质量问题时，应由施工单位整改。整改完毕后，由施工单位向建设单位提交工程竣工报告，申请工程竣工验收。

(6) 建设单位收到工程竣工报告后，应由建设单位项目负责人组织监理、施工、设计、勘察等单位项目负责人进行单位工程验收。

三、建设工程主体的责任与义务

在工程项目建设中，参与工程建设的各方，包括建设单位、施工单位、勘察单位、设计单位和监理单位，应根据国家颁布的《建设工程质量管理条例》以及合同、协议等相关文件承担相应的质量责任。按照《建筑法》及《合同法》的有关规定，对建设工程出现质量瑕疵的，一般处理原则是由承包方也就是建设工程的施工方承担责任。但是，建设工程质量的不仅受施工单位的影响，还与勘察、设计、建设单位主观要求等因素有关系，要保证建设工程的质量必须在建筑工程的勘察、设计、施工这三个环节上使建设工程质量符合国家规定的安全标准、技术规范，符合合同约定的要求，因此建设工程中各方主体对工程质量都负有不可推卸的责任。

(一) 建设单位的质量责任和义务

1. 依法发包工程

《建筑法》第22条规定："建筑工程实行招标发包的，发包单位应当将建筑工程发包给依法中标的承包单位。建筑工程实行直接发包的，发包单位应当将建筑工程发包给具有相应资质条件的承包单位。"该法第 24 条规定："提倡对建筑工程实行总承包，禁止将建筑工程肢解发包。建筑工程的发包单位可以将建筑工程的勘察、设计、施工、设备采购一并发包给一个工程总承包单位，也可以将建筑工程勘察、设计、施工、设备采购的一项或者多项发包给一个工程总承包单位；但是，不得将应当由一个承包单位完成的建筑工程肢解成若干部分发包给几个承包单位。"

《建设工程质量管理条例》第 7 条规定："建设单位应当将工程发包给具有相应资质等级的单位。建设单位不得将建设工程肢解发包。"建设单位应当依法对工程建设项目的勘察、设计、施工、监理以及与工程建设有关的重要设备、材料等的采购进行招标。建设单位发包工程时，应该根据工程特点，以有利于工程的质量、进度、成本控制为原则，合理划分标段，但不得肢解发包工程。如果将应当由一个承包单位完成的工程肢解成若干部分，分别发包给不同的承包单位，将使整个工程建设在管理和技术上缺乏应有的统筹协调，从而造成施工现场秩序的混乱，责任不清，严重影响建设工程质量，一旦出现问题也很难找到责任方。对于上述违法发包行为，应当处以相应的处罚。《建设工程质量管理条例》第 54 条规定："违反本条例规定，建设单位将建设工程发包给不具有相应资质等级的勘察、设计、施工单位或者委托给不具有相应资质等级的工程监理单位的，责令改正，处 50 万元以上 100 万元以下的罚款。"第 55 条规定："违反本条例规定，建设单位将建设工程肢解发包的，责令改正，处工程合同价款 0.5% 以上 1% 以下的罚款；对全部或者部分使用国有资金的项目，并可以暂停项目执行或者暂停资金拨付。"《建设工程施工合同解释》第 1 条规定："建设工程施工合同具有下列情形之一的，应当根据合同法第 52 条第（5）项的规定，认定无效：（1）承包人未取得建筑施工企业资质或者超越资质等级的；（2）没有资质的实际施工人借用有资质的建筑施工企业名义的……"因此，无资质承包或者超越资质等级承包工程项目的行为均被认定为无效。建设单位作为工程建设项目建设过程的总负责方，对承包人的资质等级负有审查义务。

2. 依法向有关单位提供原始资料

《建设工程质量管理条例》第 9 条规定，建设单位必须向有关的勘察、设计、施工、工程监理等单位提供与建设工程有关的原始资料。原始资料必须真实、准确、齐全。第 15 条规定，涉及建筑主体和承重结构变动的装修工程，建设单位应当在施工前委托原设计单位或者具有相应资质等级的设计单位提出设计方案；没有设计方案的，不得施工。房屋建筑使用者在装修过程中，不得擅自变动房屋建筑主体和承重结构。

3. 限制不合理的干预行为

《建筑法》第 54 条规定，建设单位不得以任何理由，要求建筑设计单位或者建筑施工企业在工程设计或者施工作业中，违反法律、行政法规和建筑工程质量、安全标准，降低工程质量。《建设工程质量管理条例》第 10 条进一步规定，建设工程发包单位，不得迫使承包方以低于成本的价格竞标，不得任意压缩合理工期。建设单位不得明示或者暗示设计单位或者施工单位违反工程建设强制性标准，降低建设工程质量。由于发包人是工程的建设单位，对设计单位、施工单位有很大的支配权，发包人提出的要求设计单位、施工单位很少会予以拒绝，甚至一些不合理的要求也会不顾法律法规的规定而照做不误。这时，发包人、设计单位、施工单位应对工程质量承担连带责任。①

4. 依法报审施工图设计文件

施工图是施工单位进行施工的依据，施工图设计的好坏直接影响到建设工程的质量，建设部《建筑工程施工图设计文件审查暂行办法》（建设〔2000〕41号）第6条规定，建设单位应当将施工图报送建设行政主管部门，由建设行政主管部门委托有关审查机构，进行结构安全和强制性标准、规范执行情况等内容的审查。主要审查内容在该办法第7条规定，施工图审查的主要内容：（1）建筑物的稳定性、安全性审查，包括地基基础和主体结构体系是否安全、可靠；（2）是否符合消防、节能、环保、抗震、卫生、人防等有关强制性标准、规范；（3）施工图是否达到规定的深度要求；（4）是否损害公众利益。第12条规定："凡应当审查而未经审查或者审查不合格的施工图项目，建设行政主管部门不得发放施工许可证，施工图也不得交付施工。"第13条规定："施工图一经审查批准，不得擅自进行修改。如遇特殊情况需要进行涉及审查主要内容的修改时，必须重新报请原审批部门，由原审批部门委托审查机构审查后再批准实施。"《建设工程质量管理条例》第11条规定，建设单位应当将施工图设计文件报县级以上人民政府建设行政主管部门或者其他有关部门审查。施工图设计文件审查的具体办法，由国务院建设行政主管部门会同国务院其他有关部门制定。施工图设计文件未经审查批准的，不得使用。如果发包人提供的设计文件施工图纸以及说明书等技术资料存在缺陷造成建设工程质量存在缺陷的，由发包人承担相应的责任。

建设单位将设计图提交给施工单位施工，对于有缺陷的设计，建设单位往往是有主观过错的。其主观过错主要表现在以下三个方面：（1）对设计单位的设计工作进行不当干预；（2）擅自修改设计单位提交的设计文件；（3）对明显违反国家法律、法规、技术标准与规范的设计未尽审查义务或者存在严重疏忽等，这些情形在建筑市场非常普遍。有些建设单位为了扩大建筑面积、提高容积率或赶工期等，经常强令设计单位修改设计或者自己擅自修改设计。②《建设工程施工合同解释》第12条规定："发包人具有下列情形之一，造成建设工程质量缺陷，应当承担过错责任：（一）提供的设计有缺陷……"根据该条规定，建设单位对建设工程的质量缺陷承担的是过错责任。而根据《建设工程质量管理条例》第28条规定，施工单位必须按照工程设计图纸和施工技术标准施工，不得擅自修改工程设计，不得偷工减料。施工单位在施工过程中发现设计文件和图纸有差错的，应当及时提出意见和建议。施工单位作为建设工程的承包人，对于建设单位提供的设计文件和图纸应尽到审查义务，发现差错应当及时提出意见和建议，否则应当对造成的建设工程质量缺陷承担过错责任。

5. 依法委托工程监理

《建设工程质量管理条例》第12条第1款规定，实行监理的建设工程，建设单位应当委托具有相应资质等级的工程监理单位进行监理，也可以委托具有工程监理相应资质等

---

① 陈宽山、胡玉芳：《建设工程施工合同各方主体对工程质量依法应承担的相应责任——起高达1 897万元的工程质量索赔案》，载《建设工程法律操作实务》，法律出版社2013年版，第317页。

② 李刚、李娜：《建设工程全程法律风险控制》，法律出版社2012年版，第229页。

级并与被监理工程的施工承包单位没有隶属关系或者其他利害关系的该工程的设计单位进行监理。

《建设工程质量管理条例》第12条第2款规定，下列建设工程必须实行监理：（1）国家重点建设工程；（2）大中型公用事业工程；（3）成片开发建设的住宅小区工程；（4）利用外国政府或者国际组织贷款、援助资金的工程；（5）国家规定必须实行监理的其他工程。

6. 依法办理工程质量监督手续

《建设工程质量管理条例》第13条规定，建设单位在领取施工许可证或者开工报告前，应当按照国家有关规定办理工程质量监督手续。

建设单位办理工程质量监督手续，应提供以下文件和资料：（1）工程规划许可证；（2）设计单位资质等级证书；（3）监理单位资质等级证书，监理合同及《工程项目监理登记表》；（4）施工单位资质等级证书及营业执照副本；（5）工程勘察设计文件；（6）中标通知书及施工承包合同等。

7. 保证建筑材料等符合要求

《建筑法》第25条规定，按照合同约定，建筑材料、建筑构配件和设备由工程承包单位采购的，发包单位不得指定承包单位购入用于工程的建筑材料、建筑构配件和设备或者指定生产厂、供应商。建设单位提供或者指定购买的建筑材料、建筑构配件、符合强制性标准是造成工程质量的主要原因之一。《建设工程质量管理条例》第14条规定，按照合同约定，由建设单位采购建筑材料、建筑构（配）件和设备的，建设单位应当保证建筑材料、建筑构（配）件和设备符合设计文件和合同要求。建设单位不得明示或者暗示施工单位使用不合格的建筑材料、建筑构（配）件和设备。实践中，比较常见的是施工企业为了多获利而偷工减料，或者使用劣质建材而造成工程质量缺陷或质量事故。但在工程建设承包，特别是大、中型项目中，完全由施工企业包工包料的情况并不多见，主要建材或设备都由建设单位交付给施工单位使用。①

《建设工程质量管理条例》第56条规定："违反本条例规定，建设单位有下列行为之一的，责令改正，处20万元以上50万元以下的罚款……（7）明示或者暗示施工单位使用不合格的建筑材料、建筑构配件和设备……"《建设工程施工合同解释》第12条规定："发包人具有下列情形之一，造成建设工程质量缺陷，应当承担过错责任……（2）提供或者指定购买的建筑材料、建筑构配件、设备不符合强制性标准……"与提供的设计有缺陷一样，根据该条规定，建设单位提供或者指定购买的建筑材料、建筑构配件、设备不符合强制性标准的，应当对建设工程的质量缺陷承担过错责任。

8. 依法组织竣工验收

《建设工程质量管理条例》第16条规定，建设单位收到建设工程竣工报告后，应当组织设计、施工、工程监理等有关单位进行竣工验收。建设工程竣工验收应当具备下列条件：（1）完成建设工程设计和合同约定的各项内容；（2）有完整的技术档案和施工管理资料；（3）有工程使用的主要建筑材料、建筑构配件和设备的进场试验报告；（4）有勘

---

① 李刚、李娜：《建设工程全程法律风险控制》，法律出版社2012年版，第230页。

察、设计、施工、工程监理等单位分别签署的质量合格文件；(5) 有施工单位签署的工程保修书。建设工程经验收合格的，方可交付使用。

(二) 勘察、设计单位的质量责任与义务

勘察单位是指已通过建设行政主管部门的资质审查，从事工程测量、水文地质和岩土工程等工作的单位。设计单位，是指经过建设行政主管部门的资质审查，从事建设工程可行性研究、建设工程设计、工程咨询等工作的单位。勘察分可行性研究、初勘、定测和补充定测4个部分。每个勘察阶段都有明确的目的，先确定建筑的可行性，然后对地质水文情况做一个大致勘察，最后详勘需要弄清楚每一个地层岩土情况，通过做原位实验，土工实验，确定地基承载力，进而采取合适的基础形式和施工方法。勘察设计是工程建设的重要环节，勘察设计的好坏不仅影响建设工程的投资效益和质量安全，其技术水平和指导思想对城市建设的发展也会产生重大影响。勘察、设计单位在工程质量保障中必须尽到以下义务：

1. 在其资质等级许可的范围内承揽工程

勘察、设计单位必须在其资质等级许可的范围内承揽相应的勘察设计任务，不许承揽超越其资质等级许可范围以外的任务，不得将承揽工程转包或违法分包，也不得以任何形式用其他单位的名义承揽业务或允许其他单位或个人以本单位的名义承揽业务。《建设工程质量管理条例》第18条规定，从事建设工程勘察、设计的单位应当依法取得相应等级的资质证书，并在其资质等级许可的范围内承揽工程。禁止勘察、设计单位超越其资质等级许可的范围或者以其他勘察、设计单位的名义承揽工程。禁止勘察、设计单位允许其他单位或者个人以本单位的名义承揽工程。该条例第60条规定，违反本条例规定，勘察、设计、施工、工程监理单位超越本单位资质等级承揽工程的，责令停止违法行为，对勘察、设计单位或者工程监理单位处合同约定的勘察费、设计费或者监理酬金1倍以上2倍以下的罚款；对施工单位处工程合同价款2%以上4%以下的罚款，可以责令停业整顿，降低资质等级；情节严重的，吊销资质证书；有违法所得的，予以没收。未取得资质证书承揽工程的，予以取缔，依照前款规定处罚款；有违法所得的，予以没收。以欺骗手段取得资质证书承揽工程的，吊销资质证书，依照本条第一款规定处以罚款；有违法所得的，予以没收。

2. 按照工程建设强制性标准勘察、设计

《建设工程质量管理条例》第19条规定，勘察、设计单位必须按照国家现行的有关规定、工程建设强制性技术标准和合同要求进行勘察、设计工作，并对所编制的勘察、设计文件的质量负责。设计单位应提供的设计文件应当符合国家规定的设计深度要求，注明工程合理使用年限。设计文件中选用的材料、构配件和设备，应当注明规格、型号、性能等技术指标，其质量必须符合国家规定的标准。除有特殊要求的建筑材料、专用设备、工艺生产线外，不得指定生产厂、供应商。设计单位应就审查合格的施工图文件向施工单位作出详细说明，解决施工中对设计提出的问题，负责设计变更。参与工程质量事故分析，并对因设计造成的质量事故，提出相应的技术处理方案。

3. 提供的勘察结果真实、准确

《建设工程质量管理条例》第19条规定，勘察单位提供的地质、测量、水文等勘察成果必须真实、准确。《合同法》第280条规定，勘察、设计的质量不符合要求或者未按照期限提交勘察、设计文件拖延工期，造成发包人损失的，勘察人、设计人应当继续完善勘察、设计，减收或者免收勘察、设计费并赔偿损失。勘察、设计的质量是决定整个建设工程质量的基础，如果勘察、设计的数据不真实，整个建设工程质量也就没有保障，因此工程的勘察、设计必须符合质量要求。

4. 设计单位的质量责任

（1）科学设计的责任。设计单位应当根据勘察成果文件进行建设工程设计。设计文件应当符合国家规定的设计深度要求，注明工程合理使用年限。

（2）选择材料设备的责任。设计单位在设计文件中选用的建筑材料、建筑构配件和设备，应当注明规格、型号、性能等技术指标，其质量要求必须符合国家规定的标准。除有特殊要求的建筑材料、专用设备、工艺生产线等外，设计单位不得指定生产厂、供应商。

（3）解释设计文件的责任。设计单位应当就审查合格的施工图设计文件向施工单位作出详细说明来。由于施工图是设计单位设计的，设计单位对施工图会有更深刻的理解，由其对施工单位作出说明是非常必要的，有助于施工单位理解施工图，保证工程质量。

《建设工程勘察设计管理条例》第 30 条规定："建设工程勘察、设计单位应当在建设工程施工前，向施工单位和监理单位说明建设工程勘察、设计意图，解释建设工程勘察、设计文件。建设工程勘察、设计单位应当及时解决施工中出现的勘察、设计问题。"

（4）参与质量事故分析的责任。设计单位应当参与建设工程质量事故分析，并对因设计造成的质量事故，提出相应的技术处理方案。

勘察人、设计人未按照合同约定的期限提交勘察、设计文件，发包人可以催告勘察人、设计人尽快提交勘察、设计文件，如果勘察、设计文件的迟延致使工期拖延给发包人造成损失的，发包人可以请求勘察人、设计人赔偿损失。如果勘察人、设计人在催告后合理期限内仍未能提交勘察、设计文件，严重影响工程进度的，发包人可以解除合同，委托其他勘察人、设计人完成勘察、设计工作。①

（三）施工单位的质量责任

1. 对工程质量责任的承担

建设工程质量要受到多方面因素的制约，在勘察、设计质量没有问题的前提下，整个建设工程的质量状况，最终将取决于施工质量。施工单位是建设工程质量的重要责任主体，对施工质量负责是施工单位法定的质量责任。《建筑法》第 58 条规定，建筑施工企业对工程的施工质量负责。《建设工程质量管理条例》第 26 条进一步规定，施工单位对建设工程的施工质量负责。施工单位应当建立质量责任制，确定工程项目的项目经理、技术负责人和施工管理负责人。施工企业对建设工程负责施工建设，对建设工程的质量所出现的质量缺陷都应承担相应的责任。对施工单位而言，只有在工程质量缺陷是由建设单位、勘察人、设计人的过错造成，而施工单位无过错时，才可以在建设单位、勘察人、设计人的过错范围内免除责任。

2. 对分包单位质量责任的承担

《建筑法》第 55 条规定，建筑工程实行总承包的，工程质量由工程总承包单位负责，

---

① 全国人大常委会法制工作委员会：《中华人民共和国合同法释义》，法制出版社 2013 年版。

总承包单位将建筑工程分包给其他单位的,应当对分包工程的质量与分包单位承担连带责任。分包单位应当接受总承包单位的质量管理。《建设工程质量管理条例》第 27 条规定,总承包单位依法将建设工程分包给其他单位的,分包单位应当按照分包合同的约定对其分包工程的质量向总承包单位负责,总承包单位与分包单位对分包工程的质量承担连带责任。施工单位必须在其资质等级许可的范围内承揽工程,禁止以其他施工单位名义承揽工程和允许其他单位或个人以本单位的名义承揽工程。建设工程实行总承包的,总承包单位应当对全部建设工程质量负责,建设工程勘察、设计、施工、设备采购的一项或者多项实行总承包的,总承包单位应当对其承包的建设工程或者采购的设备的质量负责。对于实行工程施工总承包的,无论质量问题是由总承包单位造成的,还是由分包单位造成的,均由总承包单位负全面的质量责任,并且总承包单位与分包单位对分包工程的质量承担连带责任。

3. 按照工程设计图纸和施工技术标准施工的责任

《建筑法》第 58 条规定,建筑施工企业必须按照工程设计图纸和施工技术标准施工,不得偷工减料。工程设计的修改由原设计单位负责,建筑施工企业不得擅自修改工程设计。《建设工程质量管理条例》第 28 条进一步规定,施工单位必须按照工程设计图纸和施工技术标准施工,不得擅自修改工程设计。不得偷工减料。施工单位在施工过程中发现设计文件和图纸有差错的,应当及时提出意见和建议。施工单位应当按照设计图纸和施工技术标准施工,严格执行每道工序的操作规范,检查建筑材料、构件的质量。施工单位在施工过程中发现设计文件和图纸有差错的,应当及时提出意见和建议。施工单位在其能发现设计文件和图纸有差错的范围内,未及时提出意见和建议,导致建设工程出现质量缺陷的,因在其过错范围内承担责任。

4. 对建筑材料、设备等进行检验检测的义务

《建设工程质量管理条例》第 29 条规定,施工单位必须按照工程设计要求、施工技术标准和合同约定,对建筑材料、建筑构配件、设备和商品混凝土进行检验,检验应当有书面记录和专人签字;未经检验或者检验不合格的,不得使用。第 30 条规定,施工人员对涉及结构安全的试块、试件以及有关材料,应当在建设单位或者工程监理单位监督下现场取样,并送具有相应资质等级的质量检测单位进行检测。

施工单位对进入施工现场的建筑材料、建筑构(配)件、设备和商品混凝土实行检验制度,是施工单位质量保证体系的重要组成部分,也是保证施工质量的重要前提。在工程施工过程中,为了控制工程总体或相应部位的施工质量,需要依照有关技术标准,按照相应程序,对用于工程的材料或构件抽取一定数量的样品进行检测或试验,并根据其结果来判断其代表部位的质量。建设部《房屋建筑工程和市政基础设施工程实行见证取样和送检的规定》(建[2000]211 号)中第 5 条规定,涉及结构安全的试块、试件和材料见证取样和送检的比例不得低于有关技术标准中规定应取样数量的 30%。第 6 条规定,下列试块、试件和材料必须实施见证取样和送检:(1)用于承重结构的混凝土试块;(2)用于承重墙体的砌筑砂浆试块;(3)用于承重结构的钢筋及连接接头试件;(4)用于承重墙的砖和混凝土小型砌块;(5)用于拌制混凝土和砌筑砂浆的水泥;(6)用于承重结构的混凝土中使用的掺加剂;(7)地下、屋面、厕浴间使用的防水材料;(8)国家规定必

须实行见证取样和送检的其他试块、试件和材料。第 8 条规定，在施工过程中，见证人员应按照见证取样和送检计划，对施工现场的取样和送检进行见证，取样人员应在试样或其包装上作出标识、封志。标识和封志应标明工程名称、取样部位、取样日期、样品名称和样品数量，并由见证人员和取样人员签字。见证人员应制作见证记录，并将见证记录归入施工技术档案。见证人员和取样人员应对试样的代表性和真实性负责。

《建设工程质量检测管理办法》(建设部令第 141 号) 第 4 条规定，工程质量检测机构是具有独立法人资格的中介机构。按照其承担的检测业务内容分为专项检测机构资质和见证取样检测机构资质。检测机构未取得相应的资质证书，不得承担本办法规定的质量检测业务。作为承包人不仅应对自身采购的材料负责，还应当对工程使用的材料负责。《建设工程施工合同解释》第 12 条规定："发包人具有下列情形之一，造成建设工程质量缺陷，应当承担过错责任……（2）提供或者指定购买的建筑材料、建筑构配件、设备不符合强制性标准……承包人有过错的，也应当承担相应的过错责任。"承包人未尽到前述法律文件《建设工程质量管理条例》第 29、30 条规定之义务，对于建筑材料、建筑构配件、设备未尽到足够的检验义务，且未提出异议，在其过错范围内承担责任。

5. 施工质量缺陷时的返修义务

《建筑法》第 60 条规定，建筑物在合理使用寿命内，必须确保地基基础工程和主体结构的质量。建筑工程竣工时，屋顶、墙面不得留有渗漏、开裂等质量缺陷；对已发现的质量缺陷，建筑施工企业应当修复。《建设工程质量管理条例》第 32 条进一步规定，施工单位对施工中出现质量问题的建设工程或者竣工验收不合格的建设工程，应当负责返修。返修作为施工单位的法定义务，其返修包括施工过程中出现质量问题的建设工程和竣工验收不合格的建设工程两种情形。所谓返工，是指工程质量不符合规定的质量标准，而又无法修理的情况下重新进行施工；修理则是指工程质量不符合标准，而又有可能修复的情况下，对工程进行修补，使其达到质量标准的要求。不论是施工过程中出现质量问题的建设工程，还是竣工验收时发现质量问题的工程，施工单位都要负责返修。对于非施工单位原因造成的质量问题，施工单位也应当负责返修，但是因此而造成的损失及返修费用由责任方负责。

《合同法》第 281 条规定："因施工人的原因致使建筑工程质量不符合约定的，发包人有权要求施工人在合理期限内无偿修理或者返工、改建。经过修理或者返工、改建后，造成逾期交付的，施工人应当承担违约责任。"根据本条规定，施工人因建设工程质量不符合约定而承担违约责任的前提必须是施工人的原因造成的质量问题。因为建设工程质量不符合约定的原因可能是多方面的，既可能是施工人的责任，也可能是不可抗力，也可能是发包人的责任。只有当工程质量不符合约定是由于施工人原因造成的，施工人才承担相应的违约责任。在因施工人自己的原因造成工程质量不符合约定时，发包人有权请求施工人在合理期限内修理或者返工、改建。所谓"合理期限"，是指根据工程质量不符合约定的具体情形，以及根据国家相关规定确定的工期和相关合同文件约定的内容，施工人进行无偿修理或者返工、改建所需要的时间。超出合理期限，施工人应当承担逾期交付的违约责任。至于这种违约责任的内容，要根据当事人的具体约定。如果当事人之间约定了逾期违约金，则施工人应当支付违约金。

6. 在质量保修期内的保修义务

《建筑法》第62条规定，建筑工程实行质量保修制度。建筑工程的保修范围应当包括地基基础工程、主体结构工程、屋面防水工程和其他土建工程，以及电气管线、上下水管线的安装工程，供热、供冷系统工程等项目；保修的期限应当按照保证建筑物合理寿命年限内正常使用，维护使用者合法权益的原则确定。具体的保修范围和最低保修期限由国务院规定。《建设工程质量管理条例》第39条规定，建设工程实行质量保修制度。建设工程承包单位在向建设单位提交工程竣工验收报告时，应当向建设单位出具质量保修书。质量保修书中应当明确建设工程的保修范围、保修期限和保修责任等。如果约定的保修期限低于法律规定，或者承包人在保修期内不履行保修义务，承包人应按照法律规定承担责任，履行保修义务或对所造成的损失进行赔偿。

前述案例中双方争议的施工合同虽然欠缺质量保证期条款，但并不影响施工方对工程质量的保修责任，《合同法》第275条规定："施工合同的内容包括工程范围、建设工期、中间交工工程的开工和竣工时间、工程质量、工程造价、技术资料交付时间、材料和设备供应责任、拨款和结算、竣工验收、质量保修范围和质量保证期、双方相互协作等条款。"由于合同中没有质量保证期的约定，可依照法律、法规的规定或者其他规章确定工程质量保证期。依据《建筑法》第62条、《建设工程质量管理办法》第39条的有关规定该建筑工程尚在保修期内，对出现的质量问题，应当由建筑公司承担无偿修理和赔偿损失责任。施工企业是建筑工程的直接施工方，对建筑工程的建筑材料、建设流程、建设技术直接接触与控制，因此在发生质量问题时，就建设方与承包方及建筑施工方而言，其责任一般由承包方承担。

（四）工程监理单位的质量责任

工程监理单位是指经过建设行政主管部门的资质审查，受建设单位委托，依照国家法律规定要求和建设单位要求，在建设单位委托的范围内对建设工程进行监督管理的单位。工程监理工作的依据是工程承包合同和监理合同。监理的职责就是在贯彻执行国家有关法律、法规的前提下，促使甲、乙双方签订的工程承包合同得到全面履行。控制工程建设的投资、工期、工程质量；进行安全管理、合同管理；协调有关单位之间的工作关系。《建筑法》第4章建筑工程监理对工程监理单位的资质、监理的范围、监理的职责作了规定，第32条规定："建筑工程监理应当依照法律、行政法规及有关的技术标准、设计文件和建筑工程承包合同，对承包单位在施工质量、建设工期和建设资金使用等方面，代表建设单位实施监督。"

结合《建筑法》第4章以及《建设工程质量管理条例》第5章的规定，工程监理单位的质量责任与义务主要有如下几个方面：

第一，工程监理单位应当依法取得相应等级的资质证书，并在其资质等级许可的范围内承担工程监理业务。禁止工程监理单位超越本单位资质等级许可的范围或者以其他工程监理单位的名义承担工程监理业务。禁止工程监理单位允许其他单位或者个人以本单位的名义承担工程监理业务。不得转让工程监理业务，工程监理单位与被监理工程的施工承包单位以及建筑材料、建筑构配件和设备供应单位有隶属关系或者其他利害关系的，不得承担该项建设工程的监理业务。

第二，工程监理单位应依照法律、法规以及有关技术标准、设计文件和建设工程承包合同，与建设单位签订监理合同，代表建设单位对工程质量实施监理，并对工程质量承担监理责任。工程监理单位应当选派具备相应资格的总监理工程师和监理工程师进驻施工现场。未经监理工程师签字，建筑材料、建筑构配件和设备不得在工程上使用或者安装，施工单位不得进行下一道工序的施工。未经总监理工程师签字，建设单位不拨付工程款，不进行竣工验收。监理工程师应当按照工程监理规范的要求，采取旁站、巡视和平行检验等形式，对建设工程实施监理。

监理责任主要有违法责任和违约责任两个方面。如果工程监理单位故意弄虚作假，降低工程质量标准，造成质量事故的，要承担法律责任。若工程监理单位与承包单位串通，谋取非法利益，给建设单位造成损失的，应当与承包单位承担连带赔偿责任。如果监理单位在责任期内，不按照监理合同约定履行监理职责，给建设单位或其他单位造成损失的，属违约责任，应当向建设单位赔偿。

（五）建筑材料、构配件及设备生产或供应单位的质量责任

建筑材料是建筑工程的物质基础，建筑材料、构配件及设备的质量直接影响到建设工程的质量，建筑材料、构配件及设备生产或供应单位对其生产或供应的产品质量负责。生产厂或供应商必须具备相应的生产条件、必要的检测人员和设备，所生产或供应的建筑材料、构配件及设备的质量应符合国家和行业现行的技术规定的合格标准和设计要求，并与说明书和包装上的质量标准相符，且应有相应的产品检验合格证，设备应有详细的使用说明等。

（六）建筑工程五方责任主体项目负责人质量终身责任制

为加强房屋建筑和市政基础设施工程质量管理，提高质量责任意识，强化质量责任追究，保证工程建设质量，住房和城乡建设部于2014年8月25日发布了《建筑工程五方责任主体项目负责人质量终身责任追究暂行办法》（以下简称《项目负责人质量责任办法》），该办法第2条明确指出，建筑工程五方责任主体项目负责人是指承担建筑工程项目建设的建设单位项目负责人、勘察单位项目负责人、设计单位项目负责人、施工单位项目经理、监理单位总监理工程师。建筑工程五方责任主体项目负责人质量终身责任，是指参与新建、扩建、改建的建筑工程项目负责人按照国家法律法规和有关规定，在工程设计使用年限内对工程质量承担相应责任。工程项目在设计使用年限内发生工程质量事故，发生投诉、举报、群体性事件、媒体报道并造成恶劣社会影响的严重工程质量问题，或由勘察、设计或施工原因造成尚在设计使用年限内的建筑工程不能正常使用的，都首先要追究这五人责任。这是我国首次明确建筑工程领域质量问题的具体责任人，以往在质量监管上也是终身追责，但主要是对企业问责，现在对具体负责人实行终身责任制，加强了对建设工程质量的监管力度，并且更具有操作性。

为全面落实项目负责人质量终身责任，《项目负责人质量责任办法》中确立了三大制度，即书面承诺制度、永久性标牌制度和信息档案制度。该办法第7条规定，工程质量终身责任实行书面承诺和竣工后永久性标牌等制度。第8条规定，项目负责人应当在办理工程质量监督手续前签署工程质量终身责任承诺书，连同法定代表人授权书，报工程质量监督机构备案。项目负责人如有更换的，应当按规定办理变更程序，重新签署工程质量终身

责任承诺书,连同法定代表人授权书,报工程质量监督机构备案。第9条规定,建筑工程竣工验收合格后,建设单位应当在建筑物明显部位设置永久性标牌,载明建设、勘察、设计、施工、监理单位名称和项目负责人姓名。第10条规定,建设单位应当建立建筑工程各方主体项目负责人质量终身责任信息档案,工程竣工验收合格后移交城建档案管理部门。项目负责人质量终身责任信息档案包括下列内容:(1)建设、勘察、设计、施工、监理单位项目负责人姓名,身份证号码,执业资格,所在单位,变更情况等;(2)建设、勘察、设计、施工、监理单位项目负责人签署的工程质量终身责任承诺书;(3)法定代表人授权书。

四、建设工程常见质量纠纷处理

(一)工程质量不合格导致的纠纷处理

《建设工程施工合同解释》第3条规定:"建设工程施工合同无效,且建设工程经竣工验收不合格的,按照以下情形分别处理:(1)修复后的建设工程经竣工验收合格,发包人请求承包人承担修复费用的,应予支持;(2)修复后的建设工程经竣工验收不合格,承包人请求支付工程价款的,不予支持。因建设工程不合格造成的损失,发包人有过错的,也应承担相应的民事责任。"司法解释确立了工程质量高于合同效力原则,施工合同无效但建设工程验收合格或者原验收不合格但修复后验收合格的,发包人应当支付工程款,但修复费用应当由承包人承担。无法修复和修复后仍然不合格的建筑工程,承包人无权主张工程款。由于造成建筑工程质量问题的原因很复杂,建设工程不合格不一定是承包人的过错引起的,因此应当确定责任主体,区分过错责任,如果是由于承包人的原因导致的工程不合格且无法修复,则承包人无权主张工程款,并应当赔偿建设单位的损失。如果建设工程不合格是由于建设单位的原因造成的,则承包人有权主张工程款。如果建设工程不合格是由于双方的原因造成的,则根据各自的过错大小承担损失责任。

(二)发包人擅自使用工程导致质量纠纷的处理

竣工验收是发包人依据验收规范、质量标准和合同约定对已经完成的建筑工程检查是否符合设计文件和质量约定的行为。竣工验收是质量控制的必要措施之一,验收合格表明承包人全面履行了合同义务,发包人应当接受工程并且支付工程款。《合同法》、《建筑法》、《建筑工程质量管理条例》均规定:建筑工程竣工经验收后,方可交付使用;未经验收或者验收不合格的,不得交付使用。但是未经验收而擅自使用出现质量问题如何承担责任,缺乏明确规定,《建设工程施工合同解释》第13条弥补了法律漏洞:"建设工程未经竣工验收,发包人擅自使用后,又以使用部分质量不符合约定为由主张权利的,不予支持;但是承包人应当在建设工程的合理使用寿命内对地基基础工程和主体结构质量承担民事责任。"

建设单位为提前获得投资利益或者是为了按期进行使用,往往在工程尚未经过竣工验收就擅自使用了工程,在此情况下建设单位就不能以质量为由要求拖欠工程款或其他权利,因为建设单位提前使用就意味着认可工程质量并承担不合格质量产生的后果。《建筑法》第58条、第60条规定:"建筑施工企业对工程的施工质量负责。建筑物在合理使用寿命内,必须确保地基基础工程和主体结构质量。"地基和主体是建设工程的重要基础,直接决定工程质量。承包人的主要义务是交付合格工程，地基和主体出现质量问题说明其违背了最基本合同义务，因此即使建筑工程未经验收合格建设单位便擅自使用，承包人仍应在建筑工程的合理使用寿命内对地基基础工程和主体结构质量承担民事责任。

（三）工程质量不符合约定导致纠纷的处理

在法定强制性质量标准基础上，当事人可以约定更高的质量标准，不合该质量标准即为不合约定。《合同法》第281条规定："因施工人的原因致使建设工程质量不符合约定的，发包人有权要求施工人在合理期限内无偿修理或者返工、改建。经过修理或者返工、改建后，造成逾期交付的，施工人应当承担违约责任。"与不合格质量工程相比，此时发包人仍应当支付工程款，但施工人应当在合理期限内无偿修理或者返工、改建。实践之中，承包人接到修复通知后可能拒绝修复、返工或者改建，《建设工程施工合同解释》第11条规定："因承包人的过错造成建设工程质量不符合约定，承包人拒绝修理、返工或者改建，发包人请求减少支付工程价款的，应予支持。"故承包人拒绝或者拖延修复时，发包人可以自行修复或者委托他人代为修复，并可以请求减少工程价款。所减少的工程价款为拆除与修复不合格工程耗费的建筑材料、机械设备、人工工资，以及承包人不及时修复致使发包人遭受的损失，如果修复造成逾期交工的，承包人还应当承担违约责任。

我国在建筑行业存在各个级别的奖项，例如国家级的优质奖、安全文明奖、鲁班奖、市政金杯奖等，还有各省级别的奖项，市级的奖项等。实践中经常看到承发包双方在合同中约定建设工程质量要确保拿到"鲁班奖""白玉兰奖"，或者工程质量要求达到优良标准，否则承包方应当承担违约责任。对于承包方没有实现约定的奖项时或者没有达到优良标准时，双方会就违约责任引发争议。承包方会认为工程已经验收合格，不存在违约责任，发包方认为建设工程没有拿到约定的奖项，承包人应当承担违约责任。解决双方争议时首先应当对双方约定的效力进行认定。无论双方约定建设工程是否实现拿奖创杯，是否达到优良标准，按照我国《建筑法》、《建设工程质量管理条例》的规定，承包方所交付给发包方的工程质量都应当符合强制性标准。如果双方约定的建筑奖项的质量标准低于国家规定的强制性标准，该约定无效。如果双方约定的建筑奖项的质量标准高于国家规定的强制性标准，该约定应该有效，承包方应当按照双方的约定履行自己的合同义务。

（四）质量缺陷的过错责任分担

《建筑法》第58条规定，建筑施工企业对工程的施工质量负责。建筑施工企业必须按照工程设计图纸和施工技术标准施工，不得偷工减料。工程设计的修改由原设计单位负责，建筑施工企业不得擅自修改工程设计。承包人是建筑工程的直接施工方，对建筑工程的建筑材料、建设流程、建设技术直接接触与控制，因此在发生质量问题时，就建设方与承包方及建筑施工方而言，其责任一般由承包方承担。建筑工程施工方不按照工程设计施工图纸和施工技术规范施工，未按照工程设计要求、施工技术规范和合同约定，对建筑材料、建筑构配件和设备进行检验，使用不合格的建筑材料、构配件和设备造成的工程质量问题，均应归入承包方应承担的质量责任。

《建设工程施工合同解释》第12条规定："发包人具有下列情形之一，造成建设工程质量缺陷，应当承担过错责任：(1) 提供的设计有缺陷；(2) 提供或者指定购买的建筑材料、建筑构配件、设备不符合强制性标准；(3) 直接指定分包人分包专业工程。发包人原因造成工程质量缺陷的,也应当承担过错责任。"发包人提供的设计资料不仅要必须符合法律、行政法规的规定和施工合同的约定,还应满足建设工程质量安全的标准以及符合建设工程勘察设计的技术规范。如发包人擅自变更工程涉及质量瑕疵的,发包人也应承担相应的责任。发包人提供建筑材料、建筑配件、设备的,发包人应当保证建筑材料、建筑配件、设备符合设计文件和合同要求。发包人不得明示或暗示施工方使用不合格的建筑材料、建筑配件和设备。发包人直接指定分包人,如果由于分承包人过错造成质量缺陷的,发包人应当承担选任指示不当的民事责任。

质量缺陷往往是多因一果,由发包人和承包人混合过错所造成。在发包人承担上述过错责任时,如承包方存在以下过错时,仍应对工程质量问题承担相应责任:承包方明知发包方提供的设计图纸存在问题或在施工过程中发现问题,而没有及时提出意见和建议继续施工的;对发包方提供的材料(包括商品混凝土)没有进行应有的检验或经检验不合格仍然使用的;对发包方提出的违反法律法规和建筑工程质量安全标准、降低工程质量的要求,承包方不予拒绝而进行施工的。

为了避免发生质量争议,施工企业应在工程竣工验收中做好各分项工程质量验收记录,并在各分项工程质量验收记录上要求发包人、监理单位及其他相关单位负责人签字确认。如果在工程竣工中能对每一项检查验收的情况等进行详细记载,并有发包人、监理单位的签字,这对将来法院认定工程质量是否符合规定具有非常重要的意义。①

第二节 建设工程的工期

【问题引入】

　　2009年5月发包方甲与承包方乙签订《建筑工程施工合同》,约定2009年7月8日开工,2010年5月7日竣工。2009年8月8日工程正式开工,2009年12月1日因工程未办理施工许可证被政府部门责令停工,但乙方并未停工,仍实际继续施工,2010年7月7日工程竣工。事后因工程结算问题,甲方以乙方逾期竣工2个月,要求乙方承担赔偿责任并向法院提起诉讼。乙方辩称:一是开工日期应从实际开工日期2009年8月8日计算,而不是从双方约定的2009年7月8日计算;二是工程施工过程中被责令停工,根据合同约定工期应当顺延。

　　问题:该案例所涉及的情况属于工期延误还是工期顺延?

一、建设工程工期的相关概念

(一)工期

工期是施工单位进行工程施工的期限,是开工日期与竣工日期之间的日历天数,包括节假日。2013版《施工合同示范文本》通用条款第1.1.4.3项对工期的定义是指在合同协议书中约定的承包人完成工程所需的期限,包括按照合同约定所作的期限变更。通俗地

---

① 李刚、李娜:《建设工程全程法律风险控制》,法律出版社2012年版,第327页。

说，工期就是发包人要求建筑企业完成工程所需要的总时间。这个总时间包括两个部分：第一部分是双方在合同中约定的总工期；第二部分是双方在合同履行过程中结合工程实际状况另行对原有总工期的变更，可能是顺延也可能是提前。如因发包人原因导致工程停工了，建筑企业可以向发包人提出工期顺延要求，如该要求获批，则实际总工期长于合同约定的总工期；又如因发包人需要提前使用工程而要求建筑企业提前竣工的，在可行的前提下建筑企业会采取赶工措施以达到提前交付的目的，这种情形下实际总工期短于合同约定的总工期。[1]

工期在建设工程施工合同当中是一个必备的条款，每份建设工程施工合同都会有明确的工期，工期对发包人来讲，有重要的法律意义，如果工期延长，工程不能如期完成，发包人特别是发包人当中的房地产开发商，不能按时进行商品房的预售、现售，不能按时把商品房交给商品房的买房人，从而导致一连串的商品房买卖合同纠纷。因此，这对发包人来说有较好的经济效益和重大的法律意义。对承包人来说，一个合理的工期，也直接影响了承包人的经济效益，因为一个工程只有在合理的工期内，经济效益才是最佳，如果是赶工期、故意缩短工期或者应发包人的要求，强行赶工期，那么施工人就会加大自己的生产成本，因为赶工也是需要成本的，如果工期无限制延长，承包人每天就会支出额外的经济费用，如果因为承包商的原因导致工期延长，还会被发包人追究工期延误的违约责任。

(二) 开工日期

根据 2013 版《施工合同示范文本》通用条款第 1.1.4.1 项之规定，开工日期包括计划开工日期和实际开工日期。计划开工日期是指合同协议书约定的开工日期；实际开工日期是指监理人按照第 7.3.2 项〔开工通知〕约定发出的符合法律规定的开工通知中载明的开工日期。对于开工的标准，当事人有约定的，从其约定，当事人没有约定或约定不明的，一般以承包人的机器、设备、人员进场施工为标准。[2] 根据第 7.3.2 项之规定发包人应按照法律规定获得工程施工所需的许可。经发包人同意后，监理人发出的开工通知应符合法律规定。监理人应在计划开工日期 7 天前向承包人发出开工通知，工期自开工通知中载明的开工日期起算。

(三) 竣工日期

根据 2013 版《施工合同示范文本》通用条款第 1.1.4.2 项之规定，竣工日期包括计划竣工日期和实际竣工日期。计划竣工日期是指合同协议书约定的竣工日期；实际竣工日期按照第 13.2.3 项〔竣工日期〕的约定确定。实践中，约定的竣工日期一般会在建设工程合同中明确，即使没有明确，确定了开工日期和总工期天数，约定的竣工日期自然也能确定。因此一般情况下，对竣工日期的争议往往是关于实际竣工日期的争议。由于实践中实际竣工日期往往较难确定，承发包双方对实际竣工日期的确认没有约定，以致产生争议。

---

[1] 周月萍著：《建筑企业法律风险防范与化解——2013 版施工合同实务专辑》，法律出版社 2014 年版，第 93 页。

[2] 李刚、李娜：《建设工程全程法律风险控制》，法律出版社 2012 年版，第 265 页。

二、开工日期

在工程建设实践中有关开工日期的时间点有多种表现形式，如合同约定、施工许可证、开工报告、开工通知等。我国《建筑法》等法律法规未明确规定开工日期的确定，2013版《施工合同示范文本》对开工日期有所设定，可以作为签订施工合同的参考，另外《建设工程施工合同解释》对开工日期的认定有一些原则性的规定。

（一）实践中开工日期的确定方式

开工日期是计算工期的起始日期，是承包方开始履行合同的日期，开工日期的争议往往与发承包双方是否履行了开工前各自应当履行的合同义务有关，以此确定开工日期，使合同双方活动受工期的约束。一般来说，有关开工日期有以下几种确定方式：

1. 合同约定的开工日期

合同约定的开工时间，即为《中标通知书》、《建筑施工合同》等文件中约定的开工时间点。如果《中标通知书》与双方所签订的《建筑施工合同》约定的开工时间点不一致的，《建筑施工合同》中约定的开工日期应视为对《中标通知书》约定开工日期的变更。《建筑施工合同》的协议中或是合同通用条款的开工日期约定不一致，则按照《建筑施工合同》的专用条款中对组成合同的文件解释顺序确定，以解释顺序在前的文件记载的时间点为准。如果开工报告上明确的开工日期和双方签订的《建筑施工合同》约定的时间不一致，应当视为发包人与承包人间通过开工报告对开工日期进行了变更，所以在开工报告上的日期与合同约定的日期不一致时，应当以开工报告上的日期为准。

2. 施工许可证载明的时间

《建筑法》对于施工许可证的办理条件、审批程序、施工中止中断情况进行了规定。获得施工许可证的主体是建设单位，实质要件是工程资金到位、工程用地手续、规划许可证已经获得批准。按照《建筑法》的规定，施工许可证制度属于《建筑法》对于开工的程序性规定，是建设工程行政管理的需要。同时《建筑法》第9条规定：建设单位应当自领取施工许可证之日起3个月内开工。因故不能按期开工的，应当向发证机关申请延期；延期以两次为限，每次不超过3个月。既不开工又不申请延期或者超过延期时限的，施工许可证自行废止。

因此，建设工程施工许可证只是表明该建设工程的前期准备工作已经完成，具备开工的法律条件，享有开工的权利。建设单位可以在取得之日起3个月内组织施工。所以，施工许可证载明的时间一般早于实际开工日期。因此，在建设单位获得施工许可证后，并不必然导致工程施工。

《建筑法》第64条规定："违反本法规定，未取得施工许可证或者开工报告未经批准擅自施工的，责令改正，对不符合开工条件的责令停止施工，可以处以罚款。"施工许可证是为规范我国建筑市场的行为所作的程序性规定，取得施工许可证是进行开工的合法条件，未取得施工许可证会受行政处罚，只有不符合开工的才责令停止施工。承包双方都面临被处罚的风险。实践中有先于取得施工许可证而施工的行为，如果发包人签发的开工报告与施工许可的时间一致，则以施工许可证上的开工日期为准。如果双方约定的开工日期早于施工许可证的时间，则以双方约定的时间为准。

3. 开工申请书或进度计划书注明的时间

开工申请书一般是承包方向监理工程师报送的书面资料，表明承包方已经做好了开工准备。监理工程师对此有一个审核的期间，这个期间可长可短。如果以开工报告作为实际开工日期显然对承包方不公平，开工报告（开工通知）上明确的开工日期和协议书约定的开工日期不一致的情况下，应以开工报告上的开工日期为准。

4. 开工通知确定的时间

施工准备完成后，承包人提交开工申请，发包人或监理方的工程师、总监等颁发书面开工通知，工程正式开始实施。开工通知一般写明承包方应在收到该通知后一定的时间内正式开工，开工通知上确定的时间与实际开工时间有差异的，应当以实际开工时间为准。

5. 监理第一次会议纪要及其他会议纪要确定的开工时间

监理第一次会议纪要往往是在工程开始后召开的，所有该纪要将成为工程开工日期的一个关键文件，而且监理会议纪要往往是由各方共同召开的，包括工程发包方代表、工程承包方代表和监理代表以及工程参建方的代表，与会各方都将在会议文件中签字，这样监理第一次会议纪要中确定的开工日期即为工程参建各方所确认。工程的其他会议纪要是根据工程的特殊情况召开的，如果其中涉及工程开工日期的问题，并且会议纪要经工程各方签定确认，这也是确定工程开工日期的一个重要文件。

6. 施工方进驻工程现场的时间

工程实际施工，显然必须是工程的施工方进场之后才有可能发生的，施工方进场也是施工进行施工准备的一个标志。因此工程的实际开工日期的确定与施工方的进场时间有着密切的关系。另外，根据工程的实际情况和施工顺序，施工顺序最靠前的工序对于确定工程的实际开工时间点也有着重要的意义。

（二）2013版《施工合同示范文本》有关开工日期的规定

2013版《施工合同示范文本》通用条款第7.3.2项设定了开工日期的起算时间，根据该项规定，发包人应按照法律规定获得工程施工所需的许可。经发包人同意后，监理人发出的开工通知应符合法律规定。监理人应在计划开工日期7天前向承包人发出开工通知，工期自开工通知中载明的开工日期起算。除专用合同条款另有约定外，因发包人原因造成监理人未能在计划开工日期之日起90天内发出开工通知的，承包人有权提出价格调整要求，或者解除合同。发包人应当承担由此增加的费用和（或）延误的工期，并向承包人支付合理利润。该条款是对开工通知的规定，监理人发出的开工通知是以发包人获得工程施工许可为前提条件，而监理人发出开工通知上所载明的日期是承包人进行施工的开工日期的起算日期。如果没有按时发出开工通知，发包人应当承担相应的违约责任。

1. 获得工程许可的条件

监理人对承包方发出开工通知的前提条件是发包人已经获得建设工程施工许可证，获取建设工程施工许可证应当符合相应的条件和程序。

《建筑法》第8条规定，申请领取施工许可证，应当具备下列条件：(1) 已经办理该建筑工程用地批准手续；(2) 在城市规划区的建筑工程，已经取得规划许可证；(3) 需要拆迁的，其拆迁进度符合施工要求；(4) 已经确定建筑施工企业；(5) 有满足施工需要的施工图纸及技术资料；（6）有保证工程质量和安全的具体措施；（7）建设资金已经落实；（8）法律、行政法规规定的其他条件。建设行政主管部门应当自收到申请之日起15日内，对符合条件的申请颁发施工许可证。

另据《建筑工程施工许可管理办法》第4条的规定，建设单位申请领取施工许可证，应当具备下列条件，并提交相应的证明文件：（1）依法应当办理用地批准手续的，已经办理该建筑工程用地批准手续。（2）在城市、镇规划区的建筑工程，已经取得建设工程规划许可证。（3）施工场地已经基本具备施工条件，需要征收房屋的，其进度符合施工要求。（4）已经确定施工企业。按照规定应当招标的工程没有招标，应当公开招标的工程没有公开招标，或者肢解发包工程，以及将工程发包给不具备相应资质条件的企业的，所确定的施工企业无效。（5）有满足施工需要的技术资料，施工图设计文件已按规定审查合格。（6）有保证工程质量和安全的具体措施。施工企业编制的施工组织设计中有根据建筑工程特点制定的相应质量、安全技术措施。建立工程质量安全责任制并落实到人。专业性较强的工程项目编制了专项质量、安全施工组织设计，并按照规定办理了工程质量、安全监督手续。（7）按照规定应当委托监理的工程已委托监理。（8）建设资金已经落实。建设工期不足1年的，到位资金原则上不得少于工程合同价的50%，建设工期超过1年的，到位资金原则上不得少于工程合同价的30%。建设单位应当提供本单位截至申请之日无拖欠工程款情形的承诺书或者能够表明其无拖欠工程款情形的其他材料，以及银行出具的到位资金证明，有条件的可以实行银行付款保函或者其他第三方担保。（9）法律、行政法规规定的其他条件。

根据《建筑工程施工许可管理办法》第5条的规定，申请办理施工许可证，应当按照下列程序进行：（1）建设单位向发证机关领取《建筑工程施工许可证申请表》。（2）建设单位持加盖单位及法定代表人印鉴的《建筑工程施工许可证申请表》，并附本办法第四条规定的证明文件，向发证机关提出申请。（3）发证机关在收到建设单位报送的《建筑工程施工许可证申请表》和所附证明文件后，对于符合条件的，应当自收到申请之日起15日内颁发施工许可证；对于证明文件不齐全或者失效的，应当当场或者5日内一次告知建设单位需要补正的全部内容，审批时间可以自证明文件补正齐全后作相应顺延；对于不符合条件的，应当自收到申请之日起15日内书面通知建设单位，并说明理由。建筑工程在施工过程中，建设单位或者施工单位发生变更的，应当重新申请领取施工许可证。

2. 因发包人原因未在计划开工日期之日起90天发出开工通知的后果

2013版《施工合同示范文本》通用条款第7.3.2项规定，除专用合同条款另有约定外，因发包人原因造成监理人未能在计划开工日期之日起90天内发出开工通知的，承包人有权提出价格调整要求，或者解除合同。发包人应当承担由此增加的费用和（或）延误的工期，并向承包人支付合理利润。该项规定是对发包人按时保障开工条件的约束，也是对承包人权利的保护。承包人可以选择进行价格调整，也可以选择解除合同。

（1）价格调整。承包人选择价格调整时并未解除合同，因此承包人可就因发包人原因无法按期开工导致其增加的费用进行调整，另外因开工日期是工期计算的起始日期，承包方可要求工期顺延。

(2) 解除合同。对于承包方提出的价格调整，发包方不一定能接受。在承包方决定解除合同的情况下，根据《民法通则》第 115 条规定："合同变更或者解除，不影响当事人要求赔偿损失的权利。"《合同法》第 97 条规定："合同解除后，尚未履行的，终止履行；已经履行的，根据履行情况和合同性质，当事人可以请求恢复原状、采取其他补救措施，并有权要求赔偿损失。"承包人方可以要求发包方承担合同的损失。

（三）司法实践中对开工日期的认定原则

在司法实践中，当各种确定开工时间的文件或事件在时间点不一致时，如何确定工程的实际开工时间就很关键。司法机关通常按照下列原则认定开工时间：

（1）双方通过协议方式就开工时间达成一致意见的，根据意思自治原则，以双方确定的时间点为实际开工时间。

（2）具备开工条件优于开工通知日期。如双方在合同中约定以开工报告并以具备开工条件为准，在承包方确有证据证明具备开工条件在开工报告确定的日期之后的，应当以具备开工条件的时间为准。

（3）有证据证明实际开工日期的，以该日期为开工日期，认定的证据可以是发包方发出的通知、工程监理的记录、当事人的会议纪要、施工许可证等；

（4）无证据证明实际开工日期，但有开工报告的，认定开工报告中记载的开工日期为开工日期；

（5）无任何证据证明实际开工日期，亦无开工报告，则以合同约定的开工日期为准。

三、竣工日期

（一）实践中竣工日期的确定方式

竣工日期减去开工日期是工期的时间，竣工日期的确定可以判断承包方工期是否存在延误，能否进行工程结算和办理工程价款结算，以及确定承包方缺陷责任期和保修期的起算时间以及保修金的返还问题。因此，竣工日期对承发包双方都具有重大意义，也是施工合同经常涉及的争议问题。实践中有关竣工日期有以下确定方式：

1. 约定的竣工日期

双方在施工合同中约定建设工程的竣工日期，约定的竣工日期与实际竣工日期不一致，以实际竣工日期为主。工程完工后，双方通过签字确定竣工时间，确认的形式要求为书面形式，如竣工验收登记表、协议、会议记录、来往信函、监理记录等。

2. 承包人提交竣工验收报告的日期

工程完工后，施工方应当在双方约定时间内向建设单位提交竣工验收报告，一般正常情况下，建设工程经竣工验收合格的，以竣工验收合格证之日为竣工日期，而不是以承包方提交竣工验收合格证之日为实际竣工日期。承包人完工提交竣工验收报告，如果在建设工程未有质量问题的情况下，至发包人验收合格之间的时间不应当计入工期的计算。

3. 竣工验收报告上记载的整个工程通过验收的日期

竣工验收报告是指工程项目竣工之后，经过相关部门成立的专门验收机构，组织专家进行质量评估验收以后形成的书面报告。依据国务院《建设工程质量管理条例》第 16 条的规定，建设单位收到建设工程竣工报告后，应当组织设计、施工、工程监理等有关单位进行竣工验收。即工程的验收程序是：承包人将工程施工完毕后，随后提交竣工验收报告，发包人收到竣工验收报告则组织承包人、设计以及监理等共同组织验收工程，验收通过四方共同签署竣工验收"证明书"。《合同法》第 279 条规定了建设单位的工程竣工质量验收责任，建设单位应当组织承包人、设计以及监理等单位共同组织验收工程，并规定未经验收或质量验收不合格的工程不得交付使用。工程完工后发包人要使用工程需要经过竣工验收合格。

4. 整个工程通过政府备案的日期

验收备案日期是指根据《建设工程质量管理条例》第 49 条规定，发包人在工程竣工验收合格之日起 15 日内，将工程竣工验收报告和规划、公安消防、环保等部门出具的认可文件或者准许使用文件报建设行政主管部门或者其他有关部门备案的日期。《房屋建筑和市政基础设施工程竣工验收备案管理办法》（住房和城乡建设部令第 2 号）第 4 条要求，建设单位应当自工程竣工验收合格之日起 15 日内，依照本办法规定，向工程所在地的县级以上地方人民政府建设主管部门（以下简称备案机关）备案。通过政府备案并不是工程竣工时间，而是政府对建设工程的一个管理程序，对建设单位而言在竣工验收合格之日起 15 日内负有备案的义务。该日期是后于竣工日期的，不能与竣工日期混同。

除上述确定竣工时间的方式外，还有以质量验收报告上记载的单项工程通过质量验收的日期、竣工验收备案报告上记载的竣工验收备案的日期为竣工时间的确定方式等。

（二）2013 版《施工合同示范文本》有关竣工日期的规定

依据 2013 版施工合同通用条款第 13.2.3 条规定，实际竣工日期分为三种不同情况确定：

（1）工程经竣工验收合格的，以承包人提交竣工验收申请报告之日为实际竣工日期；监理人在收到承包人提交的竣工申请验收报告后的 14 天内审查完毕报发包人；发包人在收到监理人审核的竣工验收申请报告后 28 天内完成验收。也就是说，发包人在承包人递交竣工验收申请书之后的 42 天内，要完成竣工验收。此种情况，以承包人递交竣工验收申请报告的日期为实际竣工日。

（2）因发包人原因，在承包人提交竣工验收申请报告 42 天内未完成竣工验收的，仍然以提交竣工验收申请报告的日期为实际竣工日期；这是针对发包人未在 42 天内完成验收、拖延验收的情况所确定的竣工日期，这样就促使发包人及时对承包人提交的竣工验收申请进行处理，避免发包人拖延验收，逃避支付工程价款。

（3）工程未经竣工验收或者验收不合格，发包人擅自使用的，以转移占有工程之日为实际竣工日期。工程实践中，确定竣工日期的前提是工程验收合格通过而非工程完工与否。依据国务院《建设工程质量管理条例》第 16 条的规定，建设单位收到建设工程竣工报告后，应当组织设计、施工、工程监理等有关单位进行竣工验收。即工程的验收程序是：承包人将工程施工完毕后，随后提交竣工验收报告，发包人收到竣工验收报告则组织承包人、设计以及监理等共同组织验收工程，验收通过四方共同签署竣工验收证明文件。《合同法》第 279 条规定了建设单位的工程竣工质量验收责任，组织承包人、设计以及监理等共同组织验收工程，并规定未经验收或质量验收不合格工程不得交付使用。所以，工程完工后发包人要使用工程需要经过竣工验收合格，从这个角度讲，工程完工时间不是指竣工时间，即完工日期不是竣工日期。①

（三）确定竣工时间的法律标准

在工程实践中，当事人对竣工时间产生争议，双方都没有证据证明实际竣工日期的情况下，应依据《建设工程施工合同解释》第14条确定竣工日期，当事人对建设工程实际竣工日期有争议的，按照以下情形分别处理：

(1) 建设工程经竣工验收合格的，以竣工验收合格之日为竣工日期。

(2) 承包人已经提交竣工验收报告，发包人拖延验收的，以承包人提交验收报告之日为竣工日期；认定"发包人拖延验收"可以参照相关规定，例如建设部《建筑工程施工发包与承包计价管理办法》（住房和城乡建设部令第16号）第18条规定："工程完工后，应当按照下列规定进行竣工结算：（一）承包方应当在工程完工后的约定期限内提交竣工结算文件。（二）国有资金投资建筑工程的发包方，应当委托具有相应资质的工程造价咨询企业对竣工结算文件进行审核，并在收到竣工结算文件后的约定期限内向承包方提出由工程造价咨询企业出具的竣工结算文件审核意见；逾期未答复的，按照合同约定处理，合同没有约定的，竣工结算文件视为已被认可。非国有资金投资的建筑工程发包方，应当在收到竣工结算文件后的约定期限内予以答复，逾期未答复的，按照合同约定处理，合同没有约定的，竣工结算文件视为已被认可；发包方对竣工结算文件有异议的，应当在答复期内向承包方提出，并可以在提出异议之日起的约定期限内与承包方协商；发包方在协商期内未与承包方协商或者经协商未能与承包方达成协议的，应当委托工程造价咨询企业进行竣工结算审核，并在协商期满后的约定期限内向承包方提出由工程造价咨询企业出具的竣工结算文件审核意见。"发包人超出双方约定的结算期限未做答复视为拖延验收。实务中还需注意的是，适用此项规定的前提是发包人"无正当理由拖延验收"，如果因建设工程存在质量问题、承包人提交的验收报告不符合要求，尚不符合竣工验收条件，发包人拒绝通过竣工验收的，则不属于无正当理由拖延验收，但是发包人应当在约定期限内做出处理与答复。

(3) 建设工程未经竣工验收，发包人擅自使用的，以转移占有建设工程之日为竣工日期。建设工程质量关系到人身、财产安全甚至公共安全，因此要求对其验收合格后方可使用。《建筑法》第61条规定，交付竣工验收的建筑工程，必须符合规定的建筑工程质量标准，有完整的工程技术经济资料和经签署的工程保修书，并具备国家规定的其他竣工条件。建筑工程竣工经验收合格后，方可交付使用；未经验收或者验收不合格的，不得交付使用。《建设工程质量管理条例》第16条等定，建设工程经验收合格的，方可交付使用。发包人使用未经竣工验收合格的建设工程应认定其认可建设工程质量合格，或者自愿承担建设工程的质量瑕疵和风险，此时发包人以未经竣工验收合格为由拒付承包人工程款的，法院不予支持。《建设工程施工合同解释》第13条规定："建设工程未经竣工验收，发包人擅自使用后，又以使用部分质量不符合约定为由主张权利的，不予支持；但是承包人应当在建设工程的合理使用寿命内对地基基础工程和主体结构质量承担民事责任。"

---

① 杨磊：《2013版〈建设工程施工合同（示范文本）〉中的十个重点问题》，中国建设工程网：http：//www.zgjsgcls.com/news/EFIUCBJKLFUJDSDCC.html，访问时间：2015年1月21日。

【案例 5-1】

某建筑公司与某置业公司建筑安装工程纠纷一案中，就涉及对工程实际竣工日期问题的争议。双方在合同中约定的竣工日期是 1999 年 2 月 15 日，某置业公司认为工程的实际竣工日期为 2000 年 1 月 8 日，延误工期达 327 天，要求按照合同约定追究某建筑公司逾期竣工的违约责任。某建筑公司认为工程的实际竣工日期为 1999 年 6 月 20 日，因为对"竣工"一词的理解各有不同，法律上没有明确的规定，只能依照行业惯例，以提交竣工验收报告的时间为实际竣工时间。而某置业公司认为，建筑行业工程竣工时间是指，施工单位在工程完工经自检合格后，向建设单位提交竣工验收报告，并提交相关竣工验收资料，在建设单位的主持下，由工程的设计方、监理方、勘察方、施工方等有关部门共同对工程进行验收，工程经验收如达到设计要求，符合国家的相关规范标准，参加验收各方出具竣工验收合格意见，该工程即竣工。如达不到上述标准，该工程不认为是竣工。某置业公司提交的房屋建筑工程竣工验收备案表上载明的竣工日期为 2000 年 1 月 8 日，该备案表上不仅有双方当事人的签字盖章，而且有监理、设计、质量部门的签章认可，应作为认定工程实际竣工时间的依据。其他可以佐证的证据还有：某建筑公司 1999 年 9 月的施工月报表中记载，当月的累计完成施工产值同 1999 年 6 月相比增加 160 万元，说明在 1999 年 6 月工程并未完工；工程的监理单位在 1999 年 5 月 26 日的备忘录中，反映工程有 10 项未完成和需要整改的施工内容；某置业公司在 1999 年 6 月 23 日致某建筑公司的工程联系函（某建筑公司于 1999 年 6 月 24 日签收）中，指出有大量项目需进行整改和部分项目尚未完成，望某建筑公司抓紧施工和整改，这也可以说明工程在 1999 年 6 月 20 日并未竣工。法院最后审查认定工程的实际竣工时间为 2000 年 1 月 8 日。①

四、工程延误

（一）工期延误和工期顺延的区别与联系

工期延误，是指工程施工过程中任何一项或多项工作实际完成日期晚于计划规定的完成日期，从而可能导致整个合同工期的延长。工期顺延，是指由于发包人的原因，或者其他非承包人的原因造成的工期延误，承包人可以按照合同约定或者法律规定相应顺延延误的工期。②

工期延误往往是由于施工单位组织不力或因管理不善等原因造成的；工期顺延的原因是多方面的，可以通过向建设单位、监理单位申请获得批准而增加工期。在不可抗力的影响下，工期延期在一定范围内，一般属于正常。工期顺延也会导致工期延误，工期延误和工期顺延都会导致整个合同工期的延长，不同的是，对承包方来说，工期延误会承担相应

---

① 案例来自于《〈建设工程施工合同司法解释〉理解与适用》电子版，载 360 图书馆网：http：//www.360doc.com/content/11/0130/16/5441409_89971962.shtml，访问时间，2015 年 1 月 30 日。

② 李刚、李娜：《建设工程全程法律风险控制》，法律出版社 2012 年版，第 271 页。

的违约责任，而工期顺延在具备相应的手续的情况下可以不承担违约责任。

由于建设工程的工程量大、环节多、受天气环境的影响因素多，即使发包方与承包方签订了合同，但是受多种因素的影响，不能按照双方约定的工期完成建设工程的数量仍为数不少，工程工期延长对于发包方与承包方都会带来一定的损失，因此双方会就工期延期原因相互推诿，避免自己的违约责任，法院在审理过程中也主要从工期延期的原因来确定双方责任。

（二）实践中工期延误的原因

承包人是工程的施工单位，承包人在施工过程中没有合理规划、科学管理导致的工期延误，应当承担责任。

1. 建筑工程质量不合格返工导致的工期延误

对施工质量负责是施工单位法定的质量责任，施工单位是建设工程质量的重要责任主体。如果施工单位因自身原因，未按照施工图纸施工、未对建筑材料进行检验等原因使得建筑工程存在质量缺陷而重修导致工期延误，应承担违约责任。

2. 因施工队伍素质低、人员数量不足导致的工期延误

现有的施工队伍中大多未经过正式培训，施工经验不足，影响工程速度，另外施工单位为了抢占市场资源，未充分考虑自身条件占用太多建设工地，却因人手不足而致工期延误，承包人因此应对发包人承担违约责任。

（三）2013版《工程合同示范文本》所规定的工期延误情形

2013版《工程合同示范文本》第7.5.1项规定，在合同履行过程中，因下列情况导致工期延误和（或）费用增加的，由发包人承担由此延误的工期和（或）增加的费用，且发包人应支付承包人合理的利润：

（1）发包人未能按合同约定提供图纸或所提供图纸不符合合同约定的；如第1.6.1项因发包人未按合同约定提供图纸导致承包人费用增加和（或）工期延误的，按照第7.5.1项〔因发包人原因导致工期延误〕约定办理。

（2）发包人未能按合同约定提供施工现场、施工条件、基础资料、许可、批准等开工条件的；

（3）发包人提供的测量基准点、基准线和水准点及其书面资料存在错误或疏漏的；

（4）发包人未能在计划开工日期之日起7天内同意下达开工通知的；

（5）发包人未能按合同约定日期支付工程预付款、进度款或竣工结算款的；

（6）监理人未按合同约定发出指示、批准等文件的；第4.3款规定监理人发出的指示应送达承包人项目经理或经项目经理授权接收的人员。因监理人未能按合同约定发出指示、指示延误或发出了错误指示而导致承包人费用增加和（或）工期延误的，由发包人承担相应责任。

（7）专用合同条款中约定的其他情形。

由于发包人原因所导致的工期延误，可能导致的法律后果是：赔偿窝工、停工、倒运、机械设备调迁、材料和构件积压等损失和实际费用，合同有违约金条款的，承担违约金责任，甚至会导致承包人解除合同，向发包人索赔的法律后果；承包人主观原因造成工期延误的，发包方有权利按照合同约定向承包人索赔工期延误的违约金和和相关费用损失

(包括直接损失和营业损失)。承包人支付逾期竣工违约金后，不免除承包人继续完成工程及修补缺陷的义务。由于不可抗力、意外事件导致的工期延误，承包人和施工人一般互不负担赔偿责任；这种情况下承包人可以要求顺延工期，而不能要求费用索赔。由于鉴定、工程量增加、设计变更等原因所导致的工期延误，一般可相应顺延工期，双方互不负担赔偿责任。发包方、承包人双方均不能证明发生工期延误的原因，则推定工期延误是由承包人造成的。

五、工期顺延

工期顺延的原因很多，在具备工期顺延的情形下，承包方应当通过监理方与发包方及时沟通确认工期，否则在无证据证明获得发包方许可的条件下会被认定为工期延误。

(一) 实践中工期顺延的情形

(1) 发包人不能按约定提供施工条件。一般施工单位与建设单位签订合同后，会按照合同约定的时间进场施工，由于建设单位并未按照合同约定办理建设工程施工许可等审批手续，或者未做好征地补偿工作，未解决施工所用的用水、用电工作等导致施工单位施工受阻，工期延误，设计变更和工程量增加的。

(2) 施工图纸提供不及时或图纸有错误。施工图是施工的依据，施工图是发包人的义务，发包人未能及时提供施工图纸，施工单位则无法正常施工，提供的图纸有误，如施工单位未发现且已施工，面临拆了重新施工，而可能导致工期延误。

(3) 工程量增加、设计变更导致的工期延误。施工过程中发包人指示施工范围超出双方合同约定的范围，导致承包人工程量增加。由于原设计与施工现场地质条件不符，设计发生变化，如地铁、隧道、高架桥等项目，对施工单位影响较大，遭遇塌方漏水等情形导致的工期延误。

(4) 建筑材料提供不及时导致的工期延误。发包方应当保障及时向承包方提供合同中约定的建筑材料、成品、半成品、配件等，如果发包方材料提供不及时，或者材料不符合质量要求，自然会影响到工程进展。

(5) 隐蔽工程、分段工程验收不及时而导致工期延误。

(6) 发包人不能按约定日期支付工程款预付款、进度款，致使工程承包人无资金施工的工期延误。

(7) 发包方指定其他分包人以后，由分包人造成的工期延误。

(8) 工程师未按合同约定提供所需指令、批准等，致使施工不能正常进行的。

(9) 不可抗力如地震、台风、暴雨、冰冻、国家政策变化等造成的工期延误。

(10) 不利地下条件，比如施工中遇到文物、墓葬、古迹等。

(11) 建设工程竣工前，因质量问题双方发生争议，对工程质量鉴定的。

(二) 2013版《施工合同示范文本》规定的工期顺延的情形

(1) 发包人未能按专用条款的约定提供图纸及开工条件；

(2) 发包人未能按约定日期支付工程预付款、进度款，致使施工不能正常进行；

(3) 工程师未按合同约定提供所需指令、批准等，致使施工不能正常进行；

(4) 工程师指令错误造成工期顺延；

(5) 事件责任在第三人或第三方,项目经理为保证人员生命财产安全采取紧急措施的;

(6) 设计变更和工程量增加;

(7) 一周内非承包人原因停水、停电、停气造成停工累计超过 8 小时;

(8) 不可抗力;

(9) 延期开工请求获工程师同意或工程师未在规定时间内对延期开工的请求作答复的;

(10) 发包人原因造成停工的;

(11) 工程师检验影响施工正常进行,且检验结果为合格的;

(12) 对已隐蔽的工程重新检验,检验结果为合格的;

(13) 由于设计原因或设备制造原因导致试车达不到验收要求,责任在发包人的;

(14) 在施工中发现古墓、古建筑遗址及出现影响施工的地下障碍物的;

(15) 专用条款中约定或工程师同意工期顺延的其他情况。

因发包人原因未按计划开工日期开工的,发包人应按实际开工日期顺延竣工日期,确保实际工期不低于合同约定的工期总日历天数。承包人在工期可以顺延的情况发生后 14 天内,应将延误的工期向工程师提出书面报告。工程师在收到报告后的 14 天内予以确认答复,逾期不予答复,视为报告要求已经被确认。当然,工程师确认的工期顺延期限应当是事件造成的合理延误,由工程师根据发生事件的具体情况和工期定额、合同文件等的规定予以确认。经工程师确认顺延的工期应该纳入合同工期,作为合同工期的一部分。如果承包人不同意工程师的确认结果,则按合同规定的争议解决方式处理。以上这些情况工期可以顺延的根本原因在于,这些情况属于发包人违约或者是应当由发包人承担的风险。反之,如果造成工期延误的原因是承包人的违约或都应当由承包人承担的风险,则工期不能顺延。因发包人原因导致工期延误需要修订施工进度计划的,按照第 7.2.2 项〔施工进度计划的修订〕执行。因发包人原因引起工期延误的情形,只有在该情形确已影响到施工进度计划的关键线路且已导致承包人实际停工、窝工的情况下,承包人提出的工期顺延及费用索赔的主张才能同时获得支持。

前述案例中双方虽然约定了开工日期,但由于发包方未办理施工许可证,导致工程不能按约定日期开工,责任应由发包方承担,开工日期应以实际开工日期即 2009 年 8 月 8 日开始计算。施工许可证是工程开工的必备条件,没有施工许可证的,承包方可以暂停施工。但是政府虽然责令承包方停工,承包方并未就此停工而是正常施工,因此计算施工时间,承包方工期延误 1 个月。

六、2013 版《施工合同示范文本》规定的暂停施工

2013 版《施工合同示范文本》规定了暂停施工的 4 种情形、承包人可以索赔的内容以及暂停复工要求等内容。

(一) 暂停施工原因

1. 发包人原因引起的暂停施工

2013 版《施工合同示范文本》第 7.8.1 项规定,因发包人原因引起暂停施工的,监

理人经发包人同意后,应及时下达暂停施工指示。情况紧急且监理人未及时下达暂停施工指示的,按照第7.8.4项〔紧急情况下的暂停施工〕执行。因发包人原因引起的暂停施工,发包人应承担由此增加的费用和(或)延误的工期,并支付承包人合理的利润。

2. 承包人原因引起的暂停施工

2013版《施工合同示范文本》第7.8.2项规定,因承包人原因引起的暂停施工,承包人应承担由此增加的费用和(或)延误的工期,且承包人在收到监理人复工指示后84天内仍未复工的,视为第16.2.1项〔承包人违约的情形〕第(7)目约定的承包人无法继续履行合同的情形。

3. 指示暂停施工

2013版《施工合同示范文本》第7.8.3项规定,监理人认为有必要时,并经发包人批准后,可向承包人作出暂停施工的指示,承包人应按监理人指示暂停施工。

4. 紧急情况下的暂停施工

2013版《施工合同示范文本》第7.8.4项规定,因紧急情况需暂停施工,且监理人未及时下达暂停施工指示的,承包人可先暂停施工,并及时通知监理人。监理人应在接到通知后24小时内发出指示,逾期未发出指示,视为同意承包人暂停施工。监理人不同意承包人暂停施工的,应说明理由,承包人对监理人的答复有异议,按照第20条〔争议解决〕约定处理。

(二)暂停施工后的复工

2013版《施工合同示范文本》第7.8.5项规定,暂停施工后,发包人和承包人应采取有效措施积极消除暂停施工的影响。在工程复工前,监理人会同发包人和承包人确定因暂停施工造成的损失,并确定工程复工条件。当工程具备复工条件时,监理人应经发包人批准后向承包人发出复工通知,承包人应按照复工通知要求复工。

承包人无故拖延和拒绝复工的,承包人承担由此增加的费用和(或)延误的工期;因发包人原因无法按时复工的,按照第7.5.1项〔因发包人原因导致工期延误〕约定办理。

第7.8.6项规定,监理人发出暂停施工指示后56天内未向承包人发出复工通知,除该项停工属于第7.8.2项〔承包人原因引起的暂停施工〕及第17条〔不可抗力〕约定的情形外,承包人可向发包人提交书面通知,要求发包人在收到书面通知后28天内准许已暂停施工的部分或全部工程继续施工。发包人逾期不予批准的,则承包人可以通知发包人,将工程受影响的部分视为按第10.1款〔变更的范围〕第(2)项的可取消工作。

暂停施工持续84天以上不复工的,且不属于第7.8.2项〔承包人原因引起的暂停施工〕及第17条〔不可抗力〕约定的情形,并影响到整个工程以及合同目的实现的,承包人有权提出价格调整要求,或者解除合同。解除合同的,按照第16.1.3项〔因发包人违约解除合同〕执行。

【典型案例】

2008年1月15日,某房地产公司中标"某某学院扩建校区工程项目施工1标段"工程,中标通知书中载明的总价为55 537 818元,并为固定合同价。开工时间

2008年1月6日，竣工时间2008年8月26日，工期234日历天。同年1月8日、1月16日某某学院与某建筑公司分别签订了《某某学院学生公寓新建工程二号楼施工合同》、《某某学院学生食堂新建工程施工合同》，约定由某建筑公司承建某某学院学生公寓二号楼工程、学生食堂工程。工程内容为施工图所设计的土建、水、暖、电安装，电视、电话、宽带信息系统及招标文件、招标答疑确定的工程项目。学生公寓二号楼的开工日期为2008年1月8日，竣工日期为2008年8月26日，合同价款为2 944.88万元。学生食堂工程的开工日期2008年3月21日，竣工日期2008年11月26日，合同价款为1 538.51万元。合同价款与支付中约定：本合同价款采用固定价格合同价方式，一次性包死，不因市场的价格波动而变动。采用固定价格合同，合同价款中包括的风险范围：除变更设计、发包人变更外，其他因素均包括在风险范围内。风险范围外的合同价款调整方法：变更设计、发包人变更按实际发生的工程量按照招标文件的要求进行核增核减，工程款（进度款）支付的方式和时间及程序：总监理工程师审核签字盖章后，由甲乙双方法人批准。按审核价的80%付款。当付款至总造价的80%时，等工程竣工验收合格后，工程款付至90%，竣工结算审核确认并将竣工资料完成移交后，付至97%，留3%保修金等。合同还就质量与验收、双方的权利义务、违约、索赔和争议等进行了约定。此后，工程陆续开工建设。

涉案的两项工程均未能在合同约定的期限内竣工。2009年12月29日，某某学院向某建筑公司致《关于二号学生公寓竣工交付使用的函》，主要内容：贵公司承建的二号学生公寓工程，于2008年3月21日开工建设，按合同工期要求总工期为234日历天，应在2008年11月11日竣工，期间因各种原因未按期交工。后经学校后勤管理处于2008年11月25日召集各参建单位就该工程项目的竣工日期重新调整为2009年7月30日，但截至目前二号学生公寓才初步具备使用条件。根据学校期末调整学生公寓的要求，现将有关情况函告如下：一、请贵公司务必于2009年12月31日移交二号学生公寓；二、贵公司提出的材料涨价问题，按照建设工程项目程序，在工程交付使用后的十日内，根据工程建设法律法规的规定，按照工程结算的有关程序进行审核；三、如果贵公司不能按期进行移交，对学校的发展造成的影响及损失等由贵公司承担，学校将保留进一步追诉延期交工期间的所有权利等。12月30日，某建筑公司复函某某学院，主要内容包括：一、工期延误问题。二号学生公寓工程，施工前期，由于贵院对现场周边关系协调不力，直至2008年5月5日我公司才正式投入施工。在主体施工过程中，贵院由于资金不到位，没有按月进度支付工程款，导致工期拖延。在装饰施工过程中，由于分包单位门窗工程施工严重滞后，致使土建施工竣工延期。二、工程决算问题。二号学生公寓工程在实际施工中，遇金融危机，材料及人工费价格大幅上涨，建材无法赊销、人工费不能拖欠，因此给我公司带来极大的成本支出。贵院多次开会承诺结算时按照国家相关文件规定重新核算工程造价，但至今没有按承诺明确结算方案。三、工程款的支付问题。二号学生公寓楼及学生食堂工程合同造价4 500万元，由于材料及人工费价格上涨等因素，我公司实际投入近6 000万元，截至目前贵院仅支付4 000万元，我公司垫资近2 000万元，给我公司造成严重的资金压力及困难，现要求贵院在二号学生公寓楼交付使用后考虑我公司实际困难支付

第五章 建设工程质量与工期

工程款 800 万元等。2009 年 6 月 26 日，某建筑公司与某装饰工程公司就学生食堂、二号学生公寓花岗岩安装工程签订两份《分包合同》，某某学院作为监督方在合同上签字盖章。此外，二建集团、某建筑公司还主张，应某某学院要求将涉案工程门窗、玻璃幕墙等工程分包给其他施工单位，某某学院对此不认可。

2009 年 12 月底，某建筑公司、某某学院及工程监理单位某工程监理有限责任公司就学生公寓二号楼工程签署了《建设工程施工质量竣工报告》，自验结论为合格。2010 年 1 月 7 日，某建筑公司将学生公寓二号楼工程交付某某学院。同年 7 月 27 日，将学生食堂工程交付某某学院，某某学院将两项工程投入使用。此后，某建筑公司对于已交付的上述两工程进行了部分维修。涉案的学生食堂工程和学生公寓二号楼工程于 2008 年 3 月 19 日取得《建设工程规划许可证》，学生公寓二号楼工程于 2008 年 4 月 17 日取得《建筑工程施工许可证》，学生食堂工程于 2008 年 4 月 24 日取得《建筑工程施工许可证》。截至 2010 年 7 月 26 日，某某学院陆续向某房地产公司、某建筑公司支付工程款 4 450 万元。其中，2008 年底前支付 1 700 万元，2009 年底前支付 23 181 500 元，2010 年 7 月 26 日前支付 4 318 500 元。

2010 年 7 月 19 日，某某学院向某建筑公司致《某某学院关于二号学生公寓及学生食堂工程结算有关问题的函》，内容是"某建筑公司：现将贵公司承建的二号学生公寓、学生食堂工程结算中所涉及的材料涨价因素等问题函告如下：1. 施工期内人工费调整，根据某省建设厅某建价（2008）97 号《关于调整某省建设工程人工单价的通知》再次上调 22.8% 的规定执行。某建价（2007）435 号《关于调整某省建设工程人工单价的通知》人工费上调 30% 的规定在招标文件及招标书中已经包括，不再调整。2. 建筑装饰人工费调整：根据省建设工程费用定额某建价（2004）323 号文的有关规定，建筑装饰装修人工费 2009 年第一季度至第四季度指导价执行三类工程人工单价 65 元/工日。自 2009 年 1 月 1 日起执行。建筑装饰装修人工费 2007 年第三季度指导价执行三类工程人工单价 50 元/工日在招标文件及招标书中已经包括，不再调整。3. 施工期内钢材水泥等主要建筑材料调整，根据省建设厅某建价（2008）302 号《关于对主要建筑材料价格进行调整的通知》，主要建筑材料钢材、水泥、商品混凝土、砖、砌块、板方材、瓷砖、广场砖按市场指导价分季度执行市材料指导价进行结算。4. 二类材料价差调整，根据市建委建发（2008）84 号关于颁发《某市二〇〇八第三季度二类材料价差调整系数的通知》，二类材料价差调整自 2008 年 7 月 1 日起执行。5. 工程模板价格调整，根据省建设厅某建价（2008）606 号关于颁发《省建设工程补充定额及地区基价》的通知，自 2009 年 1 月 1 日起执行。6. 关于消防工程、钢结构网架工程、铝合金门窗及幕墙工程按分包合同进行结算。7. 以上意见作为二号学生公寓、学生食堂进行结算的基本原则，具体的结算审核由我校审计部门进行审核，以审计部门的审核为准。8. 如贵公司同意上述原则意见，请务必于 7 月 23 日前将学生食堂移交学校，并于 7 月 28 日前将验收资料报基建处，以便尽快组织竣工验收。"此后，双方当事人对于上述函件所涉及的工程款项的结算问题未能达成一致意见。案件审理中，经某房地产公司、某建筑公司申请，法院委托某工程造价咨询有限公司对于本案某某学院二号学生公寓、学生食堂工程结算增加的人工费调整、材料价差、二类材料调整、甲方指定分包商及供货商项目造价、劳保基金、变更签证、模板差价等工程造价进行审核鉴定，某工程造价咨询有限公司出具了工程造价审核报告，审核结果为：委托鉴定的项目工程造价金额为10 041 804.32元。

某房地产公司、某建筑公司于2013年9月25日提起诉讼，请求法院判令：1. 被告某某学院向原告某房地产公司、某建筑公司支付"学生公寓二号楼"项目工程及"学生食堂"新建项目工程增加的人工费调整、材料价差调整、二类材料调整、模板差价、甲方指定分包商及供应商项目、劳保基金、变更签证等工程价款12 062 828.46元（以审计结论为准）；2. 被告某某学院向原告某房地产公司、某建筑公司支付迟延上述工程价款的利息1 846 164.93元（截至2012年9月30日）至履行完毕之日应付工程款利息；

某某学院答辩并反诉请求：驳回某房地产公司、某建筑公司的诉讼请求并判令反诉被告某房地产公司、某建筑公司向反诉原告某某学院：1. 支付工期延误的误期赔偿金367.351万元。2. 赔偿因其施工不当致部分工程返工增加的返工费用77万元。3. 反诉被告承担连带责任并承担本案全部反诉费用及其他诉讼费用。

反诉被告某房地产公司、某建筑公司答辩请求驳回反诉原告某某学院的反诉请求。

法院经审理认为双方签订的两份《建设工程施工合同》，意思表示真实，内容不违反法律法规的强制性规定，属有效合同。合同履行中，因人工费、材料费上涨等原因，某某学院致函某建筑公司，承诺对人工费、材料费等给予调整。虽没有某房地产公司及某建筑公司对此调整的书面意见，但从此后的履行及某建筑公司单方所作的决算来看，某房地产公司及某建筑公司对此是认可的，某房地产公司及某建筑公司也是依据该函件进行本案诉讼的。故该函件的内容应是双方真实意思表示，且于法有据，对当事人具有法律约束力。某某学院认为该函是一个失效的要约，并未形成双方的协议，对其无拘束力的答辩理由，与事实相悖，也于法无据。关于某某学院认为某房地产公司及某建筑公司没有按合同约定履行提交完整的竣工资料的义务，使本案两工程项目至今未经相关政府部门正式验收合格，不具备合同约定的进行结算并付款前提条件的答辩理由。对此，涉案工程虽未经竣工验收，但某某学院已接受工程并投入使用，依照法律规定，某某学院应当支付涉案工程款，某某学院的该答辩理由不能成立。依据某工程造价咨询有限公司的审核结果，涉案的工程造价金额为10 041 804.32元，对此款项，某某学院应予支付。关于某房地产公司及某建筑公司主张的利息损失问题，涉案工程款项属于合同外增加款项，双方当事人未就该工程款项的结算问题达成一致意见，该工程款项的金额及支付时间并不明确。再考虑到本案施工工期较长，工程至今未进行竣工验收，而双方当事人对于上述问题均有一定责任的实际情况，对于某房地产公司及某建筑公司的利息主张，不予支持。

关于某某学院反诉主张的工期延误赔偿金问题，涉案工程的工期超出合同约定的施工期限，其原因是多方面的，材料和人工费的上涨、分包工程的进度以及甲方进度款的支付对涉案工程进度都有影响，不能将此简单地归责于某房地产公司及某建筑公司。且从双方当事人的来往函件来看，对于工期延后，某某学院是认可的。故某某学院现反诉主张某房地产公司及某建筑公司赔偿其工期延误赔偿金，缺乏充分的事实和法律依据，不予支持。关于某某学院反诉主张的因某房地产公司及某建筑公司施工不当致部分工程返工增加的返工费用问题，《最高人民法院关于审理建设工程施工合同纠纷案件适用法律若干问题的解释》第13条规定："建设工程未经竣工验收，发包人擅自使用后，又以使用部分质量不符合约定为由主张权利的，不予支持。"据此规定，某某学院在未经竣工验收的情况下，将涉案工程投入使用，其应承担相应的法律后果。且某某学院也无证据证明其就反诉所涉及的工程维修问题，通知过某房地产公司及某建筑公司进行维修，而某房地产公司及某建筑公司拒不维修。故某某学院的该反诉主张，亦无充分的事实及法律依据，不予支持。综上，法院判决某某学院支付某房地产公司、某建筑公司工程款10 041 804.32元，驳回了某某学院的反诉请求。①

◎思考题：

1. 建设单位的质量责任有哪些？
2. 施工单位的质量责任有哪些？
3. 对项目负责人进行质量责任追究有何意义？在实际操作中有无障碍？
4. 开工日期在司法实践中如何认定？
5. 竣工日期在司法实践中如何认定？
6. 施工单位工期延误的原因有哪些？
7. 2013版《建设工程施工合同示范文本》中对工期索赔的程序是如何规定的？

---

① 该案例摘录自北大法宝网案例与裁判文书。

第六章 建设工程竣工验收与保修

【本章导读】

建设工程竣工验收对发包方与承包方都具有十分重要的法律意义，工程竣工验收一般由发包方组织，承包方在整个过程中起协助作用。建设工程竣工验收的程序主要见一些部门规章，实践中因竣工验收所引发的争议也不在少数，应尽可能的找到解决争议的办法。建设工程竣工验收合格之日起开始计算建设工程的保修期间，在保修期间内建设工程发生质量缺陷的，承包方应当承担保修责任。实践中发包人往往在工程价款结算时扣除部分作为质量保证金，为了减少双方的争议，有必要推行建设工程质量保险制度。因保修引发的争议可以通过一些部门性规章找到解决的途径。

第一节 建设工程竣工验收

【问题引入】

2006年3月15日，甲建筑公司与乙房地产公司签订建设工程合同。合同约定：甲公司承担某工程项目的土建部分；承包方式按预算定额包工包料，竣工后办理工程结算。合同签订后，甲公司按合同的约定完成该工程的各土建项目，并于2007年12月21日竣工。甲建筑公司在工程竣工后多次催促乙房地产公司对工程进行验收并支付所欠工程款。乙公司对此一直置之不理，既不验收已竣工工程，也不付工程款。甲公司无奈将乙公司诉至法院。

问题：乙公司在收到甲公司的竣工验收报告后，既不进行验收也不付工程款的情况下，应如何承担责任？

一、建设工程竣工验收的分类

建设工程竣工验收，是指建设单位（发包人）收到施工单位（承包人）的工程竣工验收申请后，根据建设工程质量管理法律制度和建设工程竣工验收技术标准以及建设工程合同（勘察设计合同、施工合同、监理合同等）的约定，组织设计、施工、工程监理等有关单位对建设工程查验接收的行为。

工程竣工验收是建设过程中最后一个工序，是建设工程由建设转入使用的重要标志。建设工程竣工验收包括以下几种：

(一) 单项工程竣工验收

单项工程竣工验收是指在一个总体建设项目中,一个单项工程或一个车间已按工程设计和合同约定的内容完成,施工单位在工程完工后对工程质量进行检查,确认工程质量符合有关法律、法规和工程强制性标准,填写工程竣工验收通知书,经项目负责人审核签字,提交发包人,由发包人组织验收。

(二) 单位工程验收

单位工程是单项工程的组成部分,有独立的施工图纸,承包人施工完毕,达到竣工条件后,填写工程竣工验收通知书,经项目负责人审核签字,提交发包人,由发包人组织验收。这种验收方式,在一些较大型的、群体式的、技术较复杂的建设工程中比较普遍地存在,可以有效控制分项、分部和单位工程的质量,保证建设工程项目系统目标的实现。

(三) 全部工程竣工验收

建设项目按设计要求全部建设完成,符合竣工验收标准,应由发包人组织设计、施工、监理等单位和档案部门进行全部工程的竣工验收。全部工程的竣工验收,一般是在单位工程、单项工程竣工验收的基础上进行。

不同的建设工程有不同的验收类型,在水利工程建设项目中工程验收分为专项验收、阶段验收和竣工验收三类,公路工程中工程验收则分为交工验收和竣工验收两类,但也可以实行单项工程验收、单位工程验收和全部工程竣工验收。

二、建设工程竣工验收的主体

《合同法》第269条规定:"建设工程是承包人进行工程建设,发包人支付价款的合同。"根据该规定,建设工程施工合同本质上属于承揽合同。基于该合同性质,承包人作为承揽人,其主要合同义务是按约定交付工程,发包人的主要合同义务是按约定支付工程价款。《合同法》第279条规定:"建设工程竣工后,发包人应当根据施工图纸及说明书、国家颁发的施工验收规范和质量验收标准及时进行验收。验收合格的,发包人应当按照约定支付价款,并接收该建设工程。"《建设工程质量管理条例》第16条规定:"建设单位收到建设工程竣工报告后,应当组织设计、施工、工程监理等有关单位进行竣工验收。"

依照上述法律、法规规定,承包人完成合同约定的工程后,向发包人提交验收报告,由发包人对已完成工程组织竣工验收,勘察、设计、施工、监理单位参加竣工验收工作。在验收过程中发包人起主导地位,负责审查建设工程的各个环节执行法律、法规和工程建设强制性标准情况,听取各设计、施工、监理等单位的工作报告,审阅设计、施工、监理等单位的工程竣工档案资料的情况,实地察验工程并对设计、施工、监理等方面工作和工程质量、试车情况等,在此基础上作出综合全面评价。

三、建设工程竣工验收的法律意义

竣工验收是检查设计、施工、设备和生产准备工作质量的重要环节,具有相当重要的法律意义:

(一) 竣工验收是确定质量责任承担的依据

《建筑法》第61条规定,交付竣工验收的建筑工程,必须符合规定的建筑工程质量标准，有完整的工程技术经济资料和经签署的工程保修书，并具备国家规定的其他竣工条件。建设工程通过竣工验收需要达到一定的条件，包括工程质量符合法律、法规和工程建设强制性标准，经过施工单位自检，符合设计文件和合同要求，因此施工单位提出竣工验收申请，建设单位组织验收，验收合格施工单位则可以要求建设单位支付工程价款，验收不合格则要承担修复责任。

(二) 竣工验收合格日期决定是否承担逾期竣工违约责任

《合同法》第279条规定，建设工程竣工后，发包人应当根据施工图纸及说明书、国家颁发的施工验收规范和质量检验标准及时进行验收。验收合格的，发包人应当按照约定支付价款，并接收该建设工程。建设工程竣工经验收合格后，方可交付使用；未经验收或者验收不合格的，不得交付使用。

《建设工程施工合同解释》第14条规定，当事人对建设工程实际竣工日期有争议的，按照以下情形分别处理：

(1) 建设工程经竣工验收合格的，以竣工验收合格之日为竣工日期；

(2) 承包人已经提交竣工验收报告，发包人拖延验收的，以承包人提交验收报告之日为竣工日期；

(3) 建设工程未经竣工验收，发包人擅自使用的，以转移占有建设工程之日为竣工日期。以上三种情形都与竣工验收有关，工程竣工时间的约定往往是与延期违约责任联系在一起的。在确定工程竣工时间以后，排除其他顺延工期等原因，也相应地确定了竣工时间是否符合合同约定的竣工时间，由此也确定了承担违约责任的起算时间。

(三) 竣工验收合格是进行工程价款结算的前提

建设工程由于工程量大、投入比例大，虽然在施工过程中会支付一定比例的预付款，但在工程完工后还有相当一部分工程款并未结清。竣工验收合格是发包方对承包方施工质量的认可，也是承包方取得工程价款的前提条件。实践中有的发包人为了拖延支付工程款，迟迟不肯验收或在验收后迟迟不进行工程结算，但这并不妨碍承包人依照合同的约定请求发包人支付工程款。

上述案例中甲建筑公司已经完成了双方合同约定的建设项目，并向乙房地产公司提交了竣工验收申请，乙房地产公司在收到申请后应当对已完工的工程项目进行验收，验收合格无质量争议的，应当按照合同规定向甲公司支付工程款，接收该工程项目，办理交接手续。根据《合同法》第279条规定："建设工程竣工后，发包人应当根据施工图纸及说明书、国家颁发的施工验收规范和质量检验标准及时进行验收。验收合格的，发包人应当按照约定支付价款。并接收该建设工程。""建设工程竣工经验收合格后，方可交付使用；未经验收或者验收不合格的，不得交付使用。"因此乙公司应当对已完工的土建项目进行验收，验收合格后向甲公司支付所欠工程款。

(四) 竣工验收合格确定工程的保修期起算时间

《建筑法》第62条规定："建筑工程实行质量保修制度。"《建设工程质量管理条例》第41条规定："建设工程在保修范围和保修期限内发生质量问题的，施工单位应当履行保修义务，并对造成的损失承担赔偿责任。"同时，《房屋建筑工程质量保修办法》第3条规定："本办法所称房屋建筑工程质量保修，是指对房屋建筑工程竣工验收后在保修期内出现的质量缺陷,予以修复。本办法所称质量缺陷,是指房屋建筑工程质量不符合工程建设强制性标准以及合同的约定。"建设工程的保修期是施工单位对建设工程承担责任的期间,根据《建设工程质量管理条例》第 40 条第 3 款规定:"建设工程的保修期,自竣工验收合格之日起计算。"因此建设工程一旦验收合格,就开始计入保修期,在保修期内施工单位应当对建设工程的质量缺陷承担保修责任。

四、建设工程竣工验收的条件和程序

(一) 建设工程竣工验收的条件

《建筑法》第 61 条规定,交付竣工验收的建筑工程,必须符合规定的建筑工程质量标准,有完整的工程技术经济资料和经签署的工程保修书,并具备国家规定的其他竣工条件。建筑工程竣工经验收合格后,方可交付使用;未经验收或者验收不合格的,不得交付使用。《建设工程质量管理条例》第 16 条规定,建设单位收到建设工程竣工报告后,应当组织设计、施工、工程监理等有关单位进行竣工验收。建设工程竣工验收应当具备下列条件:

(1) 完成建设工程设计和合同约定的各项内容;

(2) 有完整的技术档案和施工管理资料;

(3) 有工程使用的主要建筑材料、建筑构配件和设备的进场试验报告;

(4) 有勘察、设计、施工、工程监理等单位分别签署的质量合格文件;

(5) 有施工单位签署的工程保修书。

建设工程经验收合格的,方可交付使用。

2013 版《施工合同示范文本》第 13.2.1 项规定,工程具备以下条件的,承包人可以申请竣工验收:

(1) 除发包人同意的甩项工作和缺陷修补工作外,合同范围内的全部工程以及有关工作,包括合同要求的试验、试运行以及检验均已完成,并符合合同要求;

(2) 已按合同约定编制了甩项工作和缺陷修补工作清单以及相应的施工计划;

(3) 已按合同约定的内容和份数备齐竣工资料。

《房屋建筑和市政基础设施工程竣工验收规定》(建质〔2013〕171 号)、公路工程竣(交) 工验收办法 (交通部令 2004 年第 3 号) 等部门规章对房屋建筑和市政基础设施工程、公路工程等规定了不同的竣工验收条件。

(二) 建设工程竣工验收的程序

工程完工后,施工单位向建设单位提交工程竣工报告,申请工程竣工验收。建设单位收到建设工程竣工报告后,对符合竣工验收条件的工程,应当组织设计、施工、工程监理等有关单位进行竣工验收。有关建设工程竣工验收的程序主要在一些部门规章中有所要求,如《房屋建筑和市政基础设施工程竣工验收规定》(建质〔2013〕171 号)、《水利工程建设项目验收管理规定》(水利部令第 46 号修订)、《环境保护部建设项目"三同时"监督检查和竣工环保验收管理规程 (试行)》(环发〔2009〕150 号) 等。

《房屋建筑和市政基础设施工程竣工验收规定》(建质〔2013〕171 号) 规定房屋建筑工程和市政基础设施工程竣工验收的程序如下:

(1) 工程完工后，施工单位向建设单位提交工程竣工报告，申请工程竣工验收。实行监理的工程，工程竣工报告须经总监理工程师签署意见。

(2) 建设单位收到工程竣工报告后，对符合竣工验收要求的工程，组织勘察、设计、施工、监理等单位组成验收组，制定验收方案。对于重大工程和技术复杂工程，根据需要可邀请有关专家参加验收组。

(3) 建设单位应当在工程竣工验收 7 个工作日前将验收的时间、地点及验收组名单书面通知负责监督该工程的工程质量监督机构。

(4) 建设单位组织工程竣工验收。

①建设、勘察、设计、施工、监理单位分别汇报工程合同履约情况和在工程建设各个环节执行法律、法规和工程建设强制性标准的情况；

②审阅建设、勘察、设计、施工、监理单位的工程档案资料；

③实地查验工程质量；

④对工程勘察、设计、施工、设备安装质量和各管理环节等方面作出全面评价，形成经验收组人员签署的工程竣工验收意见。

参与工程竣工验收的建设、勘察、设计、施工、监理等各方不能形成一致意见时，应当协商提出解决的方法，待意见一致后，重新组织工程竣工验收。

工程竣工验收合格后，建设单位应当及时提出工程竣工验收报告。工程竣工验收报告主要包括工程概况，建设单位执行基本建设程序情况，对工程勘察、设计、施工、监理等方面的评价，工程竣工验收时间、程序、内容和组织形式，工程竣工验收意见等内容。

工程竣工验收报告还应附有下列文件：

(1) 施工许可证。

(2) 施工图设计文件审查意见。

(3) 施工单位签署的工程竣工报告，监理单位签署的工程质量评估报告，勘察、设计单位签署的质量检查报告，施工单位签署的工程质量保修书。

(4) 验收组人员签署的工程竣工验收意见。

(5) 法规、规章规定的其他有关文件。

2013 版《施工合同示范文本》对于建设工程竣工验收的程序亦有规定，该示范文本第 13.2.2 项规定除专用合同条款另有约定外，承包人申请竣工验收的，应当按照以下程序进行：

(1) 承包人向监理人报送竣工验收申请报告，监理人应在收到竣工验收申请报告后 14 天内完成审查并报送发包人。监理人审查后认为尚不具备验收条件的，应通知承包人在竣工验收前承包人还需完成的工作内容，承包人应在完成监理人通知的全部工作内容后，再次提交竣工验收申请报告。

(2) 监理人审查后认为已具备竣工验收条件的，应将竣工验收申请报告提交发包人，发包人应在收到经监理人审核的竣工验收申请报告后 28 天内审批完毕并组织监理、承包、设计等相关单位完成竣工验收。

(3) 竣工验收合格的，发包人应在验收合格后 14 天内向承包人签发工程接收证书。发包人无正当理由逾期不颁发工程接收证书的，自验收合格后第 15 天起视为已颁发工程接收证书。

(4) 竣工验收不合格的,监理人应按照验收意见发出指示,要求承包人对不合格工程返工、修复或采取其他补救措施,由此增加的费用和(或)延误的工期由承包人承担。承包人在完成不合格工程的返工、修复或采取其他补救措施后,应重新提交竣工验收申请报告,并按本项约定的程序重新进行验收。

(5) 工程未经验收或验收不合格,发包人擅自使用的,应在转移占有工程后7天内向承包人颁发工程接收证书;发包人无正当理由逾期不颁发工程接收证书的,自转移占有后第15天起视为已颁发工程接收证书。

除专用合同条款另有约定外,发包人不按照本项约定组织竣工验收、颁发工程接收证书的,每逾期一天,应以签约合同价为基数,按照中国人民银行发布的同期同类贷款基准利率支付违约金。

五、建设工程竣工验收备案

建设工程竣工验收完毕以后,建设单位应当向建设主管部门办理竣工验收备案。《建设工程质量管理条例》第49条规定,建设单位应当自建设工程竣工验收合格之日起15日内,将建设工程竣工验收报告和规划、公安消防、环保等部门出具的认可文件或者准许使用文件报建设行政主管部门或者其他有关部门备案。建设行政主管部门或者其他部门发现建设单位在竣工验收过程中违反国家有关建设工程质量管理规定行为的,责令停止使用,重新组织竣工验收。建设单位在报备时应根据不同工程项目类型准备相应的材料,如根据《房屋建筑和市政基础设施工程竣工验收备案管理办法》(住房和城乡建设部令第2号) 规定,建设单位在办理房屋建筑和市政基础设施工程竣工验收备案时应当提交下列文件:

(1) 工程竣工验收备案表。

(2) 工程竣工验收报告。竣工验收报告应当包括工程报建日期,施工许可证号,施工图设计文件审查意见,勘察、设计、施工、工程监理等单位分别签署的质量合格文件及验收人员签署的竣工验收原始文件,市政基础设施的有关质量检测和功能性试验资料以及备案机关认为需要提供的有关资料。

(3) 法律、行政法规规定应当由规划、环保等部门出具的认可文件或者准许使用文件。

(4) 法律规定应当由公安消防部门出具的对大型的人员密集场所和其他特殊建设工程验收合格的证明文件。

(5) 施工单位签署的工程质量保修书。

(6) 法规、规章规定必须提供的其他文件。

住宅工程还应当提交《住宅质量保证书》和《住宅使用说明书》。

六、有关建设工程竣工验收的争议及处理

(一) 建设单位接到竣工验收报告后,拖延验收的

建设单位拖延组织竣工验收,拖延支付工程价款的现象比较普遍,有些工程甚至拖延数年没有进行竣工验收和交付工程,给施工单位造成了很大的资金压力。

《建设工程质量管理条例》第 16 条规定，建设单位收到建设工程竣工报告后，应当组织设计、施工、工程监理等有关单位进行竣工验收。2013 年《施工合同示范文本》通用条款第 13.2.2 项规定，竣工验收合格的，发包人应在验收合格后 14 天内向承包人签发工程接收证书。发包人无正当理由逾期不颁发工程接收证书的，自验收合格后第 15 天起视为已颁发工程接收证书。《标准招标文件合同》第 18.3.6 项规定，发包人收到承包人竣工验收申请报告的日期为准，但发包人由于不可抗力不能进行验收的除外。

FIDIC 合同条件也有类似的规定，示范合同的约定虽不是法律的强制性规定，但是属于建筑行业普遍遵循的行业惯例，对于限制建设单位拖延竣工验收具有重要参照价值。

《建设工程施工合同解释》第 14 条第 2 项对建设单位拖延竣工验收的法律后果作了原则规定，即承包人依法提交竣工验收报告，而发包人拖延验收的，以承包人提交竣工验收报告之日为竣工日期。尽管司法解释没有明确规定承包人提交竣工验收报告之日建设工程是否可以交付使用，但以承包人提交竣工验收报告之日作为实际竣工日期，意味着承包人已经全面适当履行了合同约定的义务，发包人应当履行支付工程价款的合同义务，并接收建设工程。该条为解决承发包双方有关竣工时间的争议提供了直接的解决办法。

（二）未经竣工验收合格，建设单位擅自使用的

《建筑法》、《合同法》以及《建设工程质量管理条例》均规定，建设工程竣工经验收合格后，方可交付使用；未经验收或者验收不合格的，不得交付使用。如《合同法》第 279 条规定，"建设工程竣工后，发包人应当根据施工图纸及说明书、国家颁发的施工验收规范和质量检验标准及时进行验收。验收合格的，发包人应当按照约定支付价款，并接收该建设工程。建设工程竣工经验收合格后，方可交付使用；未经验收或者验收不合格的，不得交付使用"。《建设工程质量管理条例》第 58 条进一步规定，违反本条例规定，建设单位有下列行为之一的，责令改正，处工程合同价款 2%以上 4%以下的罚款；造成损失的，依法承担赔偿责任：（1）未组织竣工验收，擅自交付使用的；（2）验收不合格，擅自交付使用的；（3）对不合格的建设工程按照合格工程验收的。

建设工程关系国计民生，在社会生活中占有非常重要的位置，因此建设工程承包合同不仅取决于承发包双方当事人的真实意思表示，还要受到国家法律、行政法规、强制性工程标准和规范的干预。建设工程施工完成后，法律规定必须履行竣工验收程序，经竣工验收合格后才能交付使用。实践中部分建设单位因种种原因，未经验收合格便对建设工程投入使用，在使用过程中出现质量问题，有地基基础或主体结构等严重质量问题，也有一般性的如漏水、渗水等问题，可能是属于施工单位的原因造成的质量问题，也有可能是属于建设单位或勘察、设计单位原因造成的质量问题。总之，对于建设单位来说，要面对的是工程的修复、是否支付工程款、是否要求施工单位赔偿损失等问题，而对施工单位来说主要问题就是要求建设单位按期支付工程价款。双方的争议不可避免，在解决争议时可以参照《建设工程施工合同解释》第 13 条的规定，"建设工程未经竣工验收，发包人擅自使用后，又以使用部分质量不符合约定为由主张权利的，不予支持；但是承包人应当在建设工程的合理使用寿命内对地基基础工程和主体结构质量承担民事责任"；该条明确了工程未经竣工验收擅自使用的，承发包双方的责任范围。发包人需对未经竣工验收擅自使用部分的质量问题承担责任，发包人擅自使用的可能是全部工程，也可能是部分工程，承担的

只是擅自使用部分的责任。但是在建设工程合理使用寿命内地基基础和主体结构的质量责任不管发包人是否未经竣工验收擅自使用，均由承包人负责。《建筑法》第60条的规定"建筑物在合理使用寿命内，必须确保地基基础工程和主体结构的质量"。这是我国法律强制性规定承包人必须承担的质量责任，同时《建筑法》还规定，在建筑物的合理使用寿命内，因质量不合格造成损害的，责任者要承担赔偿责任，这个责任者一般是指承包人。对于未经验收合格，发包人擅自使用时如何确定竣工日期的问题，《建设工程施工合同解释》第14条进一步规定："当事人对建设工程实际竣工日期有争议的，按照以下情形分别处理……（3）建设工程未经竣工验收，发包人擅自使用的，以转移占有建设工程之日为竣工日期。"竣工日期的确定是确定工程是否完工的标志，也是建设工程的结算、工期的计算的标准，《建设工程施工合同解释》第13条、第14条的规定为解决发包方擅自使用建设工程发生的质量问题和竣工日期争议提供了解决的依据。

【案例6-1】

某学校为解决职工住房与安居建筑公司签订了一份建筑工程承包合同，合同约定居安建筑公司负责施工建设，由学校提供建筑设计图纸等，合同对工期、质量、价款、结算等作了约定。合同签订后，施工单位进场施工。学校也制定了分房方案，在施工蓝图上对房屋进行了分配。多年住房紧张的职工，因见内装修逐渐完毕，不顾学校和施工队的阻拦，强行搬进，到工程完工时，此楼已经全部投入使用。这时学校对工程进行验收，发现楼梯间、门厅和部分房间的墙皮脱落、木地板起鼓等质量问题，学校要求施工单位进行返工，建筑公司拒绝对学校提出的质量问题进行返修，而学校迫于职工的压力，花费数万元进行了修复。随后向法院起诉，请求建筑公司赔偿因不履行返工和质量修缮义务而造成的经济损失。经法院审理认为，按照法律规定，施工单位对工程质量负有全面的责任，不得规避，对于学校的职工宿舍出现的墙皮脱落、地板起鼓等应当依照《建筑法》和《合同法》及合同约定进行返工，但是这种义务是建立在建设单位不提前使用该工程的前提下，一旦建设单位提前使用了该建设工程，质量瑕疵的返工义务即行消失。因此对于施工单位的返工责任亦予以免除。学校在宿舍楼工程还没有进行竣工验收的情况下，对本单位职工擅自进入施工场地没有采取可行、有效的措施加以避免，因此对于质量缺陷的修复责任应当自行承担。①

（三）竣工验收后，建设单位又以质量问题为由拒付工程款的

在施工合同中施工单位承担的核心责任与义务是在约定的时间内保质保量的完成建设工程，而建设单位承担的核心责任与义务则是根据合同的约定支付工程价款。实践中建设单位往往采取各种理由拖延或拒付工程款，《合同法》第279条规定，建设工程验收合格的，发包人应当按照约定支付价款，并接收该工程。所以支付工程价款的前提条件是工程验收合格。对于工程款的支付与工程质量的关系有以下几种解决办法：

---

① 该案例参见《〈建设工程施工合同司法解释〉理解与适用》电子版，载360图书馆网：http：//www.360doc.com/content/11/0130/16/5441409_89971962.shtml，访问时间：2014年1月30日。

第一，工程质量经竣工验收合格，发包人应当按照合同约定支付工程价款。如果发包人确有证据证明工程质量存在瑕疵，可以要求承包人进行维修，如果有证据证明承包方存在工期延误，可以向承包方主张违约责任。

第二，工程质量经竣工验收不合格，应由承包人进行修复，修复后的建设工程经竣工验收合格，发包人应按合同约定支付工程款，但修复费用应由承包人承担。修复后的建设工程验收仍然不合格的，承包人无权主张工程款。

第三，建设工程未经竣工验收，发包人擅自使用，工程质量问题不能成为发包人拒付工程款的理由，发包人应按合同约定支付工程款。但是承包人应当在建设工程的合理使用寿命内对基础工程和主体结构质量承担民事责任。

无正当理由拖延工程价款的承包方可以主张利息，对利息的计付标准参照《建设工程施工合同解释》第17、18条的规定，当事人对欠付工程价款利息计付标准有约定的，按照约定处理；没有约定的，按照中国人民银行发布的同期同类贷款利率计息。利息从应付工程价款之日计付。当事人对付款时间没有约定或者约定不明的，下列时间视为应付款时间：

（1）建设工程已实际交付的，为交付之日；

（2）建设工程没有交付的，为提交竣工结算文件之日；

（3）建设工程未交付，工程价款也未结算的，为当事人起诉之日。

（四）竣工验收后，建设单位又以工期延误为由要求支付违约金的

建设工程合同中，承包人的义务是按照合同约定的期限、质量标准完成其承包的建设工程任务。工程竣工后，由建设单位进行竣工验收，确认合格后予以接收并支付工程款。对于双方之间因逾期竣工违约产生的纠纷，首先需要对承包人的施工时间即工期作出正确的认定，据此判定承包人是否存在逾期竣工的违约事实。实践中，施工单位工程完工之日和竣工验收合格之日之间经常会有时间差，究竟以哪一个时间认定为竣工时间，对当事人来说至关重要，因为它涉及工程款的支付时间和利息的起算时间、承包人是否构成逾期竣工违约或支付逾期竣工违约金的数额、工程风险转移等重要问题。《建设工程施工合同解释》第14条规定，当事人对建设工程实际竣工日期有争议的，按照以下情形分别处理：（1）建设工程经竣工验收合格的，以竣工验收合格之日为竣工日期……《建设工程价款结算暂行办法》第14条规定："工程完工后，双方应按照约定的合同价款及合同价款调整内容以及索赔事项，进行工程竣工结算。"《合同法》第107条规定：当事人一方不履行合同义务或者履行合同义务不符合约定的，应当承担继续履行、采取补救措施或者赔偿损失等违约责任。因此，竣工验收后，建设单位又以工期为由要求支付违约金的应当在确定工期的基础上，明确双方的权利与义务。

第二节　建设工程质量保修

【问题引入】

2004年，中建系统某公司与上海某公司就某商业大厦的建设签订总承包合同，并由某境外建筑设计公司担任建筑设计和施工管理工作。2005年11月，在该商业大

厦工程完工后验收时，虽然该工程通过了当地质量监督部门的验收，但发包人发现多项缺陷部位和需整改项目，因此没有直接核发竣工证明，而是要求承包商予以修缮和尽快完工。此后，2006年3月12日，建筑设计公司才向承包商发出"实际竣工证明书"，确认实际竣工日期是2005年11月16日，保修期为1年，至2006年11月15日止。同时指出，未完善的项目应按期进行修缮，未调试的系统自系统测试通过之日起计算保修期。①

问题：本案工程约定的保修期是否有效？

一、建设工程质量保修制度及其相关法律规定

建设工程质量保修，是指建设工程竣工验收后在保修期限内出现的质量缺陷（或质量问题），由施工单位依照法律规定或合同约定予以修复。其中，质量缺陷是指建设工程的质量不符合工程建设强制性标准以及合同的约定。建设工程实行质量保修制度是《建筑法》确立的一项基本法律制度，《建筑法》第62条规定，建筑工程实行质量保修制度。建筑工程的保修范围应当包括地基基础工程、主体结构工程、屋面防水工程和其他土建工程，以及电气管线、上下水管线的安装工程，供热、供冷系统工程等项目；保修的期限应当按照保证建筑物合理寿命年限内正常使用，维护使用者合法权益的原则确定。具体的保修范围和最低保修期限由国务院规定。《建设工程质量管理条例》则在建设工程的保修范围、保修期限和保修责任等方面，对该项制度作出了更具体的规定。《建设工程质量管理条例》第39条规定，建设工程实行质量保修制度。建设工程承包单位在向建设单位提交工程竣工验收报告时，应当向建设单位出具质量保修书。质量保修书中应当明确建设工程的保修范围、保修期限和保修责任等。《房屋建筑工程质量保修办法》（建设部令［第80号］）第4条规定，房屋建筑工程在保修范围和保修期限内出现质量缺陷，施工单位应当履行保修义务。第13条规定，保修费用由质量缺陷的责任方承担。除了上述法律法规及规章外，还有《建设工程价款结算暂行办法》、《建设工程质量保证金管理暂行办法》（建质［2005］7号）等部门规章对建设工程的保修制度进行了规范。

二、建设工程质量的保修范围

《建筑法》第62条规定："建筑工程实行质量保修制度。建筑工程的保修范围应当包括地基基础工程、主体结构工程、屋面防水工程和其他土建工程，以及电气管线、上下水管线的安装工程，供热、供冷系统工程等项目；保修的期限应当按照保证建筑物合理寿命年限内正常使用，维护使用者合法权益的原则确定。具体的保修范围和最低保修期限由国务院规定。"根据该条规定，建设工程的保修范围包括如下几项：

1. 地基基础工程、主体结构工程

建筑物的地基基础工程和主体结构工程质量问题直接关系建筑物的安危，一旦发现建

---

① 该案例来源于《建设工程质量相关法规解读与典型案件》电子版，载教育网：http：//www.jianshe99.com/new/64_75__/2009_3_19_pa002011183991390022893.shtml，访问时间：2015年1月23日。

筑物的地基基础工程和主体结构工程存在质量问题，将造成很大的安全隐患。对使用中发现的地基基础工程或主体结构工程的质量问题，如果能够通过加固等确保建筑物安全的技术措施予以修复的，施工企业应当负责修复；不能修复造成建筑物无法继续使用的，有关责任者应当依法承担赔偿责任。

2. 屋面防水工程

对屋顶、墙壁出现漏水现象的，施工企业应当负责保修；根据《建设工程质量管理条例》和《房屋建筑工程质量保修办法》的规定，本项还包括有防水要求的卫生间、房间和外墙面。

3. 其他土建工程

这是指除屋面防水工程以外的其他土建工程，包括地面与楼面工程、门窗工程等。

4. 电气管线、上下水管线的安装工程

建筑物在正常使用过程中如出现电器、电线漏电，照明灯具坠落，上下水管道漏水、堵塞等属于电气管线、上下水管线的安装工程的质量问题的，施工企业应当承担保修责任。

5. 供热、供冷系统工程

包括暖气设备、中央空调设备等的安装工程等，施工企业也应对其质量承担保修责任。

6. 其他应当保修的项目范围

凡属国务院规定和合同约定应由施工企业承担保修责任的项目，施工企业都应当负责保修。

同时，《房屋建筑工程质量保修办法》第17条规定，下列情况不属于本办法规定的保修范围：

(1) 因使用不当或者第三方造成的质量缺陷。建设单位和施工单位在保修期内承担免费保修责任的前提是在正常使用的条件下，因非正常使用，如未按照建筑物的用途或相关使用说明书的规定来使用的情况下造成的损坏或质量问题则不在保修范围内。第三方造成的质量缺陷主要发生在房屋相邻各方因装修、拆迁、建造等行为而造成的房屋破坏，此种情况下应当由直接侵害人承担赔偿责任

(2) 不可抗力造成的质量缺陷。《民法通则》第153条规定：本法所称的"不可抗力"，是指不能预见、不能避免并不能克服的客观情况。不可抗力是指人力所不可抗拒的力量，它包括某些自然现象（如地震、台风、洪水、海啸等）和某些社会现象（如战争等）。不可抗力是独立于人的行为之外，并且不受当事人的意志所支配的现象，它在各国法律中都是免责事由。除法律另有规定外，不可抗力将导致当事人被部分或者全部免责。在建设工程质量保修中，因不可抗力产生的风险随着建筑物的交付而转移到建设单位身上，因此，因不可抗力产生的维修费用应由建设单位承担。

上述保修范围属于法律有强制性规定，如果超出该范围的其他项目的保修不是强制的，而是属于发承包双方意思自治的领域。

三、建设工程质量保修期及起算时间

（一）质量保修期和缺陷责任期

2013版《施工合同示范文本》的"缺陷责任与保修"条款中，首先规定了"工程保修的原则"，对"缺陷责任期"和"质量保修期"概念进行了区别，缺陷责任期是指工程实际竣工之后在双方约定的期限内由承包方承担缺陷责任的期限，质量保修期是指工程经竣工验收合格之后在法律法规规定的最低保修期内或双方约定的保修期内由承包方承担缺陷责任的期限。二者的区别在于起算时间不一样，期限也不相同，保修期限由法律强制规定，有最低保修期限，缺陷责任期限则由双方进行约定，一般为6个月、12个月、24个月等。

（二）建设工程最低保修期限

建设工程在保修范围和保修期限内发生质量问题的，施工单位应当履行保修义务，并对造成的损失承担赔偿责任。最低保修期限同样属于法律强制性规定，发承包双方约定的保修期限不得低于条例规定的期限，但可以延长。《建设工程质量管理条例》第40条规定了保修范围及其在正常使用条件下各自对应的最低保修期限：

（1）基础设施工程、房屋建筑的地基基础工程和主体结构工程，为设计文件规定的该工程的合理使用年限；

（2）屋面防水工程、有防水要求的卫生间、房间和外墙面的防渗漏，为5年；

（3）供热与供冷系统，为2个采暖期、供冷期；

（4）电气管线、给排水管道、设备安装和装修工程，为2年。

《房屋建筑工程质量保修办法》第7条规定，在正常使用条件下，房屋建筑工程的最低保修期限为：

（1）地基基础工程和主体结构工程，为设计文件规定的该工程的合理使用年限；

（2）屋面防水工程、有防水要求的卫生间、房间和外墙面的防渗漏，为5年；

（3）供热与供冷系统，为2个采暖期、供冷期；

（4）电气管线、给排水管道、设备安装为2年；

（5）装修工程为2年。

其他项目的保修期限由建设单位和施工单位约定。

（三）保修期的起算时间

依照《建设工程质量管理条例》第40条第3款和《房屋建筑工程质量保修办法》第8条的规定，房屋建筑工程保修期从工程竣工验收合格之日起计算。竣工验收合格之日是建设单位收到建设工程竣工报告后，组织设计、施工、工程监理等有关单位进行竣工验收，验收合格后各方签署竣工验收文本的日期。上述规定是指在建设工程正常验收合格的情况下，但是在不能正常竣工验收的情况下，保修期的起算时间可结合《建设工程施工合同解释》第14条的规定来推定。根据《建设工程质量管理条例》第49条第2款的规定，建设行政主管部门或者其他有关部门发现建设单位在竣工验收过程中有违反国家有关建设工程质量管理规定行为的，责令停止使用，重新组织竣工验收。在这种情况下保修期自各方都认可的重新组织竣工验收的日期起计算。

开发商对商品房建设项目的保修期起算时间并不适用竣工验收合格日期,因为从商品房验收合格到购房者购买很有可能已经过了保修期,如果再将竣工验收合格日期作为商品房保修期的起算时间对购房者是不公平的,因此建设部在《商品住宅实行住宅质量保证书和住宅使用说明书制度的规定》(建房〔1998〕第102号)中第6条规定:"住宅保修期从开发企业竣工验收的住宅交付用户使用之日起计算,保修期限不应低于本规定第5条规定的期限,保修期限按国家规定执行。"因此商品房建设项目开发商对用户的保修期要从房屋(现房)交付之日起算。但开发商对商品房的保修期限并不排除施工单位对商品房建设项目的质量保修责任,我国《建筑法》第80条规定,在建筑物的合理使用寿命内,因建筑工程质量不合格受到损害的,有权向责任者要求赔偿。这条法律同时也确立了我国建设工程损害赔偿期的法律制度,即在整个合理使用寿命期内,因工程质量不合格造成损害的,责任者均应赔偿的法律制度,其中责任者并不仅指施工单位。

前述案例中,中建系统某公司与上海某公司约定建设工程质量保修期为1年,该约定不符合法律的规定,争议双方在约定建设工程保修期时,只能高于法律规定的标准,不能低于法律规定的标准。对此,在双方协议没有全部遵守法律的规定时,对法律有明确规定的保修期限的部位,按法律规定的保修期,对法律没有明确规定保修期的部位,则按双方约定的保修期。根据设计文件所规定的该工程的合理使用年限一般是指建筑物的设计单位按设计的建筑物的地基基础和主体结构形式、施工方式和工艺等技术条件所确定的保证该建筑物正常使用的最低年限。同时,无论是法定的保修期,还是约定的保修期,保修期起算时间均自建设工程竣工验收合格之日起计算,而不是从承包方发出竣工验收报告之日起算。

四、建设工程质量保修程序和保修费用

(一)建设工程质量保修程序

根据《房屋建筑工程质量保修办法》第9~12条的规定,建设工程质量保修的程序如下:

(1)房屋建筑工程在保修期限内出现质量缺陷的,建设单位或者房屋建筑所有人应当向施工单位发出保修通知。施工单位接到保修通知后,应当到现场核查情况,在保修书约定的时间内予以保修。发生涉及结构安全或者严重影响使用功能的紧急抢修事故,施工单位接到保修通知后,应当立即到达现场抢修。

(2)发生涉及结构安全的质量缺陷,建设单位或者房屋建筑所有人应当立即向当地建设行政主管部门报告,采取安全防范措施;由原设计单位或者具有相应资质等级的设计单位提出保修方案,施工单位实施保修,原工程质量监督机构负责监督。

(3)保修完成后,由建设单位或者房屋建筑所有人组织验收。涉及结构安全的,应当报当地建设行政主管部门备案。

(4)施工单位不按工程质量保修书约定保修的,建设单位可以另行委托其他单位保修,由原施工单位承担相应责任。

(二) 保修费用

《建设工程价款结算暂行办法》(财建 [2004] 369 号) 第 14 条规定, 发包人收到承包人递交的竣工结算报告及完整的结算资料后, 应按本办法规定的期限(合同约定有期限的, 从其约定)进行核实, 给予确认或者提出修改意见。发包人根据确认的竣工结算报告向承包人支付工程竣工结算价款, 保留 5%左右的质量保证(保修)金, 待工程交付使用一年质保期到期后清算(合同另有约定的, 从其约定), 质保期内如有返修, 发生费用应在质量保证(保修)金内扣除。

《建设工程质量管理条例》第 41 条规定: "建设工程在保修范围和保修期限内发生质量问题的, 施工单位应当履行保修义务, 并对造成的损失承担赔偿责任。"《房屋建筑工程质量保修办法》第 13 条规定, 保修费用由质量缺陷的责任方承担。对于建设工程的保修费用具体处理如下: 因勘察、设计、施工图审查、施工、监理、工程质量检测等原因造成的质量缺陷, 维修费用按合同约定由相关单位分别承担。因建筑材料、建筑构配件和设备质量不合格造成质量缺陷, 属于施工单位采购的, 由施工单位承担; 属于建设单位采购的, 由建设单位承担。因建设单位的原因造成工程质量缺陷的, 由建设单位承担。商品房在销售合同质量保证期限内出现工程质量缺陷, 由建设单位承担保修责任和维修费用, 建设单位可以依法向有关责任单位追偿。因用户使用不当影响房屋及其附属设施质量的, 由用户承担维修费用。

五、建设工程质量保险

建设工程质量保险是一种转移在工程建设和使用期间由可能的质量缺陷引起的经济责任的方式, 它由能够转移工程技术风险、落实质量责任的一系列保险产品组成, 包括建筑工程一切险、安装工程一切险、工程质量保证保险和相关职业责任保险等。其中, 工程质量保证保险主要为工程竣工后一定期限内出现的主体结构问题和渗漏问题等提供风险保障。

建筑工程质量保险制度在《建筑法》中未作明确的规定, 该法第 62 条仅规定了建设工程实行质量保修制度。实践中为了保证施工单位承担保修责任, 往往会要求施工单位交纳一定的质量保证金, 因质量保证金的收取和返还引发的争议和纠纷并不少见。2005 年, 建设部和保监会联合发布了《关于推进建设工程质量保险工作的意见》, 要求推进建设工程质量保险制度, 该制度的建议对于化解工程建设各方技术及财务风险、维护社会稳定、促进建设各方诚实守信都具有重要意义。意见提出了建筑工程质量保险制度的基本框架, 明确了工程保险的种类、投保的项目类型和投保主体, 主要内容如下:

(1) 大型公共建筑和地铁等地下工程的建设单位要高度重视技术风险管理工作, 应积极投保建设工程质量保险。其他类型的工程为了加强风险管理, 也应根据情况投保建设工程质量保险。工程勘察单位、设计单位、监理单位、施工图审查机构、工程质量检测机构等应积极投保相应的责任保险。

(2) 商品房的开发单位以及施工单位应积极投保建设工程质量保证保险等关系到工程使用人利益的相关保险。

(3) 鼓励建设单位(或开发单位)牵头, 就建设工程项目统一投保。

(4) 保险公司要努力发展风险管理技术，对投保的工程项目，可委托有资质的工程监理单位、工程质量检测单位、经建设行政主管部门认定的施工图审查机构对建设工程施工图设计文件和施工过程进行检查，或进行技术风险分析评估，根据工程技术风险状况，逐步实行费率差异化。

(5) 各有条件的保险公司应遵循市场经济规律，在有效防范风险的前提下，积极开发能满足工程建设需要的保险产品。保险条款既要符合国际惯例，又要适应我国基本建设规模大、地区发展不平衡的实际情况。

六、有关建设工程质量保修的争议及处理

(一) 关于保修期限的争议

建设工程质量与人的生命安全息息相关，为了保障生命安全与财产安全，必须确保建设工程质量。建设工程的保修期是约束施工单位对建设工程质量进行保修的期限，直接决定施工单位的保修责任。

在建设工程质量保修责任纠纷中，有关保修期限约定的争议主要表现在以下几个方面：

(1) 双方对于保修期限没有约定，出现工程质量问题后，双方因施工单位是否承担保修责任而引发争议；

(2) 双方约定了保修期限，但约定的保修期限短于法定期限，此时在超出约定的期限后建设工程出了质量问题，建设单位要求施工单位承担保修责任，而施工单位以不在保修期内而予以拒绝；

(3) 双方约定的保修期限长于《房屋质量管理条例》等法规所规定的期限，超出法定期限后，建设工程出现质量问题，建设单位要求施工单位承担保修责任，而施工单位以超出了法定保修期而予以拒绝。

《建设工程质量管理条例》第 40 条规定，在正常使用条件下，建设工程的最低保修期限为：基础设施工程、房屋建筑的地基基础工程和主体结构工程，为设计文件规定的该工程的合理使用年限；屋面防水工程、有防水要求的卫生间、房间和外墙面的防渗漏，为 5 年；供热与供冷系统，为 2 个采暖期、供冷期；电气管线、给排水管道、设备安装和装修工程，为 2 年。该条规定是对建设工程的各部位进行保修的最低期限，说明施工单位在最低保修期内均应对建设工程承担保修责任。条例并不禁止建设单位与施工单位就建设工程的保修期限进行约定。

在建设单位与施工单位就保修期限发生争议时，处理原则如下：

(1) 如果双方没有对保修期限进行约定，则施工单位应当根据该条例在最低保修期限内承担保修责任；

(2) 如果双方约定的法定部位的保修期限长于《建设工程质量管理条例》规定的期限，则按双方的约定履行；

(3) 如果双方约定的法定部位的保修期限短于《建设工程质量管理条例》规定的期限，则双方有关法定部位的保修期的约定无效，非法定部位的保修期限的约定有效。施工单位应当按照条例所规定的最低保修期限内对建设工程的法定部位承担保修责任，对非法定部位则在合同约定的保修期限内承担保修责任。①

(二) 关于质量保证金的返还争议

质量保证金是施工单位与建设单位在工程承包合同中约定或施工单位在工程质量保修书中承诺,在建筑工程竣工验收交付使用后,从应付的建设工程款中预留的用以维修建设工程质量问题的资金。对于质量保证金的支付时间、支付方式,建设单位与施工单位可以在合同中进行约定。《建设工程质量保证金管理暂行办法》第2条规定:"本办法所称建设工程质量保证金(保修金)是指发包人与承包人在建设工程承包合同中约定,从应付的工程款中预留,用以保证承包人在缺陷责任期内对建设工程出现的缺陷进行维修的资金。"实践中常见的质量保证金的争议主要表现在以下两个方面:

1. 扣除的质保金数额过高引起的争议

建设工程实行质量保修制度,在办理竣工验收手续后,在规定的保修期内,如产生质量缺陷,应由施工方负责维修。在涉及施工方保修责任的问题上,当事人对质量保修金往往约定采用留置工程款的方式,通常在"保修期满后"返还留置的质保金。《建设工程价款结算暂行办法》第14条规定,发包人收到承包人递交的竣工结算报告及完整的结算资料后,应按本办法规定的期限(合同约定有期限的,从其约定)进行核实,给予确认或者提出修改意见。发包人根据确认的竣工结算报告向承包人支付工程竣工结算价款,保留5%左右的质量保证(保修)金,待工程交付使用一年质保期到期后清算(合同另有约定的,从其约定),质保期内如有返修,发生费用应在质量保证(保修)金内扣除。该办法确定质量保证金的扣留比例为工程价款的5%左右,因此工程价款的5%左右是质量保证金的合理数额,超出部分除非双方有约定,否则建设单位无权擅自扣除超出《建设工程价款结算暂行办法》所规定的数额。

2. 发包人未经承包人审核自行对工程进行维修,承包人不认可所发生的维修费用而引发的争议

《建设工程质量保证金管理暂行办法》第8条规定,缺陷责任期内,由承包人原因造成的缺陷,承包人应负责维修,并承担鉴定及维修费用。如承包人不维修也不承担费用,发包人可按合同约定扣除保证金,并由承包人承担违约责任。承包人维修并承担相应费用后,不免除对工程的一般损失赔偿责任。在建筑工程施工合同中约定保证金,是为了在保修期内出现了可归责于承包方的质量缺陷时,督促其履行法律规定、合同约定的保修义务,维护业主的合法权益。如果承包方怠于履行保修义务的,发包方有权代为履行保修义务、赔偿业主损失,从保修金中扣除维修和赔偿费用,对超出保修金预留部分的,有权向其追偿。《房屋建筑工程质量保修办法》第9条规定,房屋建筑工程在保修期限内出现质量缺陷,建设单位或者房屋建筑所有人应当向施工单位发出保修通知。施工单位接到保修

---

① 对于保修期的争议各省法院有相应的指导意见,如浙江省高级人民法院于2012年4月5日发布的《关于审理建设工程施工合同纠纷案件若干疑难问题的解答》中规定,建设工程施工合同中约定的保修期限低于国家和浙江省规定的最低期限,该约定应认定为无效。但如果双方约定建设工程法定部位的保修期限长于《建设工程质量管理条例》规定的期限,此约定应当认定为有效,《建设工程质量管理条例》只是规定法定部位的最低保修期限,而并非法定的固定期限,条例并未禁止双方自行约定保修期限。

通知后,应当到现场核查情况,在保修书约定的时间内予以保修。因此建设工程保修的程序是发现质量问题时建设单位首先通知施工单位,发出保修通知而不是擅自维修。但如建设单位能证明缺陷系由施工单位所造成,仍可以要求施工单位在合理范围内承担维修费用。

(三) 商品房买卖合同约定的保修期与质量保证书不一致引发的争议

商品房买卖中购房人购买了房屋却发现商品房买卖合同中约定的保修期与住宅质量保证书规定的不一致,对于该保修期如何确定的问题,在购房人与开发商之间易引起纠纷。我国从1998年9月1日开始实行新建商品住宅的质量保证书制度,建设部建房（1998）102号《关于商品住宅实行住宅质量保证书和住宅使用说明书制度的规定》(以下简称《住宅质量保证书规定》)首次明确规定开发商在向购房者交付房屋时,应出具《质量保证书》和《使用说明书》。规定第5条、第6条确定了质量保证书的内容和保修期起算时间。

《住宅质量保证书规定》第5条规定,《住宅质量保证书》应当包括以下内容:

(1) 工程质量监督部门核验的质量等级。

(2) 地基基础和主体结构在合理使用寿命年限内承担保修。

(3) 正常使用情况下各部位、部件保修内容与保修期。

①屋面防水3年;

②墙面、厨房和卫生间地面、地下室、管道渗漏1年;

③墙面、顶棚抹灰层脱落1年;

④地面空鼓开裂、大面积起砂1年;

⑤门窗翘裂、五金件损坏1年;

⑥管道堵塞2个月;

⑦供热、供冷系统和设备1个采暖期或供冷期;

⑧卫生洁具1年;

⑨灯具、电器开关6个月;

⑩其他部位、部件的保修期限,由房地产开发企业与用户自行约定。

(4) 用户报修的单位,答复和处理的时限。

《住宅质量保证书规定》第6条规定,住宅保修期从开发企业将竣工验收的住宅交付用户使用之日起计算,保修期限不应低于本规定第5条规定的期限。房地产开发企业可以延长保修期。国家对住宅工程质量保修期另有规定的,保修期限按照国家规定执行。

《住宅质量保证书规定》第5条对住宅的各个部位确定了最低保修期限,第6条则包含了三个方面的内容,一是住宅保修起算时间,二是房地产开发企业可以延长保修期,即房地产开发企业延长保修期限的应以延长的保修期限为准。三是国家另有规定的,保修期限按照国家规定执行。

综合以上内容,商品房买卖合同约定的保修期与质量保证书不一致时,如果双方约定的保修期低于《住宅质量保证书规定》的最低保修期的,应当以《住宅质量保证书规定》的最低保修期为房地产开发企业承担保修责任的期间。对于买卖合同约定的保修期限长于国家规定的情况,属于开发商向购房者提供额外的质量保证,与国家规定不冲突,应尊重开发商与购房者的意思自治，此种约定应为有效。

【典型案例】

  2000年6月18日、2001年3月23日、2001年5月31日，某房地产公司与某工程公司签订三份施工合同，约定由某工程公司负责某房地产公司项目办公楼、门面房、一期商店1号楼、2号楼及B、C型公寓的建筑施工及水电安装，合同对房屋建筑工程质量保修问题进行了约定。合同签订后，某工程公司进行了施工并已交付使用。其中，项目商业店面（南楼）于2001年4月17日竣工验收；项目商业店面（北楼）于2001年4月27日竣工验收，项目商业店面C楼（花店）于2001年10月11日竣工验收；项目办公楼于2002年4月26日竣工验收；酒店公寓10号-B型于2002年6月19日竣工验收；酒店公寓12号-B型于2002年6月19日竣工验收；酒店公寓14号-B型于2002年6月19日竣工验收；酒店公寓16号-B型于2002年6月19日竣工验收；酒店公寓18号-B型于2002年6月19日竣工验收；酒店公寓20号-B型于2002年6月19日竣工验收；酒店公寓22号-C型于2002年6月19日竣工验收。上述工程竣工验收时的等级均为优良，工程总造价为16 106 713.33元，按照双方合同约定预留的保修金为483 201元，其中屋面防水工程、有防水要求的卫生间、房间和外墙面防渗漏的保修期未满，该部分保修金为8 707.2元。2005年1月5日某工程公司起诉到法院，要求某房地产公司返还到期质保金及利息共计83.55万元。

  法院经审理认为，某房地产公司收取某工程公司483 201元的质量保修金，事实清楚，证据充分。保修期满后，被告应将保修金退还原告。某工程公司主张只返还443 201元，未违反法律规定，法院予以支持。某房地产公司辩称目前工程存在严重质量问题，要求某工程公司进行维修，而就质量问题，某房地产公司未提供证据；要求进行维修，属于合同履行范畴，不属于本案处理的范畴。因此，对于某房地产公司的抗辩理由，法院不予采纳。某工程公司主张工程款利息，但在法庭规定的期限内未交纳案件受理费，因此，对利息的诉讼请求，法院不予处理。据此判决如下：（一）本判决生效后10日内，被告某房地产公司退还原告泰州市建设工程有限公司保修金443 201元；（二）驳回某工程公司的其他诉讼请求。

  某房地产公司不服法院民事判决，向中院提起上诉称：1. 一审认定事实失实，诉讼主体表述不清；某工程公司履行施工合同逾期交付，依约应承担全额损失及违约责任，原审中缺乏此项事实的审查及认定；原审中对上诉人的辩称理由表述不全，违背上诉人的真实全面的意思表示；原审判决书对计算质保金及确认质保金依据不明且无表述；认定是质保金，到判决主文却是保修金；某工程公司承建工程存在严重质量问题，不具备主张权利的诉权及条件。2. 一审法院忽略主要证据，认定事实依据不足。3. 原审法院适用法律错误。4. 原审法院将一案分拆两案，规避级别审限。5. 某工程公司未尽给付施工发票义务，偷税漏税。6. 根据施工合同中的工程质量保修书的约定，质量保修金的返还尚未到期，某工程公司不具备主张权利的条件。综上所述，请求二审法院依法改判。

  某工程公司答辩称：该工程在2002年经过市质监部门会同有关单位进行了综合

验收,结果是优良,工程质量完全合格。某房地产公司在一审期间未向法庭提交证据证明工程有质量问题,无法推翻验收报告的证明,某房地产公司认为由于工程质量存在问题,质保金不应该返还的观点不能成立。所谓质保金的返还,是指承包人和发包人在合同中约定的在工程款中预留的用以保证工程保修的保证金,退一步讲如果我们没有尽到维修的义务,上诉人可以自行维修并从预留的保修金中扣除。一审期间我方证人证实在合同期内我们履行了相关的义务,上诉人并未向法庭提供代为维修的证据,也未提供已经发生的维修费用的票据,所以一审法院扣除了屋面等尚未到期的部分,判决返还已到期的质保金是正确的。由于这些质保金到期后,上诉人没有及时返还,在法律上就形成了一种债的关系,而不能狭隘地把债的关系理解为还债,一审法院适用法律是完全正确的。对于上诉人提到的工程逾期交付、一案两拆规避级别管辖、没有开发票偷税漏税的问题,与本案要求返还的质保金没有关联性,与本案无关。综上,一审法院是在查清案情的基础上,正确适用法律,判决是合法的,请求予以维持。

经双方当事人确认,本案争议的焦点为,一审法院判决上诉人退还某工程公司工程质量保修金443 201元是否适当。

在二审期间,另查明,双方当事人就上述工程的工程款及施工过程中的违约问题已另案诉讼。

上诉人某房地产公司主张某工程公司施工的工程存在质量问题,为证明其主张上诉人提交了以下证据:(1)房屋安全鉴定报告一份,证明某工程公司施工的其中一栋房屋存在质量问题;(2)证据保全公证书一份,证明某工程公司施工的自来水管存在质量问题。对此,某工程公司认为,公证书是2005年5月23日制作形成的,是在一审庭审期间就存在的证据;房屋安全鉴定报告系上诉人单方委托,上诉人在一审期间未要求进行现场勘察或委托有关机构进行司法鉴定,以上证据均不属于二审期间的新证据,不予质证。

二审法院认为,上列双方当事人签订的建设工程施工合同是在平等自愿的基础上签订的,系双方当事人的真实意思表示,内容不违反国家法律和行政法规的强制性规定,施工的工程已实际交付使用,合同合法有效。首先,本案涉及的所有工程经市质量监督部门会同有关单位进行了综合验收,结论为优良工程。双方当事人对于按照合同约定预留的保修金数额无异议,但对于某工程公司要求返还到期保修金的诉讼请求,上诉人以房屋存在质量问题予以抗辩,但其在一审期间只向法院提交了部分照片,上诉人主张工程在使用过程中存在的质量问题,不能推翻质检部门对工程质量等级的认定,难以否定其效力。一审法院认定其主张证据不足,并无不当。上诉人虽然在二审期间提交了证据保全公证书(照片)及房屋安全鉴定报告,鉴于其从一审开始就以存在质量问题予以抗辩,因此,关于工程是否存在质量问题的证据应在一审法院规定的举证期限内提交。上诉人在二审期间提交的公证书,是在一审法院审理期间形成的;上诉人在二审期间提交的房屋安全鉴定报告,系上诉人单方委托,根据双方合同约定,如果存在质量争议应由双方共同认可的质检部门做出检测。即使双方对检测机构不能达成一致意见,上诉人可以申请人民法院委托有资质的质检部门对房屋是否存在质量问题进行质量鉴定,但其在一二审期间均未提出鉴定申请;上诉人亦未向一审法院提出延期举证的申请,故上诉人在二审期间提交的上述证据不属于证据规则规定的属于新的证据的情形之一,不能作为新的证据使用。根据本案查明的事实,某工程公司施工的工程已竣工验收并交付使用,即使工程在使用过程中出现质量问题,也应当依照建筑工程保修的有关规定进行处理。因此,上诉人关于房屋存在质量问题,保修金不应返还的主张,证据不足,本院不予采信。其次,上诉人提出房屋存在质量瑕疵需要维修及未到保修期部分的维修问题。双方可以按照合同约定由某工程公司履行保修义务,如果某工程公司未履行保修义务,上诉人可以自行维修并提供其实际支付维修金的票据,在预留的保修金中予以扣除。上诉人在一审期间虽提交了修缮工程预算书,但未提交实际发生维修费用的票据,因此,其主张已自行维修的证据不足,致一审法院无法从预留的保修金中扣除该费用。再次,关于应该返还保修金的数额。双方合同约定预留的保修金为483 201元,其中屋面防水工程、有防水要求的卫生间、房间和外墙面防渗漏的保修期未满,因双方合同只约定按照施工合同价的3%预留保修金,未对具体需要保修的部位分别约定保修金数额。某工程公司主张未到期保修金为8 707.2元并提供了计算清单,上诉人虽然对该数字有争议,但未提供具体的计算依据及数字。在此种情况下,一审法院根据某工程公司提供的计算清单及诉讼请求,在扣除未到期的保修金后,判决上诉人返还某工程公司到期质保金443 201元并无不当。上诉人主张地基基础工程和主体结构部分未到保修期,保修金最快应在5年后返还,因此该部分费用现在不应返还。我国《建筑法》及《房屋建筑工程质量保修办法》均规定,我国实行房屋建筑工程质量保修制度。其中,地基基础工程和主体结构工程的保修期限,为设计文件规定的该工程的合理使用年限。该规定是法律强制性规定,要求承包人必须确保地基基础工程和主体结构在建筑物合理使用寿命内不能出现问题,这是承包人依照法律规定必须履行的工程质量保证义务,否则就必须承担民事责任。如果上诉人认为某工程公司施工的地基基础工程和主体结构存在质量问题,可以在建筑物设计使用年限内要求某工程公司按照上述法律规定履行保修义务,但不能因此拒绝返还该部分保修金,其主张应于5年后返还,亦无法律依据,本院不予采纳。最后,关于上诉人提出的某工程公司在施工过程中存在逾期交工的违约行为、一案两拆规避级别管辖、未开发票偷税漏税等问题,因双方当事人就工程款及违约金问题已另案诉讼,对上述问题本案不予理涉。综上所述,上诉人的上诉请求,不能成立,本院不予支持。原审法院的判决,认定事实清楚,适用法律正确,应予以维持。二审法院判决驳回上诉,维持原判。①

◎ 思考题:

1. 建设工程竣工验收的法律意义是什么?

---

① 该案例来源于法帮网:http://www.fabang.com/a/20110823/379761.html,访问时间:2014年10月23日。

2. 竣工验收备案的法律性质是什么？
3. 工程移交的法律性质是什么？
4. 建设工程未经竣工验收发包人擅自使用的法律后果是什么？
5. 工程质量保修的范围有哪些？
6. 工程质量保修期的起算时间如何确定？

第七章 建设工程价款结算与支付

【本章导读】

工程价款结算是建设工程中一项非常重要的活动,有多种结算方式。承包商在工程实施过程中,依据承包合同中关于付款条款的规定和已经完成的工程量,有权依程序向建设单位收取工程价款。发包方与承包方可以在合同中约定预付工程款、工程进度款、工程竣工价款的支付和结算方式以及合同价款的调整等内容。建设工程在施工中会基于各种原因发生工程变更,因此要注意工程变更的程序以及工程变更所引发的工期及价款变更。工程价款的支付包括预付工程款、工程进度款、工程竣工价款的支付等内容,不论何种工程纠纷,最终都将归结到如何计价上,计价往往跟工程量、工期、工程计价标准、变更、竣工结算期限等相关联,纠纷也较为常见,对于此类纠纷的处理也是本章的学习重点。

第一节 工程价款结算的概述

【问题引入】

2013年4月15日,某建筑公司与某工厂签订了《建设工程施工合同》,由承包人承建校办公楼一栋,合同价款暂估人民币1 500万元,约定"工程应于2013年8月开工,应于2014年2月竣工,并达到约定的优良标准"。"某建筑公司若不能按承诺工期完工,按工程总价的15%支付违约金。""工程若达不到优良标准,某建筑公司支付甲方违约金人民币100万元。"

工程在2014年3月26日验收。2014年4月26日某建筑公司向某工厂递交了该工程的工程结算书,要求某工厂按合同约定给付余下工程款。某工厂以工程计价有问题,一直没有答复。

某建筑公司于2014年7月26日,向法院起诉,要求法院判令某工厂以某建筑公司递交的工程结算书结算工程价款。

问题:某建筑公司是否可以按照竣工结算日期结算工程价款?

一、工程价款结算的概念

工程价款结算是工程项目承包中的一项十分重要的工作,是承包人在工程实施过程中,在完成合同约定的工程量后,按照约定程序向发包人收取工程价款的一项经济活动。

《建设工程价款结算暂行办法》第 3 条规定，本办法所称建设工程价款结算（以下简称"工程价款结算"），是指对建设工程的发承包合同价款进行约定和依据合同约定进行工程预付款、工程进度款、工程竣工价款结算的活动。从该定义来看，工程价款结算只包括工程预付款、工程进度款、工程竣工价款结算三部分内容，不包括索赔一项，但是在该办法第 14 条第 5 款中又明确规定索赔是工程价款结算的内容之一。

二、工程价款结算的主要方式

（一）按月定期结算方式

按月定期结算方式是指每月由施工单位提出已完成工程月报表，连同工程价款结算账单，经建设单位签证并进行结算的方式。合同工期在两个年度以上的工程，在年终进行工程盘点，办理年度结算。

（二）分段结算方式

分段结算方式是对当年开工、当年不能竣工的工程按照工程进度，划分不同阶段支付工程进度款。分段结算可以按月预支工程款，分段的划分标准，可以由双方在合同中具体约定。

（三）目标结款方式

目标结款方式是在工程施工合同中，将工程分成不同的控制界面，以审定的施工图预算为基础，测算每个阶段的预支款数额。施工单位在完成单元工程后，通知建设单位进行验收，建设单位验收后支付构成单元工程内容的工程价款。

（四）竣工后一次结算方式

竣工后一次结算方式是针对规模较小的建设工程项目，一般建设项目或单项工程全部建筑安装工程建设期在 12 个月以内，或者工程承包合同价值在 100 万元以下的，可以实行工程价款每月月中预支，竣工后一次结算。

（五）结算双方约定的其他结算方式

建设单位与施工单位约定，在开工前支付部分工程款，用以施工单位作开工准备。约定的内容包括建设单位预付款拨付的时间、预付额度，开工后扣还备料款的起扣点、逐次扣还的比例以及办理的手续和方法等。

三、工程合同价款的约定

《合同法》第 275 条规定，施工合同的内容包括工程范围、建设工期、中间交工工程的开工和竣工时间、工程质量、工程造价、技术资料交付时间、材料和设备供应责任、拨款和结算、竣工验收、质量保修范围和质量保证期、双方相互协作等条款。《建筑法》第 18 条规定，建筑工程造价应当按照国家有关规定，由发包单位与承包单位在合同中约定。公开招标发包的，其造价的约定，须遵守招标投标法律的规定。发包单位应当按照合同的约定，及时拨付工程款项。2014 年《建设工程施工发包和承包计价管理办法》第 12 条规定，招标人与中标人应当根据中标价订立合同。不实行招标投标的工程由发承包双方协商订立合同。合同价款的有关事项由发承包双方约定，一般包括合同价款约定方式，预付工程款、工程进度款、工程竣工价款的支付和结算方式以及合同价款的调整情形等。

《建设工程价款结算暂行办法》第 7 条规定，发包人、承包人应当在合同条款中对涉及工程价款结算的下列事项进行约定：

(1) 预付工程款的数额、支付时限及抵扣方式；

(2) 工程进度款的支付方式、数额及时限；

(3) 工程施工中发生变更时，工程价款的调整方法、索赔方式、时限要求及金额支付方式；

(4) 发生工程价款纠纷的解决方法；

(5) 约定承担风险的范围及幅度以及超出约定范围和幅度的调整办法；

(6) 工程竣工价款的结算与支付方式、数额及时限；

(7) 工程质量保证（保修）金的数额、预扣方式及时限；

(8) 安全措施和意外伤害保险费用；

(9) 工期及工期提前或延后的奖惩办法；

(10) 与履行合同、支付价款相关的担保事项。

《建设工程施工合同解释》第 16 条第 1 款规定："当事人对建设工程的计价标准或者计价方法有约定的，按照约定结算工程价款。"根据《建设工程价款结算暂行办法》的规定，工程价款结算应按照合同约定办理，合同未作约定或约定不明的，发、承包双方应依照下列规定与文件协商处理：

(1) 国家有关规定、法律、法规和规章制度。

(2) 国务院建设行政主管部门，省、自治区、直辖市或有关部门发布的工程造价计价标准、计价办法等有关规定。

(3) 建设项目的合同、补充协议、变签证和现场签证，以及发、承包人认可的其他有效文件。

(4) 其他依据的材料。

前述案例中，承包人与发包人签订了建设工程施工合同，合同中约定了合同价款结算事项。在一般正常情况下，应当按照合同约定结算工程价款，工程经过竣工验收合格后，双方就应当结算。结算中，一般先由承包人提交竣工结算报告，由发包人审核或由发包人（或承、发包双方共同）委托有相应资质的工程造价咨询单位审价。但是，由于发包人收到承包人提交的工程结算文件后往往迟迟不予答复或者根本不予答复，根据《建设工程施工合同解释》第 20 条的规定，"当事人约定发包人收到竣工结算文件后，在约定期限内不予答复，视为认可竣工结算文件的，按照约定处理。承包人请求按照竣工结算文件结算工程价款的，应予支持"。因此，在某工厂没有答复的情况下，某建筑公司可以按照竣工结算日期结算工程价款。

四、工程价款的确定方式

《建设工程价款结算暂行办法》第 8 条规定，发、承包人在签订合同时对于工程价款的约定，可选用下列一种约定方式：(1) 固定总价。合同工期较短且工程合同总价较低的工程，可以采用固定总价合同方式。(2) 固定单价。(3) 可调价格。可调价格包括可调综合单价和措施费等，双方应在合同中约定综合单价和措施费的调整方法。

合同价款的确定方式是与施工技术难易程度和施工承包范围相对应的，这是一定的承包范围的前提条件。具体而言，承包方与发包方可以根据工程的实际情况确定双方合同价款的计价方式。

（一）固定总价

固定总价合同，又称为"包死价合同"或者"一口价合同"，是指合同的价格计算是以图纸及规定、规范为基础，工程任务和内容明确，业务的要求和条件清楚，合同总价一次包死，固定不变，即不再因为环境的变化和工程量的增减而变化的一类合同。在这类合同中，承包商承担了全部的工作量和价格的风险。[①]

（二）固定单价

双方在合同中约定综合单价包含的风险范围和风险费用的计算方法，在约定的风险范围内综合单价不再调整。风险范围以外的综合单价调整方法，应当在合同中约定。固定价格合同可以分为固定总价合同（即量与价之积的总价不变）和固定单价合同（即量与价之积的总价中，价是不变，量是按实计算）。因此固定单价是指双方在合同中约定的单价，在未出现合同约定的调价情况下不作调整，竣工结算价则是在单价不变的前提下，计算承包单位实际完成的工程量而计算的工程造价。

（三）可调价格方式

可调价格方式是双方在合同中约定可以对工程价款依据一定的方式进行调整的方式。具体调整的方法和影响调整的因素，可在合同中约定。

《建设工程价款结算暂行办法》第8条第3款规定，可调价格包括可调综合单价和措施费等，双方应在合同中约定综合单价和措施费的调整方法，调整因素包括：

（1）法律、行政法规和国家有关政策变化影响合同价款；

（2）工程造价管理机构的价格调整；

（3）经批准的设计变更；

（4）发包人更改经审定批准的施工组织设计（修正错误除外）造成费用增加；

（5）双方约定的其他因素。

（四）工程量清单计价方式

工程量是以定额计量单位和物理计量单位所表示的各分项工程量或结构构件的数量，是编制施工图预算的重要基础数据。工程量清单是工程量清单计价的基础，是编制招标控制价、投标报价、计算工程量、支付工程款、调整合同价款、办理竣工结算以及工程索赔等的依据之一。工程量清单由分部分项工程量清单、措施项目清单、其他项目清单、规费项目清单、税金项目清单组成。

工程量计算准确与否将直接影响到工程造价的准确性，为了预防和化解工程结算中的纠纷，2014年2月1日起施行的《建筑工程施工发包与承包计价管理办法》中大力推行工程量清单计价方式。办法第6条规定国有资金投资的建筑工程，应当采用工程量清单计价；非国有资金投资的建筑工程，鼓励采用工程量清单计价。

《建筑工程施工发包与承包计价管理办法》第13条规定发承包双方在确定合同价款

---

① 李炎著：《建设工程法律风险防范笔记》，法律出版社2012年版，第97页。

时，应当考虑市场环境和生产要素价格变化对合同价款的影响。实行工程量清单计价的建筑工程，鼓励发承包双方采用单价方式确定合同价款。对于建设规模较小、技术难度较低、工期较短的建筑工程，发承包双方可以采用总价方式确定合同价款。紧急抢险、救灾以及施工技术特别复杂的建筑工程，发承包双方可以采用成本加酬金方式确定合同价款。

第二节 工程变更与合同价款调整

【问题引入】

  2007年2月5日，某公司与某建筑公司签订了《某大厦建设工程施工合同》。合同约定：承包范围为大厦及裙房，建筑面积为30 000平方米，工程造价暂估2 928万元，开竣工时间为2007年2月10日和12月31日。

  在合同履行过程中，由于某公司对建筑工程不很熟悉，前期筹划不足，在施工过程中，工程变更比较多，且对工程变更通知并非都是书面形式发出，对某建筑公司提出的变更工程价款的要求，也并非都明确答复。

  2008年1月30日，工程通过了竣工验收，某建筑公司在规定的时间内向某公司提交了竣工结算报告，某公司对计价方式认可，但是对建筑公司提出的300万元的工程变更所涉及的工程价款不认可。理由是有一部分工程变更没有签证；有一部分工程变更虽有签证，但价格没有确定，应按某建筑公司工程量清单中相似的价格确定。而某建筑公司认为：只要某公司要求或同意自己施工的，均应计价；对只确定工程变更而未确认计价标准的工程签证，其计价应按当地定额计价。

  由于双方无法达成一致，2008年8月20日，某建筑公司向法院提起诉讼，要求某公司支付由于工程变更所增加的工程款300万元。

  问题：如何确定工程变更后的工程量与工程价款？

由于工程建设的周期长，涉及的经济关系和法律关系复杂，受自然条件和客观因素的影响大等原因，导致项目施工的实际情况与项目招标投标时的情况相比会发生一些变化。

一、工程变更的分类

工程变更依据变更内容可划分为设计变更、工作范围变更、施工变更和技术标准变更等形式。

（一）设计变更

设计变更是建设工程施工合同履约过程中，对原设计内容进行的修改、完善和优化。在施工前或施工过程中，对设计图纸任何部分的修改或补充都属于设计变更。建设单位、工程师、设计单位、施工单位也均可提出设计变更。如建设单位对项目功能的局部改变而提出设计变更，设计单位因对原设计图纸修改和完善会提出设计变更，工程师和承包方对项目合理的建议也会产生设计变更。

设计变更包含的内容十分广泛，是工程变更的主体内容，占有工程变更的较大部分。常见的设计变更原因有：因设计错误或图示错误而进行的设计变更；因设计遗漏或设计深度不够而进行的设计补充或变更；应发包人、监理人请求或承包人建议对设计所作的优化调整等。在施工过程中如果发生设计变更，将会对施工进度产生影响。

（二）工作范围变更

工作范围变更是指业主或工程师指令承包商完成超出其在投标时估计的工作或超出原合同工作范围的工作的一种活动。工作范围的变更是最为普遍的工程变更现象，通常表现为工作量的增加或减少。

工作范围变更主要表现为两种形式：一是附加工程，是指那些完成合同所必不可少的工程，有可能在合同范围之内，也有可能在合同范围之外。如果缺少了这些工程会导致合同项目不能发挥合同预期的作用，因此无论这些工作是否列入项目的合同范围之内，承包商必须按变更来完成工作。二是额外工程，是指未包括在合同范围内的工作。如果没有这些工作，工程仍可正常运行并发挥效益，所以额外工程是一个"新增的工程项目"，而不是原合同范围内的一个"新的工程项目"。①

（三）施工变更

施工变更主要表现为施工进度、施工顺序、施工方案等的变更。包括发包人未能按合同约定提供必需的施工条件以及发生不可抗力导致工程无法按预定计划实施，在施工作业过程中建设单位因上级指令、技术因素或经营需要，调整原定施工顺序和时间安排，工程师现场指令对施工顺序改变和施工顺序进行调整。在施工过程中，承包人因工程地质条件变化、施工环境或施工条件的改变等因素影响，向监理工程师或发包人提出改变原施工措施方案等。

（四）技术标准变更

技术标准变更主要见于正在实施的工程中，建设单位基于造价、进度等因素要求施工单位提高或降低施工的技术标准，改用不同品牌、规格、型号建筑材料等。技术标准变更将会影响到建设工程的质量。

除上述分类外，工程变更还可作其他分类，如依据变更性质、变更费用及影响划分为重大变更、重要变更和一般变更；根据提出变更申请和变更要求的主体不同将工程变更划分为筹建处变更、施工单位变更、监理单位变更；根据变更的对象不同分为工程量变更、工程项目的变更（如发包人提出增加或者删减原项目内容）、进度计划的变更、施工条件的变更等；按照变更的起因分为发包人的变更指令（包括发包人对工程有了新的要求、发包人修改项目计划、发包人削减预算、发包人对项目进度有了新的要求等）、由于设计错误，必须对设计图纸做修改、工程环境变化、由于产生了新的技术和知识有必要改变原设计、实施方案或实施计划、法律法规或者政府对建设项目有了新的要求等。当然，上述分类并不是十分严格的，变更原因也不是相互排斥的。这些变更最终往往表现为设计变更，因为我国要求严格按图设计，如果变更影响了原来的设计，则首先应当变更原设计。

二、工程变更的程序

建设工程变更一方面会影响工程本身的质量要求，同时也会影响到施工方的工作量、

---

① 吴书安：《工程变更的分类控制》，载《建筑经济》2007年第7期，第82页。

工程价款变更等经济利益。因此在涉及工程变更时需要遵循一定的管理制度，符合一定的程序。

按图施工是建筑企业首要遵循的基本原则，《建筑法》第58条、《建设工程质量管理条例》第28条均明确规定了建筑企业必须按照工程设计图纸和施工技术标准施工，不得偷工减料。建筑企业在施工过程中如果发现施工设计文件与图纸存在错误，负有及时向发包人提出的法定义务。同时，未经发包人同意，建筑企业不得擅自修改图纸，工程设计图纸的修改必须经过发包人同意且由原来的设计单位作出修改。基于多方面原因，工程在实际施工过程中发生更改是一种普遍现象。我国相关法律法规对工程变更的程序未作统一规定，对于建设工程变更的程序主要散见于一些地方性政府文件。如《武汉市城建委关于进一步加强房屋建筑和市政基础设施工程施工图变更管理的通知》（武城建规〔2012〕72号）中规定新建、改建、扩建建筑工程和市政基础设施工程（道路、桥隧、轨道交通）勘察设计文件经施工图审查合格后，任何单位及个人不得擅自修改。若确需修改的，建设单位应在施工前委托建设工程原勘察设计单位按有关规定和标准修改，通知第二部分则规定了勘察设计图纸变更的审查程序。

2013年《施工合同示范文本》第10条确定了有关工程变更的程序性事项，该条第2款规定，发包人和监理人均可以提出变更。变更指示均通过监理人发出，监理人发出变更指示前应征得发包人同意。承包人收到经发包人签认的变更指示后，方可实施变更。未经许可，承包人不得擅自对工程的任何部分进行变更。

涉及设计变更的，应由设计人提供变更后的图纸和说明。如变更超过原设计标准或批准的建设规模时，发包人应及时办理规划、设计变更等审批手续。变更的程序为：

（1）发包人提出变更的，应通过监理人向承包人发出变更指示，变更指示应说明计划变更的工程范围和变更的内容。

（2）监理人提出变更建议的，需要向发包人以书面形式提出变更计划，说明计划变更工程范围和变更的内容、理由，以及实施该变更对合同价格和工期的影响。发包人同意变更的，由监理人向承包人发出变更指示。发包人不同意变更的，监理人无权擅自发出变更指示。

（3）承包人收到监理人下达的变更指示后，认为不能执行，应立即提出不能执行该变更指示的理由。承包人认为可以执行变更的，应当书面说明实施该变更指示对合同价格和工期的影响，且合同当事人应当按照第10.4款〔变更估价〕约定确定变更估价。

三、工程变更对合同价款的影响

建设工程项目的实施具有复杂性、长期性和动态性，任何工程承包合同都不可能预见和覆盖项目实施过程中所有可能的变化，工程变更是不可避免的现象。一旦工程变更，就会涉及施工工期、施工成本等因素，引起合同实际价格变更和工程的建设工期变更。对于工程变更后合同价款的变更计算在《建设工程结算暂行办法》以及《建设工程施工合同解释》中有规定，2013版《施工示范合同文本》中也设定了相应条款。

（一）法律法规对合同变更后价款的规定

《建设工程价款结算暂行办法》第10条规定："工程设计变更价款调整：（1）施工中

发生工程变更，承包人按照经发包人认可的变更设计文件，进行变更施工，其中，政府投资项目重大变更，需按基本建设程序报批后方可施工。（2）在工程设计变更确定后14天内，设计变更涉及工程价款调整的，由承包人向发包人提出，经发包人审核同意后调整合同价款。变更合同价款按下列方法进行：①合同中已有适用于变更工程的价格，按合同已有的价格变更合同价款；②合同中只有类似于变更工程的价格，可以参照类似价格变更合同价款；③合同中没有适用或类似于变更工程的价格，由承包人或发包人提出适当的变更价格，经对方确认后执行。如双方不能达成一致的，双方可提请工程所在地工程造价管理机构进行咨询或按合同约定的争议或纠纷解决程序办理。（3）工程设计变更确定后14天内，如承包人未提出变更工程价款报告，则发包人可根据所掌握的资料决定是否调整合同价款和调整的具体金额。重大工程变更涉及工程价款变更报告和确认的时限由发承包双方协商确定。收到变更工程价款报告一方，应在收到之日起14天内予以确认或提出协商意见，自变更工程价款报告送达之日起14天内，对方未确认也未提出协商意见时，视为变更工程价款报告已被确认。确认增（减）的工程变更价款作为追加（减）合同价款与工程进度款同期支付。"

《建设工程施工合同解释》第19条规定："当事人对工程量有争议的，按照施工过程中形成的签证等书面文件确认。承包人能够证明发包人同意其施工，但未能提供签证文件证明工程量发生的，可以按照当事人提供的其他证据确认实际发生的工程量。"第16条规定："因设计变更导致建设工程的工程量或者质量标准发生变化，当事人对该部分工程价款不能协商一致的，可以参照签订建设工程施工合同时当地建设行政主管部门发布的计价方法或者计价标准结算工程价款。"

（二）2013《施工合同示范文本》中工程变更后合同价款的确定

1. 变更后合同价款的确定程序

设计变更发生后，承包人在工程设计变更确定后14天内提出变更工程价款的报告，经工程师确认后调整合同价款。工程设计变更确认后14天内，如承包人未提出适当的变更价格，则发包人可根据所掌握的资料决定是否调整合同价款和调整的具体金额。重大工程变更涉及工程价款变更报告和确认的时限由发承包双方协商确定。收到变更工程价款报告的一方，应在收到之日起14天内予以确认或提出协商意见，自变更工程价款报告送达之日起14天内，对方未确认也未提出协商意见时，视为变更工程价款报告已被确认。

2. 变更后合同价款的确定方法

在工程变更确定后14天内，设计变更涉及工程价款调整的，由承包人向发包人提出，经发包人审核同意后调整合同价款。变更合同价款按照下列方法进行：

（1）合同中已有适用于变更工程的价格，按合同已有的价格变更合同价款。

（2）合同中只有类似于变更工程的价格，可以参照类似价格变更合同价款。

（3）合同中没有适用或类似于变更工程的价格，由承包人或发包人提出适当的变更价格，经对方确认后执行。如双方不能达成一致的，双方可提请工程所在地工程造价管理机构进行咨询或按合同约定的争议或纠纷解决程序办理。

上述案例中某公司与某建筑公司之间的争议在于对工程变更后的工程量以及变更后的工程计价方式未能取得一致意见，在双方有关工程量的计算不能协商一致的情况下，某建筑公司可以提供其他的证据来证明工作量；对于已经签证但是计价标准有争议在双方不能协商一致的情况下，首先应当考虑使用合同中已有的、能够适用或者能够参照适用的价格，在合同没有约定可参照价格的情况下，则可以参照签订建设工程施工合同时当地建设行政主管部门发布的计价方法或者计价标准结算工程价款。

第三节　工程价款的支付与争议处理

【问题引入】

　　经过招标，2005年5月31日上海某能源有限公司（以下简称"能源公司"）与中标单位上海金桥某建筑工程有限公司（金桥公司）签订了《锅炉工程施工总承包合同》。承包范围为：锅炉房（3 646.9平方米）、煤棚（一层钢结构，1 478.8平方米）、80米高矩形烟囱、水处理间（一层钢结构，475.6平方米）、酸碱储存罐区（面积48.8平方米）组成。新建筑四周设消防环通道路，采用混凝土路面。质量标准为优良，要求工期为2005年6月20日开工，2005年12月20日竣工，计划工期180天（日历天），采用工程量清单计价，固定单价确定工程价款。

　　合同签订后，金桥公司按时保质地完成了建设工程，能源公司也按时足额支付了进度款，在进行竣工结算过程中，金桥公司向能源公司发出《关于锅炉工程材料补贴及延期付款利息函件》的律师函，提出由于材料暴涨及实际工程内容变化导致材料成本剧增，并以《合同法》第113条作为法律依据，要求能源公司给予赔偿。此外，金桥公司要求能源公司支付工程款的利息，否则将提起诉讼，请求司法鉴定以证明其主张的正确。[①]

　　问题：施工方提出在施工期间因工程要素价格上涨要求增加工程款项是否合理？

　　根据《建设工程价款结算暂行办法》的规定，建设工程价款结算包括工程预付款、工程进度款、工程竣工价款结算三项，其中工程竣工价款结算中包括索赔价款结算。工程款按时支付对施工单位的运营维持非常重要，建设单位在向施工单位支付上述款项时应遵守相关法律法规及双方的约定。

一、工程预付款支付

（一）工程预付款的数额

　　工程预付款是建设单位为了保障施工企业能够顺利施工而在施工前支付的建设资金。在建设工程施工合同条款中，一般会约定发包人在开工前拨给承包人一定的工程预付款。预付款主要是为保证材料、工程设备、施工设备的采购及修建临时工程、组织施工队伍进场等施工的必要条件，数额太少，备料不足，可能造成生产停工待料；数额太多，影响投

[①] 案例来自《工程价款确定方式与计价方法相关法规解读与典型案例》，载建设工程教育网：http://www.jianshe99.com/new/64_75__/2009_3_19_pa978834539913900218748.shtml，访问时间：2015年1月20日。

资有效使用。《建设工程价款结算暂行办法》第 12 条规定,包工包料工程的预付款按合同约定拨付,原则上预付比例不低于合同金额的 10%,不高于合同金额的 30%,对重大工程项目,按年度工程计划逐年预付。计价执行《建设工程工程量清单计价规范》(GB50500—2003)的工程,实体性消耗和非实体性消耗部分应在合同中分别约定预付款比例。在实际工作中,工程预付款的数额,要根据各工程类型、合同工期、承包方式和供应体制等不同条件而定,一般是根据施工工期、建安工作量、主要材料和构件费用占建安工作量的比例以及材料储备周期等因素经测算来确定。例如,工业项目中钢结构和管道安装占比重较大的工程,其主要材料所占比重一般比安装工程要高,因而工程预付款额也要相应提高;工期短的工程比工期长的要高,材料由承包人自购的比由建设发包人采购主要材料的要高。对于只包定额工日(不包材料定额,一切材料由发包人供给)的工程项目,则可以预付各料款。①

工程预付款在国际工程承发包活动中亦是一种通行的做法。国际上的工程预付款不仅有材料设备预付款,还有为施工准备和进驻场地的动员预付款。根据 FIDIC 施工合同条件规定,预付款一般为合同总价的 10%~15%。世界银行贷款的工程项目,预付款较高,但也不会超过 20%。近几年来,国际上减少工程预付款额度的做法有扩展的趋势,一些国家都在压低预付款的数额,如科威特政府将承包工程预付款的百分比从原来的 10% 削减到 5%,但是无论如何,工程预付款仍是支付工程价款的前提,由承包人自己带资、垫资进行施工存在很大风险。通常的做法是:预付款支付在合同签署后,由承包人从自己的开户银行中出具与预付款额相等的保函,并提交给发包人,以后就可从发包人开户银行里领取该项预付款。②

(二) 工程预付款的支付时间

《建设工程价款结算暂行办法》第 12 条第 2 款规定,在具备施工条件下,发包人应在双方签订合同后的 1 个月内或不迟于约定开工日期前的 7 天内预付工程款,发包人不按时约定预付,承包人应在预付时间到期后 10 天内向发包人发出要求预付的通知,发包人收到通知后仍不按要求预付的,承包人可在发出通知 14 天后停止施工,发包人应从约定应付之日起向承包人支付应付款的利息,并承担违约责任。2013 版《施工合同示范文本》第 12.2.1 项规定,"预付款的支付按照专用合同条款约定执行,但至迟应在开工通知载明的开工日期 7 天前支付。预付款应当用于材料、工程设备、施工设备的采购及修建临时工程、组织施工队伍进场等。除专用合同条款另有约定外,预付款在进度付款中同比例扣回。在颁发工程接收证书前,提前解除合同的,尚未扣完的预付款应与合同价款一并结算。发包人逾期支付预付款超过 7 天的,承包人有权向发包人发出要求预付的催告通知,发包人收到通知后 7 天内仍未支付的,承包人有权暂停施工,并按第 16.1.1 项〔发包人违约的情形〕执行"。该项规定的发包人支付工程预付款的延展时间与《建设工程价款结算暂行办法》的时间不同,由于《建设工程价款结算暂行办法》第 28 条规定,合同示范

---

① 《工程预付款管理和控制》,载土木工程网:http://www.civilcn.com/zhishi/gczj/1365229187177532.html,访问时间:2015 年 1 月 21 日。

② 李刚、李娜:《建设工程全程法律风险控制》,法律出版社 2011 年版,第 371 页。

文本内容如与本办法不一致，以本办法为准。所以发包人支付工程预付款的延展时间还是应该以《建设工程价款结算暂行办法》规定的时间为准。

（三）工程预付款的扣回

发包单位拨给承包单位的工程预付款属于预支性质，到了工程实施后，随着工程所需主要材料储备的逐步减少，应以抵充工程价款的方式陆续扣回。有关工程预付款的扣回方式在相关法律文件中并未明确规定。《建设工程价款结算暂行办法》12条第3款规定，预付的工程款必须在合同中约定抵扣方式，并在工程进度款中进行抵扣。因此发包人和承包人通过洽商用合同的形式予以确定，采用等比率或等额扣款的方式计算。在确定扣回方式时针对工程实际情况具体处理，工程工期较短、造价较低，就无需分期扣还；有些工期较长，如跨年度工程，预计次年承包，工程价值大于或相当于当年承包工程价值时，可以不扣回当年的工程预付款。

二、工程进度款支付

工程进度款是指在施工过程中，按逐月（或形象进度、或控制界面等）完成的工程数量计算的各项费用总和。

（一）工程进度款的计算

工程进度款的计算，主要涉及两个方面：一是工程量的核实确认；二是单价的计算方法。对工程量的核实确认可以参照《建设工程工程量清单计价规范单价》（GB 50500—2013）的计算方法，其中第 3.1.1、3.1.4、3.1.5、3.1.6、3.4.1、4.1.2、4.2.1、4.2.2、4.3.1、5.1.1、6.1.3、6.1.4、8.1.1、8.2.1、11.1.1 条（款）为强制性条文，必须严格执行。对于单位的计算方法除了执行强制性标准的项目外，其他由发包人和承包人事先进行约定。目前我国工程价格的计价方法可以分为工料单价和综合单价两种方法。二者在选择时，既可采取可调价格的方式，即工程价格在实施期间可随价格变化而调整，也可采取固定价格的方式，即工程价格在实施期间不因价格变化而调整，在工程价格中已考虑价格风险因素并在合同中明确了固定价格所包括的内容和范围。

（二）工程进度款的支付方式

施工企业在施工过程中，按逐月（或形象进度）完成的工程数量计算各项费用，向发包人办理工程进度款的支付（即中间结算）。工程进度款的支付方式有两种：

1. 按月结算与支付

即实行按月支付进度款，竣工后清算的办法。合同工期在两个年度以上的工程，在年终进行工程盘点，办理年度结算。

2. 分段结算与支付

即当年开工、当年不能竣工的工程按照工程形象进度，划分不同阶段支付工程进度款。而具体划分在合同中都已明确。或者双方约定按单项工程或单位工程形象进度，划分不同阶段进行结算。如高层建筑可以把每完成一层作为一个结算段；公路工程也可以分为基础层和面层两个结算段等。

（三）工程进度款支付程序

有关工程进度款的支付程序可见《建设工程价款结算暂行办法》第 13 条第 3 款之

规定：

（1）根据确定的工程计量结果，承包人向发包人提出支付工程进度款申请，14天内，发包人应按不低于工程价款的60%、不高于工程价款的90%向承包人支付工程进度款。按约定时间发包人应扣回的预付款，与工程进度款同期结算抵扣。

（2）发包人超过约定的支付时间不支付工程进度款，承包人应及时向发包方发出要求付款通知，发包人收到承包人通知后仍不能按要求付款，可与承包人协商签订延期付款协议，经承包人同意后，可延期支付，协议应明确延期支付的时间和从工程计量结果中确认后第15天起计算应付款的利息（利率按同期银行贷款利率计）。

（3）发包人不按合同约定支付工程进度款，双方又未达成延期付款协议，导致施工无法进行，承包人可停止施工，由发包人承担违约责任。

三、工程竣工结算款支付

工程竣工结算款支付是指施工企业按照合同规定的内容完成所承包的单位工程、单项工程或全部工程后，经验收质量合格，并符合双方约定的合同要求之后，向发包单位进行的最终工程款结算。工程竣工结算款支付以竣工结算书为前提，竣工结算书是一种动态的计算，是按照工程实际发生的量与额来计算的。经审查的工程竣工结算是核定建设工程造价的依据，也是建设项目竣工验收后编制竣工决算和核定新增固定资产价值的依据。

（一）工程竣工结算的编审

《建设工程价款结算暂行办法》第14条规定，工程竣工结算分为单位工程竣工结算、单项工程竣工结算和建设项目竣工总结算。工程竣工结算编制程序为：

（1）单位工程竣工结算由承包人编制，发包人审查；实行总承包的工程，由具体承包人编制，在总承包人审查的基础上，发包人审查。

（2）单项工程竣工结算或建设项目竣工总结算由总（承）包人编制，发包人可直接进行审查，也可以委托具有相应资质的工程造价咨询机构进行审查。政府投资项目，由同级财政部门审查。单项工程竣工结算或建设项目竣工总结算经发、承包人签字盖章后有效。

承包人如未在规定时间内提供完整的工程竣工结算资料，经发包人催促后14天内仍未提供或没有明确答复，发包人有权根据已有资料进行审查，责任由承包人自负。

（二）工程竣工结算审查期限

单项工程竣工后，承包人应在提交竣工验收报告的同时，向发包人递交竣工结算报告及完整的结算资料，发包人应按以下规定时限进行核对（审核）并提出审查意见。

工程竣工结算报告的金额在500万元以下的，从接到竣工结算报告和完整的竣工结算资料之日起20天。

工程竣工结算报告的金额在500万~2 000万元的，从接到竣工结算报告和完整的竣工结算资料之日起30天。

工程竣工结算报告的金额在2 000万~5 000万元的，从接到竣工结算报告和完整的竣工结算资料之日起45天。

工程竣工结算报告的金额在5 000万元以上的，从接到竣工结算报告和完整的竣工结算资料之日起 60 天。

建设项目竣工结算在最后一个单项工程竣工结算审查确认后 15 天内汇总,送发包人后 30 天内审查完成。

《建设工程价款结算暂行办法》第 16 条规定,发包人收到竣工结算报告及完整的结算资料后,在本办法规定或合同约定期限内,对结算报告及资料没有提出意见,则视同认可。

(三) 竣工价款结算

《建设工程价款结算暂行办法》第 14 条规定,发包人收到承包人递交的竣工结算报告及完整的结算资料后,应按本办法规定的期限(合同约定有期限的,从其约定)进行核实,给予确认或者提出修改意见。发包人根据确认的竣工结算报告向承包人支付工程竣工结算价款,保留 5%左右的质量保证(保修)金,待工程交付使用一年质保期到期后清算(合同另有约定的,从其约定),质保期内如有返修,发生费用应在质量保证(保修)金内扣除。施工工程经竣工验收合格后进入了竣工结算阶段,发承包方一旦形成一致的工程结算意见,就将作为双方清洁工程款的依据,工程竣工结算是承包方最终实现合同目的的关键环节。

(四) 索赔价款结算

发包人或承包人未能按合同约定履行自己的各项义务或发生错误,给另一方造成经济损失的,由受损方按合同约定提出索赔,索赔金额按合同约定支付。

(五) 合同以外零星项目工程价款结算

发包人要求承包人完成合同以外零星项目,承包人应在接受发包人要求的 7 天内就用工数量和单价、机械台班数量和单价、使用材料和金额等向发包人提出施工签证,发包人签证后施工,如发包人未签证,承包人施工后发生争议的,责任由承包人自负。

四、工程价款结算的争议处理

建设工程价款竣工结算的核心在于价款,即完成一个工程项目所应支付的工程价格费用,因此不论何种工程纠纷,最终都将归结到如何计价上,计价往往跟工程量、工期、工程计价标准、变更、竣工结算期限等相关联,纠纷也较为常见。

(一) 无效合同引发的价款纠纷与处理

无效合同是指违反法律、行政法规的强制性规定,因而不受法律保护的合同。《合同法》第 52 条规定了五种无效合同的情形,《建设工程施工合同解释》针对建设工程施工合同又规定了五种无效情形。对于合同无效的处理办法《合同法》第 58 条、第 59 条做了原则性规定:"合同无效或者被撤销后,因该合同取得的财产,应当予以返还;不能返还或者没有必要返还的,应当折价补偿。有过错的一方应当赔偿对方因此所受到的损失,双方都有过错的,应当各自承担相应的责任。""当事人恶意串通,损害国家、集体或者第三人利益的,因此取得的财产收归国家所有或者返还集体、第三人。"

《合同法》第 58 条、第 59 条的规定同样适用于建设工程无效合同的处理,基于建设工程合同的特殊性,最高人民法院对建设工程合同无效的处理,还做了专门性的规定。《建设工程施工合同解释》第 2 条规定,建设工程施工合同无效,但建设工程经竣工验收合格，承包人请求参照合同约定支付工程价款的，应予支持。第3条规定，建设工程施工合同无效，且建设工程经竣工验收不合格的，按照以下情形分别处理：（一）修复后的建设工程经竣工验收合格，发包人请求承包人承担修复费用的，应予支持；（二）修复后的建设工程经竣工验收不合格，承包人请求支付工程价款的，不予支持。因建设工程不合格造成的损失，发包人有过错的，也应承担相应的民事责任。从解释可以看出，建设工程合同的主要权利义务就是承包方负责工程建设，至竣工完成、验收合格后，发包方就有义务支付工程价款。因此即使双方签订的建设工程合同无效，工程经验收合格，发包方仍然有权利主张工程款；工程经验收不合格，但经修复合格的，发包方仍然有义务支付工程款，但工程的修复费用由承包方承担。

（二）竣工日期的争议

竣工日期决定施工单位是否如期履约、何时进入结算期等重大问题，直接关乎工程价款结算，如果建设单位迟迟不确认施工单位完成的工程量，就会导致施工单位不能及时得到工程款，这样就损害了施工单位的利益。为了保护合同当事人的合法权益，《建设工程施工合同解释》第20条规定，当事人约定，发包人收到竣工结算文件后，在约定期限内不予答复，视为认可竣工结算文件的，按照约定处理。承包人请求按照竣工结算文件结算工程价款的，应予支持。《建筑工程施工发包与承包计价管理办法》第16条规定，承包方应当按照合同约定向发包方提交已完成工程量报告。发包方收到工程量报告后，应当按照合同约定及时核对并确认。实践中建设工程施工合同签署之前施工单位会提交一份预算报告，工程竣工后再由施工单位提出决算报告，经建设单位审核达成一致后由建设单位支付。易产生争议的情况在施工单位提交决算报告之时认为合同约定的工程量履行完毕，建设单位则以整个工程没有竣工为理由，而拒收施工单位的决算报告，不予支付工程价款。对于此争议解决可参照《建设工程施工合同解释》第14条处理，即当事人对建设工程实际竣工日期有争议的，按照以下情形分别处理：（1）建设工程经竣工验收合格的，以竣工验收合格之日为竣工日期；（2）承包人已经提交竣工验收报告，发包人拖延验收的，以承包人提交验收报告之日为竣工日期；（3）建设工程未经竣工验收，发包人擅自使用的，以转移占有建设工程之日为竣工日期。在确定竣工日期以后就便于计算施工单位的工期、工程量、工程价款等项目。

（三）工程质量引起的价款争议与处理

实践中很多工程在施工过程中因种种原因导致工程质量出现问题，有时这些问题无法修复，或者虽可修复但所花成本代价太大时，承包人会拒绝修复，也有工程质量合格但不符合双方合同约定的要求等。承包人起诉追讨拖欠工程价款的案件中，发包人常常以工程质量与合同约定不符作为少付、甚至拒付工程价款的抗辩理由。对于因工程质量引起的价款争议在以下法律法规及司法解释中可以得到一些解决办法：

《合同法》第111条规定，质量不符合约定的，应当按照当事人的约定承担违约责任。对违约责任没有约定或者约定不明确，依照本法第61条的规定仍不能确定的，受损害方根据标的的性质以及损失的大小，可以合理选择要求对方承担修理、更换、重作、退货、减少价款或者报酬等违约责任。

《合同法》第281条规定，因施工人的原因致使建设工程质量不符合约定的，发包人有权要求施工人在合理期限内无偿修理或者返工、改建。经过修理或者返工、改建后，造成逾期交付的，施工人应当承担违约责任。

《建设工程施工合同解释》第11条规定，因承包人的过错造成建设工程质量不符合约定，承包人拒绝修理、返工或者改建，发包人请求减少支付工程价款的，应予支持。

综合上述规定可知对于工程款支付引起的争议的，在工程质量不符合约定或建设标准的情况下，首先确定责任主体，如果是因承包人的过错造成工程质量有瑕疵，承包人应当在合理期限内承担修理、返工或改建责任；如果承包方不承担修理、返工或改建责任，发包方可以要求减少支付工程价款；经过修理或者返工、改建后，造成逾期交付的，承包方应当承担违约责任。

（四）工程量纠纷与处理

在施工过程中工程因种种原因发生工程变更，由此引发工程量变更是常见现象。因为发包人编制的用于招标的工程量清单中的工程量只是一个暂时的、预估的工程量，所以发包人和承包人还需根据实际施工过程中发生的工程量来结算工程价款。工程量的计算直接影响到工程造价，因此对发包方与承包方来说工程量的确定也容易产生分歧。

我国《合同法》第36条规定，法律、行政法规规定或者当事人约定采用书面形式订立合同，当事人未采用书面形式但一方已经履行主要义务，对方接受的，该合同成立。即使发包方就设计变更、工程量变更事项未与承包方签订书面合同，但承包方已经施工完毕，且发包方接受的，视为合同成立。但在涉及工程价款支付时，发包方则否认因设计变更而导致的工程量变更，从而拒绝支付增加的工程价款。《建设工程施工合同解释》第19条规定，当事人对工程量有争议的，按照施工过程中形成的签证等书面文件确认。承包人能够证明发包人同意其施工，但未能提供签证文件证明工程量发生的，可以按照当事人提供的其他证据确认实际发生的工程量。据此，如果发包方不承认工程量变化的事实，在缺乏有效签证的情况下，承包人能够提供如设计图纸变更、双方往来记录、函件等材料，证明工程量变化系出于发包人的意思表示，对于这些证据材料也可以作为认定工程量变化的依据。

（五）工程价款变更的争议

根据《建设工程价款结算暂行办法》的规定，建设工程价款的确定方式有固定总价、固定单价和可调价格，除了法律法规或规章另有规定外，这三种方式可由当事人进行约定。由于市场行情的变化，在施工过程中，有些建筑材料如钢材、水泥等会发生价格波动，建筑劳务用工价格持续上涨，在此情况下会涉及施工单位的建筑成本。施工单位会主张因材料、人工价格上涨，需要对合同价款进行调整，而建设单位则认为，合同为总价包干或单价包干合同，合同价款不因材料、人工价格上涨而调整。

《建筑法》第18条规定，建筑工程造价应当按照国家有关规定，由发包单位与承包单位在合同中约定。公开招标发包的，其造价的约定，须遵守招标投标法律的规定。《建设工程施工合同解释》第16条第1款规定，当事人对建设工程的计价标准或者计价方法有约定的，按照约定结算工程价款。无论是经过招标签订的合同还是未经招标签订的合同，如果双方约定了按固定价计算，就应当遵守双方的约定，不能要求变更工程价款。

《关于适用〈中华人民共和国合同法〉若干问题的解释（二）》第26条规定，合同成立以后客观情况发生了当事人在订立合同时无法预见的、非不可抗力造成的不属于商业风险的重大变化,继续履行合同对于一方当事人明显不公平或者不能实现合同目的,当事人请求人民法院变更或者解除合同的,人民法院应当根据公平原则,并结合案件的实际情况确定是否变更或者解除。该条规定了情势变更原则,就建筑施工行业而言,工程要素价格的上涨是承包人显然无法预见的、非不可抗力造成的不属于商业风险的重大变化,承包人可以依据情势变更原则要求变更工程价款。

上述案例中,双方约定施工承包合同约定按固定价计价,在施工过程中建筑材料出现较大的涨价时,承包人提出要求给予补偿,在双方约定按固定价格承包的前提下,承包方提出的要求实际上是对合同价款的变更。《建设工程施工合同解释》第 16 条第 1 款规定,当事人对建设工程的计价标准或者计价方法有约定的,按照约定结算工程价款。承包人提出在施工期间工程要素价格上涨要求增加工程款项,对此诉求应首先确定是属于情势变更还是商业风险,并综合考虑要素价格上涨幅度、可预见性、造成后果等因素,如果是属于正常的商业风险,则承包人无权提出增加工程价款。

【典型案例】

2002 年 6 月 6 日,某县人民政府与某投资公司签订《县政府大院开发及新区建设合同书》。2002 年 6 月 8 日,某投资公司向某县人民政府出具授权委托书,委托某房地产公司全权负责该项目的开发、经营和建设。2002 年 6 月 12 日,某房地产公司申请设立"县政府大院开发行政中心建设项目总指挥部",并经县工商行政管理局依法核准。县政府大院开发行政中心建设项目总指挥部分别于 2002 年 9 月 1 日、2003 年 2 月 25 日、2003 年 3 月 10 日与某建筑公司签订了三份《建设工程施工合同》及其《补充协议书》,建设工程项目分别为县行政中心建设工程县政府大楼、档案馆、食堂及宾馆。合同约定的承包范围为土建工程(基础、主体、屋面、砌筑、塑钢窗、抹灰楼地面、水电安装等),三份合同的工程总价款为人民币 1 424 万元。工程项目采用可调价格,合同价款调整方法、范围为:按施工图、变更通知书、签证单进行调整,调整范围不得超过某房地产公司与某县政府决算价格,最终价格以某县政府审定认可的造价为基础。合同约定某建筑公司承建的工程项目全面竣工结算后,某房地产公司半年内需向某建筑公司支付 90% 工程款,土建保修期满付 7%,余款 3% 作为工程质保金。某建筑公司同意在工程总造价上让利 8%。结算依据为 2001 年《全国统一建筑(安装)工程定额》(某省单位估价表),按三类取费。工程质量标准:政府大楼及档案馆为市级优良工程,如达不到市优将扣除工程总造价 3% 作为违约金;宾馆、食堂为合格工程。合同关于工程竣工结算约定:发包人(某房地产公司)收到承包人(某建筑公司)递交的竣工结算报告及结算资料后 28 天内进行核实,给予确认或者提出修改意见。发包人收到竣工结算报告及结算资料后 28 天内无正当理由不支付工程竣工结算价款,从第 29 天起按承包人同期向银行贷款利率支付拖欠工程价款的利息,并承担违约责任。在施工过程中,某房地产公司将合同约定的屋面、水电安装工程发包给他人施工。某房地产公司分别于 2004 年 9 月 23 日、2004 年 11 月 8 日和 2004 年 12 月 30 日收到某建筑公司递交的某县行政中心建设工程——档案馆、政府大楼、食堂、宾馆楼的工程决算书。工程决算书反映的工程总造价为24 742 895.8元。2004年8月25日，某建筑公司承建的县政府大楼、档案馆、食堂、宾馆通过竣工验收并投入使用。食堂、宾馆楼经验收评定为合格工程；政府大楼、资料楼经某市建设工程质量监督站评为市级优质结构工程；政府大楼经某市城乡建设委员会评定为市级优良工程。2005年4月1日，某县政府大院开发行政中心建设项目总指挥部向各施工单位发出通知，要求各施工单位尽快提供齐全有效的决算资料进入决算程序。至本案起诉之日止，某房地产公司共向某建筑公司支付工程款人民币1 264万元。某建筑公司单方提供的工程决算显示，某房地产公司尚欠某建筑公司工程款12 102 895.8元。

因涉案工程款未结清，某建筑公司于2005年4月27日向法院提起诉讼，诉讼请求是：判令某房地产公司清偿工程款1 210万元及利息90万元；由某房地产公司承担本案的案件受理费和财产保全费。

一审法院通知当事人的举证期限为2005年8月15日前，并于2005年9月12日、9月29日两次组织双方当事人进行证据交换。在此期间，某房地产公司未提出对本案所涉工程造价进行司法鉴定的申请。2005年10月8日，某房地产公司向一审法院提出书面申请，要求就本案所涉工程项目款项进行司法鉴定。在移送鉴定中，某房地产公司对鉴定事项范围提出异议，且未在通知要求的时间内按规定交纳鉴定费用，一审法院司法技术处于2006年3月17日将案件退回。

2005年12月13日，某建筑公司向一审法院提出先予执行申请，一审法院经审查，于2006年1月16日作出民事裁定，由某房地产公司向某建筑公司支付200万元。此款已执行完毕。

一审法院另查明，某投资公司与某县人民政府签订《某县政府大院开发及新区建设合同书》第11条约定："新区建设工程验收合格后，双方进行财务结算，结算必须在验收之日起壹个月内完成。"某投资公司与某县人民政府的工程结算至今未进行。

一审法院经审理认为，某房地产公司申请并经工商行政管理部门依法核准设立某县政府大院开发行政中心建设项目总指挥部，该指挥部与某建筑公司所签订的三份《建设工程施工合同》及其《补充协议书》，系当事人的真实意思表示，其内容没有违反国家法律及行政法规的禁止性规定，应为合法有效。该指挥部因无法人资格，其民事责任由某房地产公司承担。某房地产公司对其在本案中的诉讼地位无异议，该院依法予以确认。某建筑公司按合同约定履行了义务，工程竣工后，某房地产公司向某建筑公司支付了部分工程款。在工程结算中，某建筑公司向某房地产公司分别递交了县政府大楼、档案馆、食堂及宾馆的工程决算书。双方签订的建设工程施工合同中关于工程竣工结算条款约定，发包人收到承包人递交的竣工结算报告及结算资料后28天内进行核实，给予确认或者提出修改意见，发包人收到竣工结算报告及结算资料后28天内无正当理由不支付工程竣工结算价款，从第29天起按承包人同期向银行贷款利率支付拖欠工程价款的利息，并承担违约责任。最高人民法院《关于审理建设工程施工合同纠纷案件适用法律问题的解释》第20条规定："当事人约定，发包人收到竣工结算文件后，在约定期限内不予答复，视为认可结算文件的，按照约定处理。

承包人请求按照竣工结算文件结算工程价款的,应予支持。"某建筑公司提出的关于某房地产公司支付所欠工程款的诉讼请求,符合双方之间的约定及最高人民法院上述司法解释的规定,依法应予支持。某房地产公司收到某建筑公司递交的工程决算书后,未在合同约定的时间内对决算问题提出任何异议。双方当事人所签订的建设工程施工合同虽然约定工程项目采用可调价格,合同价款调整方法、范围为:按施工图、变更通知书、签证单进行调整,调整范围不得超过某房地产公司与某县人民政府决算价格,最终价格以某县人民政府审定认可的造价为基础,但某房地产公司与某县人民政府至今未就承建的工程造价进行决算,某县人民政府最终审定认可的造价无法确定。在对本案所涉工程款可调部分价格进行司法鉴定时,某房地产公司未在法院对外委托鉴定部门通知要求的时间内按规定交纳鉴定费用,应视为某房地产公司行使诉讼权利中对鉴定请求的放弃。某建筑公司在诉讼请求中,要求判令某房地产公司清偿所欠工程款1 210万元。诉讼中,某建筑公司递交书面材料,说明在起诉时未将双方当事人签订的补充协议中8%(计197.92万元)让利从工程款中减去,某房地产公司实际尚欠某建筑公司工程款1 012.08万元。此为某建筑公司在法律规定范围内对自己民事权利的处分,一审法院予以准许。上述款项减去通过先予执行某房地产公司向某建筑公司支付的200万元,某房地产公司向某建筑公司支付的工程款应为812.08万元。某建筑公司要求某房地产公司支付所欠工程款利息90万元,因未能提供计算依据,所欠工程款利息数额只能按一般利息计算规则予以确定。且依据合同约定,某建筑公司诉请所欠工程款中还含有3%的工程质量保修金。合同约定土建工程质量保修期为一年,现保质期已过,但依据合同约定,保修金在返还时不计算利息。故某建筑公司关于要求某房地产公司支付利息的诉请,一审法院部分不予支持。判决:某房地产公司于向某建筑公司支付工程款812.08万元及利息(利息数额自2005年1月28日开始按中国人民银行发布的同期同类贷款利率计算至执行完毕时止,但工程款中3%保修金不计利息)。案件受理费75 010元、财产保全费65 520元,共计140 530元,由某房地产公司承担90%,即126 477元;由某建筑公司承担10%,即14 053元。

某房地产公司不服一审判决,于2006年5月28日向二审法院提出上诉,请求撤销一审民事判决,驳回某建筑公司的一审全部诉讼请求并由其承担一、二审全部诉讼费用。其主要上诉理由是:1. 一审判决认定证据和适用法律均有错误。2. 某建筑公司提交的决算资料不全,且迟迟没有补齐,某建筑公司要求支付工程款的条件未成就,无权要求某房地产公司支付工程款。一审判决错误适用关于审理建设工程施工合同纠纷案件的司法解释,将单方面的决算书作为支付工程款的依据。3. 工程决算书存在计算错误。4. 一审判决程序违法,对某房地产公司的财产进行保全及先予执行不当,对涉案工程的全部工程造价没有进行司法鉴定。涉案工程为政府投资工程,某县人民政府为涉案工程的建设方,某投资公司为代建方,法院应当通知其参加诉讼。

某建筑公司答辩时请求维持原判,驳回某房地产公司的上诉请求。

二审法院查明:本案中的"资料楼"即是《建设工程施工合同》约定的档案馆;

某房地产公司不是2005年1月8日《会议纪要》的参与方；某建筑公司编制的工程结算书因计算错误，多算工程款1 879 343.98元。

二审期间，某建筑公司于2007年2月2日出具《确认函》，明确表示放弃工程款的利息60万元；放弃因编制工程结算书中计算错误而多算的工程款1 879 343.98元，两项合计2 479 343.98元。

二审查明的其他事实与一审法院查明的事实相同。

二审法院认为：某房地产公司与某建筑公司签订的三份《建设工程施工合同》及其《补充协议书》，是双方当事人的真实意思表示，其内容不违反法律法规的规定，应认定合法有效。上述合同对双方当事人均具有约束力。某建筑公司已经履行了合同义务，且涉案工程已通过验收并交付使用，某房地产公司对工程质量不持异议，支付工程款的条件成就。某建筑公司对误算工程款一事予以确认并明确表示放弃向某房地产公司主张1 879 343.98元工程款的诉讼请求，本院对此依法予以确认。

本案不适用最高人民法院《关于审理建设工程施工合同纠纷案件适用法律问题的解释》第二十条之规定，以承包人单方提交的竣工结算文件作为确认工程款数额的依据，并不意味着《建设工程施工合同》中通用条款第33条第3款的内容，对双方当事人没有约束力，违反这一规定，仍应承担违约责任。之所以维持一审判决以某建筑公司向某房地产公司报送的竣工结算文件作为确认工程款数额基础的结论，是因为在一审诉讼中，某建筑公司将该竣工结算文件作为确定工程款数额的证据提交后，某房地产公司没有在一审法院指定的举证期限内提出相反的证据，亦未在这一期限内申请鉴定。在一审法院同意就与工程款有关的问题进行鉴定后，某房地产公司以不同意一审法院确定的鉴定范围为由，未在一审法院负责对外委托鉴定工作的部门指定的期限内交纳鉴定费，致使鉴定工作未能进行，应承担举证不能的后果。在此情况下，人民法院只能以一方当事人提供的证据作为确认工程款的依据。

二审期间，某建筑公司以《确认函》的方式表示放弃60万元工程款利息。某建筑公司主张的工程款利息应当以30万元为限。因以中国人民银行同期同类贷款利率计息，所得利息总数已经超过30万元，故某建筑公司所得工程款利息应为30万元。

综上，一审判决在计算工程款数额和确认利息起算日期上有误，适用法律不当，依法应予纠正。二审法院判决：变更一审法院判决为某房地产公司给付某筑工程公司工程款6 394 467.67元及利息30万元。本案一、二审案件受理费150 020元、财产保全费65 520元，共计215 540元，由某房地产公司承担65%，即140 101元；某建筑公司承担35%，即75 439元。①

◎思考题：

1. 工程结算中常见的法律问题有哪些？

---

① 摘录自《最高人民法院公报案例》，2007年6月。

2. 无效工程合同如何结算？
3. 黑白合同如何结算？
4. 工程变更对合同价款有何影响？
5. 工程预付款的支付时间与额度如何？
6. 因工程质量引起的工程价款结算争议如何处理？

附录：相关法律法规规章及司法解释

中华人民共和国建筑法

(1997年11月1日第八届全国人民代表大会常务委员会第二十八次会议通过 1997年11月1日中华人民共和国主席令第91号公布 自1998年3月1日起施行)

目 录

第一章 总 则
第二章 建筑许可
　　　第一节 建筑工程施工许可
　　　第二节 从业资格
第三章 建筑工程发包与承包
　　　第一节 一般规定
　　　第二节 发 包
　　　第三节 承 包
第四章 建筑工程监理
第五章 建筑安全生产管理
第六章 建筑工程质量管理
第七章 法律责任
第八章 附 则

第一章 总 则

第一条 为了加强对建筑活动的监督管理，维护建筑市场秩序，保证建筑工程的质量和安全，促进建筑业健康发展，制定本法。

第二条 在中华人民共和国境内从事建筑活动，实施对建筑活动的监督管理，应当遵守本法。

本法所称建筑活动，是指各类房屋建筑及其附属设施的建造和与其配套的线路、管道、设备的安装活动。

第三条 建筑活动应当确保建筑工程质量和安全，符合国家的建筑工程安全标准。

第四条 国家扶持建筑业的发展，支持建筑科学技术研究，提高房屋建筑设计水平，鼓励节约能源和保护环境，提倡采用先进技术、先进设备、先进工艺、新型建筑材料和现代管理方式。

第五条 从事建筑活动应当遵守法律、法规，不得损害社会公共利益和他人的合法权益。

任何单位和个人都不得妨碍和阻挠依法进行的建筑活动。

第六条 国务院建设行政主管部门对全国的建筑活动实施统一监督管理。

第二章 建筑许可

第一节 建筑工程施工许可

第七条 建筑工程开工前，建设单位应当按照国家有关规定向工程所在地县级以上人民政府建设行政主管部门申请领取施工许可证；但是，国务院建设行政主管部门确定的限额以下的小型工程除外。

按照国务院规定的权限和程序批准开工报告的建筑工程，不再领取施工许可证。

第八条 申请领取施工许可证，应当具备下列条件：

（一）已经办理该建筑工程用地批准手续；

（二）在城市规划区的建筑工程，已经取得规划许可证；

（三）需要拆迁的，其拆迁进度符合施工要求；

（四）已经确定建筑施工企业；

（五）有满足施工需要的施工图纸及技术资料；

（六）有保证工程质量和安全的具体措施；

（七）建设资金已经落实；

（八）法律、行政法规规定的其他条件。

建设行政主管部门应当自收到申请之日起十五日内，对符合条件的申请颁发施工许可证。

第九条 建设单位应当自领取施工许可证之日起三个月内开工。因故不能按期开工的，应当向发证机关申请延期；延期以两次为限，每次不超过三个月。既不开工又不申请延期或者超过延期时限的，施工许可证自行废止。

第十条 在建的建筑工程因故中止施工的，建设单位应当自中止施工之日起一个月内，向发证机关报告，并按照规定做好建筑工程的维护管理工作。

建筑工程恢复施工时，应当向发证机关报告；中止施工满一年的工程恢复施工前，建设单位应当报发证机关核验施工许可证。

第十一条 按照国务院有关规定批准开工报告的建筑工程，因故不能按期开工或者中止施工的，应当及时向批准机关报告情况。因故不能按期开工超过六个月的，应当重新办理开工报告的批准手续。

第二节 从业资格

第十二条 从事建筑活动的建筑施工企业、勘察单位、设计单位和工程监理单位，应当具备下列条件：

（一）有符合国家规定的注册资本；

（二）有与其从事的建筑活动相适应的具有法定执业资格的专业技术人员；

（三）有从事相关建筑活动所应有的技术装备；

（四）法律、行政法规规定的其他条件。

第十三条 从事建筑活动的建筑施工企业、勘察单位、设计单位和工程监理单位，按照其拥有的注册资本、专业技术人员、技术装备和已完成的建筑工程业绩等资质条件，划分为不同的资质等级，经资质审查合格，取得相应等级的资质证书后，方可在其资质等级许可的范围内从事建筑活动。

第十四条 从事建筑活动的专业技术人员，应当依法取得相应的执业资格证书，并在执业资格证书许可的范围内从事建筑活动。

第三章 建筑工程发包与承包

第一节 一般规定

第十五条 建筑工程的发包单位与承包单位应当依法订立书面合同，明确双方的权利和义务。

发包单位和承包单位应当全面履行合同约定的义务。不按照合同约定履行义务的，依法承担违约责任。

第十六条 建筑工程发包与承包的招标投标活动，应当遵循公开、公正、平等竞争的原则，择优选择承包单位。

建筑工程的招标投标，本法没有规定的，适用有关招标投标法律的规定。

第十七条 发包单位及其工作人员在建筑工程发包中不得收受贿赂、回扣或者索取其他好处。

承包单位及其工作人员不得利用向发包单位及其工作人员行贿、提供回扣或者给予其他好处等不正当手段承揽工程。

第十八条 建筑工程造价应当按照国家有关规定，由发包单位与承包单位在合同中约定。公开招标发包的，其造价的约定，须遵守招标投标法律的规定。

发包单位应当按照合同的约定，及时拨付工程款项。

第二节 发 包

第十九条 建筑工程依法实行招标发包，对不适于招标发包的可以直接发包。

第二十条 建筑工程实行公开招标的，发包单位应当依照法定程序和方式，发布招标公告，提供载有招标工程的主要技术要求、主要的合同条款、评标的标准和方法以及开标、评标、定标的程序等内容的招标文件。

开标应当在招标文件规定的时间、地点公开进行。开标后应当按照招标文件规定的评标标准和程序对标书进行评价、比较，在具备相应资质条件的投标者中，择优选定中标者。

第二十一条 建筑工程招标的开标、评标、定标由建设单位依法组织实施，并接受有关行政主管部门的监督。

第二十二条 建筑工程实行招标发包的，发包单位应当将建筑工程发包给依法中标的承包单位。建筑工程实行直接发包的，发包单位应当将建筑工程发包给具有相应资质条件的承包单位。

第二十三条 政府及其所属部门不得滥用行政权力,限定发包单位将招标发包的建筑工程发包给指定的承包单位。

第二十四条 提倡对建筑工程实行总承包,禁止将建筑工程肢解发包。

建筑工程的发包单位可以将建筑工程的勘察、设计、施工、设备采购一并发包给一个工程总承包单位,也可以将建筑工程勘察、设计、施工、设备采购的一项或者多项发包给一个工程总承包单位;但是,不得将应当由一个承包单位完成的建筑工程肢解成若干部分发包给几个承包单位。

第二十五条 按照合同约定,建筑材料、建筑构配件和设备由工程承包单位采购的,发包单位不得指定承包单位购入用于工程的建筑材料、建筑构配件和设备或者指定生产厂、供应商。

第三节 承 包

第二十六条 承包建筑工程的单位应当持有依法取得的资质证书,并在其资质等级许可的业务范围内承揽工程。

禁止建筑施工企业超越本企业资质等级许可的业务范围或者以任何形式用其他建筑施工企业的名义承揽工程。禁止建筑施工企业以任何形式允许其他单位或者个人使用本企业的资质证书、营业执照,以本企业的名义承揽工程。

第二十七条 大型建筑工程或者结构复杂的建筑工程,可以由两个以上的承包单位联合共同承包。共同承包的各方对承包合同的履行承担连带责任。

两个以上不同资质等级的单位实行联合共同承包的,应当按照资质等级低的单位的业务许可范围承揽工程。

第二十八条 禁止承包单位将其承包的全部建筑工程转包给他人,禁止承包单位将其承包的全部建筑工程肢解以后以分包的名义分别转包给他人。

第二十九条 建筑工程总承包单位可以将承包工程中的部分工程发包给具有相应资质条件的分包单位;但是,除总承包合同中约定的分包外,必须经建设单位认可。施工总承包的,建筑工程主体结构的施工必须由总承包单位自行完成。

建筑工程总承包单位按照总承包合同的约定对建设单位负责;分包单位按照分包合同的约定对总承包单位负责。总承包单位和分包单位就分包工程对建设单位承担连带责任。

禁止总承包单位将工程分包给不具备相应资质条件的单位。禁止分包单位将其承包的工程再分包。

第四章 建筑工程监理

第三十条 国家推行建筑工程监理制度。

国务院可以规定实行强制监理的建筑工程的范围。

第三十一条 实行监理的建筑工程,由建设单位委托具有相应资质条件的工程监理单位监理。建设单位与其委托的工程监理单位应当订立书面委托监理合同。

第三十二条 建筑工程监理应当依照法律、行政法规及有关的技术标准、设计文件和建筑工程承包合同,对承包单位在施工质量、建设工期和建设资金使用等方面,代表建设单位实施监督。

工程监理人员认为工程施工不符合工程设计要求、施工技术标准和合同约定的,有权要求建筑施工企业改正。

工程监理人员发现工程设计不符合建筑工程质量标准或者合同约定的质量要求的,应当报告建设单位要求设计单位改正。

第三十三条 实施建筑工程监理前,建设单位应当将委托的工程监理单位、监理的内容及监理权限,书面通知被监理的建筑施工企业。

第三十四条 工程监理单位应当在其资质等级许可的监理范围内,承担工程监理业务。

工程监理单位应当根据建设单位的委托,客观、公正地执行监理任务。

工程监理单位与被监理工程的承包单位以及建筑材料、建筑构配件和设备供应单位不得有隶属关系或者其他利害关系。

工程监理单位不得转让工程监理业务。

第三十五条 工程监理单位不按照委托监理合同的约定履行监理义务,对应当监督检查的项目不检查或者不按照规定检查,给建设单位造成损失的,应当承担相应的赔偿责任。

工程监理单位与承包单位串通,为承包单位谋取非法利益,给建设单位造成损失的,应当与承包单位承担连带赔偿责任。

第五章 建筑安全生产管理

第三十六条 建筑工程安全生产管理必须坚持安全第一、预防为主的方针,建立健全安全生产的责任制度和群防群治制度。

第三十七条 建筑工程设计应当符合按照国家规定制定的建筑安全规程和技术规范,保证工程的安全性能。

第三十八条 建筑施工企业在编制施工组织设计时,应当根据建筑工程的特点制定相应的安全技术措施;对专业性较强的工程项目,应当编制专项安全施工组织设计,并采取安全技术措施。

第三十九条 建筑施工企业应当在施工现场采取维护安全、防范危险、预防火灾等措施;有条件的,应当对施工现场实行封闭管理。

施工现场对毗邻的建筑物、构筑物和特殊作业环境可能造成损害的,建筑施工企业应当采取安全防护措施。

第四十条 建设单位应当向建筑施工企业提供与施工现场相关的地下管线资料,建筑施工企业应当采取措施加以保护。

第四十一条 建筑施工企业应当遵守有关环境保护和安全生产的法律、法规的规定,采取控制和处理施工现场的各种粉尘、废气、废水、固体废物以及噪声、振动对环境的污染和危害的措施。

第四十二条 有下列情形之一的,建设单位应当按照国家有关规定办理申请批准手续：

（一）需要临时占用规划批准范围以外场地的；

（二）可能损坏道路、管线、电力、邮电通讯等公共设施的；

（三）需要临时停水、停电、中断道路交通的；

（四）需要进行爆破作业的；

（五）法律、法规规定需要办理报批手续的其他情形。

第四十三条　建设行政主管部门负责建筑安全生产的管理，并依法接受劳动行政主管部门对建筑安全生产的指导和监督。

第四十四条　建筑施工企业必须依法加强对建筑安全生产的管理，执行安全生产责任制度，采取有效措施，防止伤亡和其他安全生产事故的发生。

建筑施工企业的法定代表人对本企业的安全生产负责。

第四十五条　施工现场安全由建筑施工企业负责。实行施工总承包的，由总承包单位负责。分包单位向总承包单位负责，服从总承包单位对施工现场的安全生产管理。

第四十六条　建筑施工企业应当建立健全劳动安全生产教育培训制度，加强对职工安全生产的教育培训；未经安全生产教育培训的人员，不得上岗作业。

第四十七条　建筑施工企业和作业人员在施工过程中，应当遵守有关安全生产的法律、法规和建筑行业安全规章、规程，不得违章指挥或者违章作业。作业人员有权对影响人身健康的作业程序和作业条件提出改进意见，有权获得安全生产所需的防护用品。作业人员对危及生命安全和人身健康的行为有权提出批评、检举和控告。

第四十八条　建筑施工企业必须为从事危险作业的职工办理意外伤害保险，支付保险费。

第四十九条　涉及建筑主体和承重结构变动的装修工程，建设单位应当在施工前委托原设计单位或者具有相应资质条件的设计单位提出设计方案；没有设计方案的，不得施工。

第五十条　房屋拆除应当由具备保证安全条件的建筑施工单位承担，由建筑施工单位负责人对安全负责。

第五十一条　施工中发生事故时，建筑施工企业应当采取紧急措施减少人员伤亡和事故损失，并按照国家有关规定及时向有关部门报告。

第六章　建筑工程质量管理

第五十二条　建筑工程勘察、设计、施工的质量必须符合国家有关建筑工程安全标准的要求，具体管理办法由国务院规定。

有关建筑工程安全的国家标准不能适应确保建筑安全的要求时，应当及时修订。

第五十三条　国家对从事建筑活动的单位推行质量体系认证制度。从事建筑活动的单位根据自愿原则可以向国务院产品质量监督管理部门或者国务院产品质量监督管理部门授权的部门认可的认证机构申请质量体系认证。经认证合格的，由认证机构颁发质量体系认证证书。

第五十四条 建设单位不得以任何理由,要求建筑设计单位或者建筑施工企业在工程设计或者施工作业中,违反法律、行政法规和建筑工程质量、安全标准,降低工程质量。

建筑设计单位和建筑施工企业对建设单位违反前款规定提出的降低工程质量的要求,应当予以拒绝。

第五十五条 建筑工程实行总承包的,工程质量由工程总承包单位负责,总承包单位将建筑工程分包给其他单位的,应当对分包工程的质量与分包单位承担连带责任。分包单位应当接受总承包单位的质量管理。

第五十六条 建筑工程的勘察、设计单位必须对其勘察、设计的质量负责。勘察、设计文件应当符合有关法律、行政法规的规定和建筑工程质量、安全标准、建筑工程勘察、设计技术规范以及合同的约定。设计文件选用的建筑材料、建筑构配件和设备,应当注明其规格、型号、性能等技术指标,其质量要求必须符合国家规定的标准。

第五十七条 建筑设计单位对设计文件选用的建筑材料、建筑构配件和设备,不得指定生产厂、供应商。

第五十八条 建筑施工企业对工程的施工质量负责。

建筑施工企业必须按照工程设计图纸和施工技术标准施工,不得偷工减料。工程设计的修改由原设计单位负责,建筑施工企业不得擅自修改工程设计。

第五十九条 建筑施工企业必须按照工程设计要求、施工技术标准和合同的约定,对建筑材料、建筑构配件和设备进行检验,不合格的不得使用。

第六十条 建筑物在合理使用寿命内,必须确保地基基础工程和主体结构的质量。

建筑工程竣工时,屋顶、墙面不得留有渗漏、开裂等质量缺陷;对已发现的质量缺陷,建筑施工企业应当修复。

第六十一条 交付竣工验收的建筑工程,必须符合规定的建筑工程质量标准,有完整的工程技术经济资料和经签署的工程保修书,并具备国家规定的其他竣工条件。

建筑工程竣工经验收合格后,方可交付使用;未经验收或者验收不合格的,不得交付使用。

第六十二条 建筑工程实行质量保修制度。

建筑工程的保修范围应当包括地基基础工程、主体结构工程、屋面防水工程和其他土建工程,以及电气管线、上下水管线的安装工程,供热、供冷系统工程等项目;保修的期限应当按照保证建筑物合理寿命年限内正常使用,维护使用者合法权益的原则确定。具体的保修范围和最低保修期限由国务院规定。

第六十三条 任何单位和个人对建筑工程的质量事故、质量缺陷都有权向建设行政主管部门或者其他有关部门进行检举、控告、投诉。

第七章 法 律 责 任

第六十四条 违反本法规定,未取得施工许可证或者开工报告未经批准擅自施工的,责令改正,对不符合开工条件的责令停止施工,可以处以罚款。

第六十五条 发包单位将工程发包给不具有相应资质条件的承包单位的,或者违反本法规定将建筑工程肢解发包的，责令改正，处以罚款。

超越本单位资质等级承揽工程的，责令停止违法行为，处以罚款，可以责令停业整顿，降低资质等级；情节严重的，吊销资质证书；有违法所得的，予以没收。

未取得资质证书承揽工程的，予以取缔，并处罚款；有违法所得的，予以没收。

以欺骗手段取得资质证书的，吊销资质证书，处以罚款；构成犯罪的，依法追究刑事责任。

第六十六条 建筑施工企业转让、出借资质证书或者以其他方式允许他人以本企业的名义承揽工程的，责令改正，没收违法所得，并处罚款，可以责令停业整顿，降低资质等级；情节严重的，吊销资质证书。对因该项承揽工程不符合规定的质量标准造成的损失，建筑施工企业与使用本企业名义的单位或者个人承担连带赔偿责任。

第六十七条 承包单位将承包的工程转包的，或者违反本法规定进行分包的，责令改正，没收违法所得，并处罚款，可以责令停业整顿，降低资质等级；情节严重的，吊销资质证书。

承包单位有前款规定的违法行为的，对因转包工程或者违法分包的工程不符合规定的质量标准造成的损失，与接受转包或者分包的单位承担连带赔偿责任。

第六十八条 在工程发包与承包中索贿、受贿、行贿，构成犯罪的，依法追究刑事责任；不构成犯罪的，分别处以罚款，没收贿赂的财物，对直接负责的主管人员和其他直接责任人员给予处分。

对在工程承包中行贿的承包单位，除依照前款规定处罚外，可以责令停业整顿，降低资质等级或者吊销资质证书。

第六十九条 工程监理单位与建设单位或者建筑施工企业串通，弄虚作假、降低工程质量的，责令改正，处以罚款，降低资质等级或者吊销资质证书；有违法所得的，予以没收；造成损失的，承担连带赔偿责任；构成犯罪的，依法追究刑事责任。

工程监理单位转让监理业务的，责令改正，没收违法所得，可以责令停业整顿，降低资质等级；情节严重的，吊销资质证书。

第七十条 违反本法规定，涉及建筑主体或者承重结构变动的装修工程擅自施工的，责令改正，处以罚款；造成损失的，承担赔偿责任；构成犯罪的，依法追究刑事责任。

第七十一条 建筑施工企业违反本法规定，对建筑安全事故隐患不采取措施予以消除的，责令改正，可以处以罚款；情节严重的，责令停业整顿，降低资质等级或者吊销资质证书；构成犯罪的，依法追究刑事责任。

建筑施工企业的管理人员违章指挥、强令职工冒险作业，因而发生重大伤亡事故或者造成其他严重后果的，依法追究刑事责任。

第七十二条 建设单位违反本法规定，要求建筑设计单位或者建筑施工企业违反建筑工程质量、安全标准，降低工程质量的，责令改正，可以处以罚款；构成犯罪的，依法追究刑事责任。

第七十三条 建筑设计单位不按照建筑工程质量、安全标准进行设计的，责令改正，处以罚款；造成工程质量事故的，责令停业整顿，降低资质等级或者吊销资质证书，没收违法所得，并处罚款；造成损失的，承担赔偿责任；构成犯罪的，依法追究刑事责任。

第七十四条 建筑施工企业在施工中偷工减料的，使用不合格的建筑材料、建筑构配件和设备的，或者有其他不按照工程设计图纸或者施工技术标准施工的行为的，责令改正，处以罚款；情节严重的，责令停业整顿，降低资质等级或者吊销资质证书；造成建筑工程质量不符合规定的质量标准的，负责返工、修理，并赔偿因此造成的损失；构成犯罪的，依法追究刑事责任。

第七十五条 建筑施工企业违反本法规定，不履行保修义务或者拖延履行保修义务的，责令改正，可以处以罚款，并对在保修期内因屋顶、墙面渗漏、开裂等质量缺陷造成的损失，承担赔偿责任。

第七十六条 本法规定的责令停业整顿、降低资质等级和吊销资质证书的行政处罚，由颁发资质证书的机关决定；其他行政处罚，由建设行政主管部门或者有关部门依照法律和国务院规定的职权范围决定。

依照本法规定被吊销资质证书的，由工商行政管理部门吊销其营业执照。

第七十七条 违反本法规定，对不具备相应资质等级条件的单位颁发该等级资质证书的，由其上级机关责令收回所发的资质证书，对直接负责的主管人员和其他直接责任人员给予行政处分；构成犯罪的，依法追究刑事责任。

第七十八条 政府及其所属部门的工作人员违反本法规定，限定发包单位将招标发包的工程发包给指定的承包单位的，由上级机关责令改正；构成犯罪的，依法追究刑事责任。

第七十九条 负责颁发建筑工程施工许可证的部门及其工作人员对不符合施工条件的建筑工程颁发施工许可证的，负责工程质量监督检查或者竣工验收的部门及其工作人员对不合格的建筑工程出具质量合格文件或者按合格工程验收的，由上级机关责令改正，对责任人员给予行政处分；构成犯罪的，依法追究刑事责任；造成损失的，由该部门承担相应的赔偿责任。

第八十条 在建筑物的合理使用寿命内，因建筑工程质量不合格受到损害的，有权向责任者要求赔偿。

第八章 附　　则

第八十一条 本法关于施工许可、建筑施工企业资质审查和建筑工程发包、承包、禁止转包，以及建筑工程监理、建筑工程安全和质量管理的规定，适用于其他专业建筑工程的建筑活动，具体办法由国务院规定。

第八十二条 建设行政主管部门和其他有关部门在对建筑活动实施监督管理中，除按照国务院有关规定收取费用外，不得收取其他费用。

第八十三条 省、自治区、直辖市人民政府确定的小型房屋建筑工程的建筑活动，参照本法执行。

依法核定作为文物保护的纪念建筑物和古建筑等的修缮，依照文物保护的有关法律规定执行。

抢险救灾及其他临时性房屋建筑和农民自建低层住宅的建筑活动，不适用本法。

第八十四条 军用房屋建筑工程建筑活动的具体管理办法，由国务院、中央军事委员会依据本法制定。

第八十五条 本法自 1998 年 3 月 1 日起施行。

中华人民共和国招标投标法

（1999年8月30日第九届全国人民代表大会常务委员会第十一次会议通过，1999年8月30日中华人民共和国主席令第二十一号公布，自2000年1月1日起施行）

目　录

第一章　总　则
第二章　招　标
第三章　投　标
第四章　开标、评标和中标
第五章　法律责任
第六章　附　则

第一章　总　则

第一条　为了规范招标投标活动，保护国家利益、社会公共利益和招标投标活动当事人的合法权益，提高经济效益，保证项目质量，制定本法。

第二条　在中华人民共和国境内进行招标投标活动，适用本法。

第三条　在中华人民共和国境内进行下列工程建设项目包括项目的勘察、设计、施工、监理以及与工程建设有关的重要设备、材料等的采购，必须进行招标：

（一）大型基础设施、公用事业等关系社会公共利益、公众安全的项目；

（二）全部或者部分使用国有资金投资或者国家融资的项目；

（三）使用国际组织或者外国政府贷款、援助资金的项目。

前款所列项目的具体范围和规模标准，由国务院发展计划部门会同国务院有关部门制订，报国务院批准。

法律或者国务院对必须进行招标的其他项目的范围有规定的，依照其规定。

第四条　任何单位和个人不得将依法必须进行招标的项目化整为零或者以其他任何方式规避招标。

第五条　招标投标活动应当遵循公开、公平、公正和诚实信用的原则。

第六条　依法必须进行招标的项目，其招标投标活动不受地区或者部门的限制。任何单位和个人不得违法限制或者排斥本地区、本系统以外的法人或者其他组织参加投标，不得以任何方式非法干涉招标投标活动。

第七条　招标投标活动及其当事人应当接受依法实施的监督。

有关行政监督部门依法对招标投标活动实施监督，依法查处招标投标活动中的违法行为。

对招标投标活动的行政监督及有关部门的具体职权划分，由国务院规定。

第二章 招　　标

第八条　招标人是依照本法规定提出招标项目、进行招标的法人或者其他组织。

第九条　招标项目按照国家有关规定需要履行项目审批手续的，应当先履行审批手续，取得批准。

招标人应当有进行招标项目的相应资金或者资金来源已经落实，并应当在招标文件中如实载明。

第十条　招标分为公开招标和邀请招标。

公开招标，是指招标人以招标公告的方式邀请不特定的法人或者其他组织投标。

邀请招标，是指招标人以投标邀请书的方式邀请特定的法人或者其他组织投标。

第十一条　国务院发展计划部门确定的国家重点项目和省、自治区、直辖市人民政府确定的地方重点项目不适宜公开招标的，经国务院发展计划部门或者省、自治区、直辖市人民政府批准，可以进行邀请招标。

第十二条　招标人有权自行选择招标代理机构，委托其办理招标事宜。任何单位和个人不得以任何方式为招标人指定招标代理机构。

招标人具有编制招标文件和组织评标能力的，可以自行办理招标事宜。任何单位和个人不得强制其委托招标代理机构办理招标事宜。

依法必须进行招标的项目，招标人自行办理招标事宜的，应当向有关行政监督部门备案。

第十三条　招标代理机构是依法设立、从事招标代理业务并提供相关服务的社会中介组织。

招标代理机构应当具备下列条件：

（一）有从事招标代理业务的营业场所和相应资金；

（二）有能够编制招标文件和组织评标的相应专业力量；

（三）有符合本法第三十七条第三款规定条件、可以作为评标委员会成员人选的技术、经济等方面的专家库。

第十四条　从事工程建设项目招标代理业务的招标代理机构，其资格由国务院或者省、自治区、直辖市人民政府的建设行政主管部门认定。具体办法由国务院建设行政主管部门会同国务院有关部门制定。从事其他招标代理业务的招标代理机构，其资格认定的主管部门由国务院规定。

招标代理机构与行政机关和其他国家机关不得存在隶属关系或者其他利益关系。

第十五条　招标代理机构应当在招标人委托的范围内办理招标事宜，并遵守本法关于招标人的规定。

第十六条　招标人采用公开招标方式的，应当发布招标公告。依法必须进行招标的项目的招标公告，应当通过国家指定的报刊、信息网络或者其他媒介发布。

招标公告应当载明招标人的名称和地址、招标项目的性质、数量、实施地点和时间以及获取招标文件的办法等事项。

第十七条 招标人采用邀请招标方式的，应当向三个以上具备承担招标项目的能力、资信良好的特定的法人或者其他组织发出投标邀请书。

投标邀请书应当载明本法第十六条第二款规定的事项。

第十八条 招标人可以根据招标项目本身的要求，在招标公告或者投标邀请书中，要求潜在投标人提供有关资质证明文件和业绩情况，并对潜在投标人进行资格审查；国家对投标人的资格条件有规定的，依照其规定。

招标人不得以不合理的条件限制或者排斥潜在投标人，不得对潜在投标人实行歧视待遇。

第十九条 招标人应当根据招标项目的特点和需要编制招标文件。招标文件应当包括招标项目的技术要求、对投标人资格审查的标准、投标报价要求和评标标准等所有实质性要求和条件以及拟签订合同的主要条款。

国家对招标项目的技术、标准有规定的，招标人应当按照其规定在招标文件中提出相应要求。

招标项目需要划分标段、确定工期的，招标人应当合理划分标段、确定工期，并在招标文件中载明。

第二十条 招标文件不得要求或者标明特定的生产供应者以及含有倾向或者排斥潜在投标人的其他内容。

第二十一条 招标人根据招标项目的具体情况，可以组织潜在投标人踏勘项目现场。

第二十二条 招标人不得向他人透露已获取招标文件的潜在投标人的名称、数量以及可能影响公平竞争的有关招标投标的其他情况。

招标人设有标底的，标底必须保密。

第二十三条 招标人对已发出的招标文件进行必要的澄清或者修改的，应当在招标文件要求提交投标文件截止时间至少十五日前，以书面形式通知所有招标文件收受人。该澄清或者修改的内容为招标文件的组成部分。

第二十四条 招标人应当确定投标人编制投标文件所需要的合理时间；但是，依法必须进行招标的项目，自招标文件开始发出之日起至投标人提交投标文件截止之日，最短不得少于二十日。

第三章 投 标

第二十五条 投标人是响应招标、参加投标竞争的法人或者其他组织。

依法招标的科研项目允许个人参加投标的，投标的个人适用本法有关投标人的规定。

第二十六条 投标人应当具备承担招标项目的能力；国家有关规定对投标人资格条件或者招标文件对投标人资格条件有规定的，投标人应当具备规定的资格条件。

第二十七条 投标人应当按照招标文件的要求编制投标文件。投标文件应当对招标文件提出的实质性要求和条件作出响应。

招标项目属于建设施工的，投标文件的内容应当包括拟派出的项目负责人与主要技术人员的简历、业绩和拟用于完成招标项目的机械设备等。

第二十八条 投标人应当在招标文件要求提交投标文件的截止时间前，将投标文件送达投标地点。招标人收到投标文件后，应当签收保存，不得开启。投标人少于三个的，招标人应当依照本法重新招标。

在招标文件要求提交投标文件的截止时间后送达的投标文件，招标人应当拒收。

第二十九条 投标人在招标文件要求提交投标文件的截止时间前，可以补充、修改或者撤回已提交的投标文件，并书面通知招标人。补充、修改的内容为投标文件的组成部分。

第三十条 投标人根据招标文件载明的项目实际情况，拟在中标后将中标项目的部分非主体、非关键性工作进行分包的，应当在投标文件中载明。

第三十一条 两个以上法人或者其他组织可以组成一个联合体，以一个投标人的身份共同投标。

联合体各方均应当具备承担招标项目的相应能力；国家有关规定或者招标文件对投标人资格条件有规定的，联合体各方均应当具备规定的相应资格条件。由同一专业的单位组成的联合体，按照资质等级较低的单位确定资质等级。

联合体各方应当签订共同投标协议，明确约定各方拟承担的工作和责任，并将共同投标协议连同投标文件一并提交招标人。联合体中标的，联合体各方应当共同与招标人签订合同，就中标项目向招标人承担连带责任。

招标人不得强制投标人组成联合体共同投标，不得限制投标人之间的竞争。

第三十二条 投标人不得相互串通投标报价，不得排挤其他投标人的公平竞争，损害招标人或者其他投标人的合法权益。

投标人不得与招标人串通投标，损害国家利益、社会公共利益或者他人的合法权益。

禁止投标人以向招标人或者评标委员会成员行贿的手段谋取中标。

第三十三条 投标人不得以低于成本的报价竞标，也不得以他人名义投标或者以其他方式弄虚作假，骗取中标。

第四章 开标、评标和中标

第三十四条 开标应当在招标文件确定的提交投标文件截止时间的同一时间公开进行；开标地点应当为招标文件中预先确定的地点。

第三十五条 开标由招标人主持，邀请所有投标人参加。

第三十六条 开标时，由投标人或者其推选的代表检查投标文件的密封情况，也可以由招标人委托的公证机构检查并公证；经确认无误后，由工作人员当众拆封，宣读投标人名称、投标价格和投标文件的其他主要内容。

招标人在招标文件要求提交投标文件的截止时间前收到的所有投标文件，开标时都应当当众予以拆封、宣读。

开标过程应当记录，并存档备查。

第三十七条 评标由招标人依法组建的评标委员会负责。

依法必须进行招标的项目，其评标委员会由招标人的代表和有关技术、经济等方面的专家组成，成员人数为五人以上单数，其中技术、经济等方面的专家不得少于成员总数的三分之二。

前款专家应当从事相关领域工作满八年并具有高级职称或者具有同等专业水平，由招标人从国务院有关部门或者省、自治区、直辖市人民政府有关部门提供的专家名册或者招标代理机构的专家库内的相关专业的专家名单中确定；一般招标项目可以采取随机抽取方式，特殊招标项目可以由招标人直接确定。

与投标人有利害关系的人不得进入相关项目的评标委员会；已经进入的应当更换。

评标委员会成员的名单在中标结果确定前应当保密。

第三十八条 招标人应当采取必要的措施，保证评标在严格保密的情况下进行。

任何单位和个人不得非法干预、影响评标的过程和结果。

第三十九条 评标委员会可以要求投标人对投标文件中含义不明确的内容作必要的澄清或者说明，但是澄清或者说明不得超出投标文件的范围或者改变投标文件的实质性内容。

第四十条 评标委员会应当按照招标文件确定的评标标准和方法，对投标文件进行评审和比较；设有标底的，应当参考标底。评标委员会完成评标后，应当向招标人提出书面评标报告，并推荐合格的中标候选人。

招标人根据评标委员会提出的书面评标报告和推荐的中标候选人确定中标人。招标人也可以授权评标委员会直接确定中标人。

国务院对特定招标项目的评标有特别规定的，从其规定。

第四十一条 中标人的投标应当符合下列条件之一：

（一）能够最大限度地满足招标文件中规定的各项综合评价标准；

（二）能够满足招标文件的实质性要求，并且经评审的投标价格最低；但是投标价格低于成本的除外。

第四十二条 评标委员会经评审，认为所有投标都不符合招标文件要求的，可以否决所有投标。

依法必须进行招标的项目的所有投标被否决的，招标人应当依照本法重新招标。

第四十三条 在确定中标人前，招标人不得与投标人就投标价格、投标方案等实质性内容进行谈判。

第四十四条 评标委员会成员应当客观、公正地履行职务，遵守职业道德，对所提出的评审意见承担个人责任。

评标委员会成员不得私下接触投标人，不得收受投标人的财物或者其他好处。

评标委员会成员和参与评标的有关工作人员不得透露对投标文件的评审和比较、中标候选人的推荐情况以及与评标有关的其他情况。

第四十五条 中标人确定后，招标人应当向中标人发出中标通知书，并同时将中标结果通知所有未中标的投标人。

中标通知书对招标人和中标人具有法律效力。中标通知书发出后，招标人改变中标结果的，或者中标人放弃中标项目的，应当依法承担法律责任。

第四十六条 招标人和中标人应当自中标通知书发出之日起三十日内，按照招标文件和中标人的投标文件订立书面合同。招标人和中标人不得再行订立背离合同实质性内容的其他协议。

招标文件要求中标人提交履约保证金的，中标人应当提交。

第四十七条 依法必须进行招标的项目，招标人应当自确定中标人之日起十五日内，向有关行政监督部门提交招标投标情况的书面报告。

第四十八条 中标人应当按照合同约定履行义务，完成中标项目。中标人不得向他人转让中标项目，也不得将中标项目肢解后分别向他人转让。

中标人按照合同约定或者经招标人同意，可以将中标项目的部分非主体、非关键性工作分包给他人完成。接受分包的人应当具备相应的资格条件，并不得再次分包。

中标人应当就分包项目向招标人负责，接受分包的人就分包项目承担连带责任。

第五章 法律责任

第四十九条 违反本法规定，必须进行招标的项目而不招标的，将必须进行招标的项目化整为零或者以其他任何方式规避招标的，责令限期改正，可以处项目合同金额5‰以上10‰以下的罚款；对全部或者部分使用国有资金的项目，可以暂停项目执行或者暂停资金拨付；对单位直接负责的主管人员和其他直接责任人员依法给予处分。

第五十条 招标代理机构违反本法规定，泄露应当保密的与招标投标活动有关的情况和资料的，或者与招标人、投标人串通损害国家利益、社会公共利益或者他人合法权益的，处五万元以上二十五万元以下的罚款，对单位直接负责的主管人员和其他直接责任人员处单位罚款数额5%以上10%以下的罚款；有违法所得的，并处没收违法所得；情节严重的，暂停直至取消招标代理资格；构成犯罪的，依法追究刑事责任。给他人造成损失的，依法承担赔偿责任。

前款所列行为影响中标结果的，中标无效。

第五十一条 招标人以不合理的条件限制或者排斥潜在投标人的，对潜在投标人实行歧视待遇的，强制要求投标人组成联合体共同投标的，或者限制投标人之间竞争的，责令改正，可以处一万元以上五万元以下的罚款。

第五十二条 依法必须进行招标的项目的招标人向他人透露已获取招标文件的潜在投标人的名称、数量或者可能影响公平竞争的有关招标投标的其他情况的，或者泄露标底的，给予警告，可以并处一万元以上十万元以下的罚款；对单位直接负责的主管人员和其他直接责任人员依法给予处分；构成犯罪的，依法追究刑事责任。

前款所列行为影响中标结果的，中标无效。

第五十三条 投标人相互串通投标或者与招标人串通投标的，投标人以向招标人或者评标委员会成员行贿的手段谋取中标的，中标无效，处中标项目金额5‰以上10‰以下的罚款，对单位直接负责的主管人员和其他直接责任人员处单位罚款数额5%以上10%以下的罚款；有违法所得的，并处没收违法所得；情节严重的，取消其一年至二年内参加依法必须进行招标的项目的投标资格并予以公告，直至由工商行政管理机关吊销营业执照；构成犯罪的，依法追究刑事责任。给他人造成损失的，依法承担赔偿责任。

第五十四条 投标人以他人名义投标或者以其他方式弄虚作假，骗取中标的，中标无效，给招标人造成损失的，依法承担赔偿责任；构成犯罪的，依法追究刑事责任。

依法必须进行招标的项目的投标人有前款所列行为尚未构成犯罪的，处中标项目金额5‰以上10‰以下的罚款，对单位直接负责的主管人员和其他直接责任人员处单位罚款数额5%以上10%以下的罚款；有违法所得的，并处没收违法所得；情节严重的，取消其一年至三年内参加依法必须进行招标的项目的投标资格并予以公告，直至由工商行政管理机关吊销营业执照。

第五十五条 依法必须进行招标的项目，招标人违反本法规定，与投标人就投标价格、投标方案等实质性内容进行谈判的，给予警告，对单位直接负责的主管人员和其他直接责任人员依法给予处分。

前款所列行为影响中标结果的，中标无效。

第五十六条 评标委员会成员收受投标人的财物或者其他好处的，评标委员会成员或者参加评标的有关工作人员向他人透露对投标文件的评审和比较、中标候选人的推荐以及与评标有关的其他情况的，给予警告，没收收受的财物，可以并处三千元以上五万元以下的罚款，对有所列违法行为的评标委员会成员取消担任评标委员会成员的资格，不得再参加任何依法必须进行招标的项目的评标；构成犯罪的，依法追究刑事责任。

第五十七条 招标人在评标委员会依法推荐的中标候选人以外确定中标人的，依法必须进行招标的项目在所有投标被评标委员会否决后自行确定中标人的，中标无效。责令改正，可以处中标项目金额5‰以上10‰以下的罚款；对单位直接负责的主管人员和其他直接责任人员依法给予处分。

第五十八条 中标人将中标项目转让给他人的，将中标项目肢解后分别转让给他人的，违反本法规定将中标项目的部分主体、关键性工作分包给他人的，或者分包人再次分包的，转让、分包无效，处转让、分包项目金额5‰以上10‰以下的罚款；有违法所得的，并处没收违法所得；可以责令停业整顿；情节严重的，由工商行政管理机关吊销营业执照。

第五十九条 招标人与中标人不按照招标文件和中标人的投标文件订立合同的，或者招标人、中标人订立背离合同实质性内容的协议的，责令改正；可以处中标项目金额5‰以上10‰以下的罚款。

第六十条 中标人不履行与招标人订立的合同的，履约保证金不予退还，给招标人造成的损失超过履约保证金数额的，还应当对超过部分予以赔偿；没有提交履约保证金的，应当对招标人的损失承担赔偿责任。

中标人不按照与招标人订立的合同履行义务，情节严重的，取消其二年至五年内参加依法必须进行招标的项目的投标资格并予以公告，直至由工商行政管理机关吊销营业执照。

因不可抗力不能履行合同的，不适用前两款规定。

第六十一条 本章规定的行政处罚，由国务院规定的有关行政监督部门决定。本法已对实施行政处罚的机关作出规定的除外。

第六十二条　任何单位违反本法规定，限制或者排斥本地区、本系统以外的法人或者其他组织参加投标的，为招标人指定招标代理机构的，强制招标人委托招标代理机构办理招标事宜的，或者以其他方式干涉招标投标活动的，责令改正；对单位直接负责的主管人员和其他直接责任人员依法给予警告、记过、记大过的处分，情节较重的，依法给予降级、撤职、开除的处分。

个人利用职权进行前款违法行为的，依照前款规定追究责任。

第六十三条　对招标投标活动依法负有行政监督职责的国家机关工作人员徇私舞弊、滥用职权或者玩忽职守，构成犯罪的，依法追究刑事责任；不构成犯罪的，依法给予行政处分。

第六十四条　依法必须进行招标的项目违反本法规定，中标无效的，应当依照本法规定的中标条件从其余投标人中重新确定中标人或者依照本法重新进行招标。

第六章　附　　则

第六十五条　投标人和其他利害关系人认为招标投标活动不符合本法有关规定的，有权向招标人提出异议或者依法向有关行政监督部门投诉。

第六十六条　涉及国家安全、国家秘密、抢险救灾或者属于利用扶贫资金实行以工代赈、需要使用农民工等特殊情况，不适宜进行招标的项目，按照国家有关规定可以不进行招标。

第六十七条　使用国际组织或者外国政府贷款、援助资金的项目进行招标，贷款方、资金提供方对招标投标的具体条件和程序有不同规定的，可以适用其规定，但违背中华人民共和国的社会公共利益的除外。

第六十八条　本法自2000年1月1日起施行。

最高人民法院关于审理建设工程施工合同纠纷案件适用法律问题的解释

法释 [2004] 14号

根据《中华人民共和国民法通则》、《中华人民共和国合同法》、《中华人民共和国招标投标法》、《中华人民共和国民事诉讼法》等法律规定,结合民事审判实际,就审理建设工程施工合同纠纷案件适用法律的问题,制定本解释。

第一条 建设工程施工合同具有下列情形之一的,应当根据合同法第五十二条第(五)项的规定,认定无效:

(一) 承包人未取得建筑施工企业资质或者超越资质等级的;
(二) 没有资质的实际施工人借用有资质的建筑施工企业名义的;
(三) 建设工程必须进行招标而未招标或者中标无效的。

第二条 建设工程施工合同无效,但建设工程经竣工验收合格,承包人请求参照合同约定支付工程价款的,应予支持。

第三条 建设工程施工合同无效,且建设工程经竣工验收不合格的,按照以下情形分别处理:

(一) 修复后的建设工程经竣工验收合格,发包人请求承包人承担修复费用的,应予支持;
(二) 修复后的建设工程经竣工验收不合格,承包人请求支付工程价款的,不予支持。

因建设工程不合格造成的损失,发包人有过错的,也应承担相应的民事责任。

第四条 承包人非法转包、违法分包建设工程或者没有资质的实际施工人借用有资质的建筑施工企业名义与他人签订建设工程施工合同的行为无效。人民法院可以根据民法通则第一百三十四条规定,收缴当事人已经取得的非法所得。

第五条 承包人超越资质等级许可的业务范围签订建设工程施工合同,在建设工程竣工前取得相应资质等级,当事人请求按照无效合同处理的,不予支持。

第六条 当事人对垫资和垫资利息有约定,承包人请求按照约定返还垫资及其利息的,应予支持,但是约定的利息计算标准高于中国人民银行发布的同期同类贷款利率的部分除外。

当事人对垫资没有约定的,按照工程欠款处理。

当事人对垫资利息没有约定,承包人请求支付利息的,不予支持。

第七条 具有劳务作业法定资质的承包人与总承包人、分包人签订的劳务分包合同,当事人以转包建设工程违反法律规定为由请求确认无效的,不予支持。

第八条 承包人具有下列情形之一,发包人请求解除建设工程施工合同的,应予支持：

（一）明确表示或者以行为表明不履行合同主要义务的；

（二）合同约定的期限内没有完工，且在发包人催告的合理期限内仍未完工的；

（三）已经完成的建设工程质量不合格，并拒绝修复的；

（四）将承包的建设工程非法转包、违法分包的。

第九条 发包人具有下列情形之一，致使承包人无法施工，且在催告的合理期限内仍未履行相应义务，承包人请求解除建设工程施工合同的，应予支持：

（一）未按约定支付工程价款的；

（二）提供的主要建筑材料、建筑构配件和设备不符合强制性标准的；

（三）不履行合同约定的协助义务的。

第十条 建设工程施工合同解除后，已经完成的建设工程质量合格的，发包人应当按照约定支付相应的工程价款；已经完成的建设工程质量不合格的，参照本解释第三条规定处理。

因一方违约导致合同解除的，违约方应当赔偿因此而给对方造成的损失。

第十一条 因承包人的过错造成建设工程质量不符合约定，承包人拒绝修理、返工或者改建，发包人请求减少支付工程价款的，应予支持。

第十二条 发包人具有下列情形之一，造成建设工程质量缺陷，应当承担过错责任：

（一）提供的设计有缺陷；

（二）提供或者指定购买的建筑材料、建筑构配件、设备不符合强制性标准；

（三）直接指定分包人分包专业工程。

承包人有过错的，也应当承担相应的过错责任。

第十三条 建设工程未经竣工验收，发包人擅自使用后，又以使用部分质量不符合约定为由主张权利的，不予支持；但是承包人应当在建设工程的合理使用寿命内对地基基础工程和主体结构质量承担民事责任。

第十四条 当事人对建设工程实际竣工日期有争议的，按照以下情形分别处理：

（一）建设工程经竣工验收合格的，以竣工验收合格之日为竣工日期；

（二）承包人已经提交竣工验收报告，发包人拖延验收的，以承包人提交验收报告之日为竣工日期；

（三）建设工程未经竣工验收，发包人擅自使用的，以转移占有建设工程之日为竣工日期。

第十五条 建设工程竣工前，当事人对工程质量发生争议，工程质量经鉴定合格的，鉴定期间为顺延工期期间。

第十六条 当事人对建设工程的计价标准或者计价方法有约定的，按照约定结算工程价款。

因设计变更导致建设工程的工程量或者质量标准发生变化，当事人对该部分工程价款不能协商一致的，可以参照签订建设工程施工合同时当地建设行政主管部门发布的计价方法或者计价标准结算工程价款。

建设工程施工合同有效，但建设工程经竣工验收不合格的，工程价款结算参照本解释

第三条规定处理。

第十七条 当事人对欠付工程价款利息计付标准有约定的，按照约定处理；没有约定的，按照中国人民银行发布的同期同类贷款利率计息。

第十八条 利息从应付工程价款之日计付。当事人对付款时间没有约定或者约定不明的，下列时间视为应付款时间：

（一）建设工程已实际交付的，为交付之日；

（二）建设工程没有交付的，为提交竣工结算文件之日；

（三）建设工程未交付，工程价款也未结算的，为当事人起诉之日。

第十九条 当事人对工程量有争议的，按照施工过程中形成的签证等书面文件确认。承包人能够证明发包人同意其施工，但未能提供签证文件证明工程量发生的，可以按照当事人提供的其他证据确认实际发生的工程量。

第二十条 当事人约定，发包人收到竣工结算文件后，在约定期限内不予答复，视为认可竣工结算文件的，按照约定处理。承包人请求按照竣工结算文件结算工程价款的，应予支持。

第二十一条 当事人就同一建设工程另行订立的建设工程施工合同与经过备案的中标合同实质性内容不一致的，应当以备案的中标合同作为结算工程价款的根据。

第二十二条 当事人约定按照固定价结算工程价款，一方当事人请求对建设工程造价进行鉴定的，不予支持。

第二十三条 当事人对部分案件事实有争议的，仅对有争议的事实进行鉴定，但争议事实范围不能确定，或者双方当事人请求对全部事实鉴定的除外。

第二十四条 建设工程施工合同纠纷以施工行为地为合同履行地。

第二十五条 因建设工程质量发生争议的，发包人可以以总承包人、分包人和实际施工人为共同被告提起诉讼。

第二十六条 实际施工人以转包人、违法分包人为被告起诉的，人民法院应当依法受理。

实际施工人以发包人为被告主张权利的，人民法院可以追加转包人或者违法分包人为本案当事人。发包人只在欠付工程价款范围内对实际施工人承担责任。

第二十七条 因保修人未及时履行保修义务，导致建筑物毁损或者造成人身、财产损害的，保修人应当承担赔偿责任。

保修人与建筑物所有人或者发包人对建筑物毁损均有过错的，各自承担相应的责任。

第二十八条 本解释自二○○五年一月一日起施行。

施行后受理的第一审案件适用本解释。

施行前最高人民法院发布的司法解释与本解释相抵触的，以本解释为准。

建设工程质量管理条例

(2000年1月10日国务院第25次常务会议通过，2000年1月30日中华人民共和国国务院令第279号公布，自公布之日起施行)

目 录

第一章 总 则
第二章 建设单位的质量责任和义务
第三章 勘察、设计单位的质量责任和义务
第四章 施工单位的质量责任和义务
第五章 工程监理单位的质量责任和义务
第六章 建设工程质量保修
第七章 监督管理
第八章 罚 则
第九章 附 则

第一章 总 则

第一条 为了加强对建设工程质量的管理，保证建设工程质量，保护人民生命和财产安全，根据《中华人民共和国建筑法》，制定本条例。

第二条 凡在中华人民共和国境内从事建设工程的新建、扩建、改建等有关活动及实施对建设工程质量监督管理的，必须遵守本条例。

本条例所称建设工程，是指土木工程、建筑工程、线路管道和设备安装工程及装修工程。

第三条 建设单位、勘察单位、设计单位、施工单位、工程监理单位依法对建设工程质量负责。

第四条 县级以上人民政府建设行政主管部门和其他有关部门应当加强对建设工程质量的监督管理。

第五条 从事建设工程活动，必须严格执行基本建设程序，坚持先勘察、后设计、再施工的原则。

县级以上人民政府及其有关部门不得超越权限审批建设项目或者擅自简化基本建设程序。

第六条 国家鼓励采用先进的科学技术和管理方法，提高建设工程质量。

第二章　建设单位的质量责任和义务

第七条　建设单位应当将工程发包给具有相应资质等级的单位。

建设单位不得将建设工程肢解发包。

第八条　建设单位应当依法对工程建设项目的勘察、设计、施工、监理以及与工程建设有关的重要设备、材料等的采购进行招标。

第九条　建设单位必须向有关的勘察、设计、施工、工程监理等单位提供与建设工程有关的原始资料。

原始资料必须真实、准确、齐全。

第十条　建设工程发包单位不得迫使承包方以低于成本的价格竞标，不得任意压缩合理工期。

建设单位不得明示或者暗示设计单位或者施工单位违反工程建设强制性标准，降低建设工程质量。

第十一条　建设单位应当将施工图设计文件报县级以上人民政府建设行政主管部门或者其他有关部门审查。施工图设计文件审查的具体办法，由国务院建设行政主管部门会同国务院其他有关部门制定。

施工图设计文件未经审查批准的，不得使用。

第十二条　实行监理的建设工程，建设单位应当委托具有相应资质等级的工程监理单位进行监理，也可以委托具有工程监理相应资质等级并与被监理工程的施工承包单位没有隶属关系或者其他利害关系的该工程的设计单位进行监理。

下列建设工程必须实行监理：

（一）国家重点建设工程；

（二）大中型公用事业工程；

（三）成片开发建设的住宅小区工程；

（四）利用外国政府或者国际组织贷款、援助资金的工程；

（五）国家规定必须实行监理的其他工程。

第十三条　建设单位在领取施工许可证或者开工报告前，应当按照国家有关规定办理工程质量监督手续。

第十四条　按照合同约定，由建设单位采购建筑材料、建筑构配件和设备的，建设单位应当保证建筑材料、建筑构配件和设备符合设计文件和合同要求。

建设单位不得明示或者暗示施工单位使用不合格的建筑材料、建筑构配件和设备。

第十五条　涉及建筑主体和承重结构变动的装修工程，建设单位应当在施工前委托原设计单位或者具有相应资质等级的设计单位提出设计方案；没有设计方案的，不得施工。

房屋建筑使用者在装修过程中，不得擅自变动房屋建筑主体和承重结构。

第十六条　建设单位收到建设工程竣工报告后，应当组织设计、施工、工程监理等有关单位进行竣工验收。

建设工程竣工验收应当具备下列条件：

（一）完成建设工程设计和合同约定的各项内容；
（二）有完整的技术档案和施工管理资料；
（三）有工程使用的主要建筑材料、建筑构配件和设备的进场试验报告；
（四）有勘察、设计、施工、工程监理等单位分别签署的质量合格文件；
（五）有施工单位签署的工程保修书。

建设工程经验收合格的，方可交付使用。

第十七条 建设单位应当严格按照国家有关档案管理的规定，及时收集、整理建设项目各环节的文件资料，建立、健全建设项目档案，并在建设工程竣工验收后，及时向建设行政主管部门或者其他有关部门移交建设项目档案。

第三章 勘察、设计单位的质量责任和义务

第十八条 从事建设工程勘察、设计的单位应当依法取得相应等级的资质证书，并在其资质等级许可的范围内承揽工程。

禁止勘察、设计单位超越其资质等级许可的范围或者以其他勘察、设计单位的名义承揽工程。禁止勘察、设计单位允许其他单位或者个人以本单位的名义承揽工程。

勘察、设计单位不得转包或者违法分包所承揽的工程。

第十九条 勘察、设计单位必须按照工程建设强制性标准进行勘察、设计，并对其勘察、设计的质量负责。

注册建筑师、注册结构工程师等注册执业人员应当在设计文件上签字，对设计文件负责。

第二十条 勘察单位提供的地质、测量、水文等勘察成果必须真实、准确。

第二十一条 设计单位应当根据勘察成果文件进行建设工程设计。

设计文件应当符合国家规定的设计深度要求，注明工程合理使用年限。

第二十二条 设计单位在设计文件中选用的建筑材料、建筑构配件和设备，应当注明规格、型号、性能等技术指标，其质量要求必须符合国家规定的标准。

除有特殊要求的建筑材料、专用设备、工艺生产线等外，设计单位不得指定生产厂、供应商。

第二十三条 设计单位应当就审查合格的施工图设计文件向施工单位作出详细说明。

第二十四条 设计单位应当参与建设工程质量事故分析，并对因设计造成的质量事故，提出相应的技术处理方案。

第四章 施工单位的质量责任和义务

第二十五条 施工单位应当依法取得相应等级的资质证书，并在其资质等级许可的范围内承揽工程。

禁止施工单位超越本单位资质等级许可的业务范围或者以其他施工单位的名义承揽工程。禁止施工单位允许其他单位或者个人以本单位的名义承揽工程。

施工单位不得转包或者违法分包工程。

第二十六条 施工单位对建设工程的施工质量负责。

施工单位应当建立质量责任制，确定工程项目的项目经理、技术负责人和施工管理负责人。

建设工程实行总承包的，总承包单位应当对全部建设工程质量负责；建设工程勘察、设计、施工、设备采购的一项或者多项实行总承包的，总承包单位应当对其承包的建设工程或者采购的设备的质量负责。

第二十七条 总承包单位依法将建设工程分包给其他单位的，分包单位应当按照分包合同的约定对其分包工程的质量向总承包单位负责，总承包单位与分包单位对分包工程的质量承担连带责任。

第二十八条 施工单位必须按照工程设计图纸和施工技术标准施工，不得擅自修改工程设计，不得偷工减料。

施工单位在施工过程中发现设计文件和图纸有差错的，应当及时提出意见和建议。

第二十九条 施工单位必须按照工程设计要求、施工技术标准和合同约定，对建筑材料、建筑构配件、设备和商品混凝土进行检验，检验应当有书面记录和专人签字；未经检验或者检验不合格的，不得使用。

第三十条 施工单位必须建立、健全施工质量的检验制度，严格工序管理，作好隐蔽工程的质量检查和记录。隐蔽工程在隐蔽前，施工单位应当通知建设单位和建设工程质量监督机构。

第三十一条 施工人员对涉及结构安全的试块、试件以及有关材料，应当在建设单位或者工程监理单位监督下现场取样，并送具有相应资质等级的质量检测单位进行检测。

第三十二条 施工单位对施工中出现质量问题的建设工程或者竣工验收不合格的建设工程，应当负责返修。

第三十三条 施工单位应当建立、健全教育培训制度，加强对职工的教育培训；未经教育培训或者考核不合格的人员，不得上岗作业。

第五章 工程监理单位的质量责任和义务

第三十四条 工程监理单位应当依法取得相应等级的资质证书，并在其资质等级许可的范围内承担工程监理业务。

禁止工程监理单位超越本单位资质等级许可的范围或者以其他工程监理单位的名义承担工程监理业务。禁止工程监理单位允许其他单位或者个人以本单位的名义承担工程监理业务。

工程监理单位不得转让工程监理业务。

第三十五条 工程监理单位与被监理工程的施工承包单位以及建筑材料、建筑构配件和设备供应单位有隶属关系或者其他利害关系的，不得承担该项建设工程的监理业务。

第三十六条 工程监理单位应当依照法律、法规以及有关技术标准、设计文件和建设工程承包合同，代表建设单位对施工质量实施监理，并对施工质量承担监理责任。

第三十七条 工程监理单位应当选派具备相应资格的总监理工程师和监理工程师进驻施工现场。

未经监理工程师签字，建筑材料、建筑构配件和设备不得在工程上使用或者安装，施工单位不得进行下一道工序的施工。未经总监理工程师签字，建设单位不拨付工程款，不进行竣工验收。

第三十八条 监理工程师应当按照工程监理规范的要求，采取旁站、巡视和平行检验等形式，对建设工程实施监理。

第六章　建设工程质量保修

第三十九条 建设工程实行质量保修制度。

建设工程承包单位在向建设单位提交工程竣工验收报告时，应当向建设单位出具质量保修书。质量保修书中应当明确建设工程的保修范围、保修期限和保修责任等。

第四十条 在正常使用条件下，建设工程的最低保修期限为：

（一）基础设施工程、房屋建筑的地基基础工程和主体结构工程，为设计文件规定的该工程的合理使用年限；

（二）屋面防水工程、有防水要求的卫生间、房间和外墙面的防渗漏，为 5 年；

（三）供热与供冷系统，为 2 个采暖期、供冷期；

（四）电气管线、给排水管道、设备安装和装修工程，为 2 年。

其他项目的保修期限由发包方与承包方约定。

建设工程的保修期，自竣工验收合格之日起计算。

第四十一条 建设工程在保修范围和保修期限内发生质量问题的，施工单位应当履行保修义务，并对造成的损失承担赔偿责任。

第四十二条 建设工程在超过合理使用年限后需要继续使用的，产权所有人应当委托具有相应资质等级的勘察、设计单位鉴定，并根据鉴定结果采取加固、维修等措施，重新界定使用期。

第七章　监　督　管　理

第四十三条 国家实行建设工程质量监督管理制度。

国务院建设行政主管部门对全国的建设工程质量实施统一监督管理。国务院铁路、交通、水利等有关部门按照国务院规定的职责分工，负责对全国的有关专业建设工程质量的监督管理。

县级以上地方人民政府建设行政主管部门对本行政区域内的建设工程质量实施监督管理。县级以上地方人民政府交通、水利等有关部门在各自的职责范围内，负责对本行政区域内的专业建设工程质量的监督管理。

第四十四条 国务院建设行政主管部门和国务院铁路、交通、水利等有关部门应加强对有关建设工程质量的法律、法规和强制性标准执行情况的监督检查。

第四十五条 国务院发展计划部门按照国务院规定的职责，组织稽察特派员，对国家出资的重大建设项目实施监督检查。

国务院经济贸易主管部门按照国务院规定的职责，对国家重大技术改造项目实施监督检查。

第四十六条 建设工程质量监督管理，可以由建设行政主管部门或者其他有关部门委托的建设工程质量监督机构具体实施。

从事房屋建筑工程和市政基础设施工程质量监督的机构，必须按照国家有关规定经国务院建设行政主管部门或者省、自治区、直辖市人民政府建设行政主管部门考核；从事专业建设工程质量监督的机构，必须按照国家有关规定经国务院有关部门或者省、自治区、直辖市人民政府有关部门考核。经考核合格后，方可实施质量监督。

第四十七条 县级以上地方人民政府建设行政主管部门和其他有关部门应当加强对有关建设工程质量的法律、法规和强制性标准执行情况的监督检查。

第四十八条 县级以上人民政府建设行政主管部门和其他有关部门履行监督检查职责时，有权采取下列措施：

（一）要求被检查的单位提供有关工程质量的文件和资料；

（二）进入被检查单位的施工现场进行检查；

（三）发现有影响工程质量的问题时，责令改正。

第四十九条 建设单位应当自建设工程竣工验收合格之日起15日内，将建设工程竣工验收报告和规划、公安消防、环保等部门出具的认可文件或者准许使用文件报建设行政主管部门或者其他有关部门备案。

建设行政主管部门或者其他有关部门发现建设单位在竣工验收过程中有违反国家有关建设工程质量管理规定行为的，责令停止使用，重新组织竣工验收。

第五十条 有关单位和个人对县级以上人民政府建设行政主管部门和其他有关部门进行的监督检查应当支持与配合，不得拒绝或者阻碍建设工程质量监督检查人员依法执行职务。

第五十一条 供水、供电、供气、公安消防等部门或者单位不得明示或者暗示建设单位、施工单位购买其指定的生产供应单位的建筑材料、建筑构配件和设备。

第五十二条 建设工程发生质量事故，有关单位应当在24小时内向当地建设行政主管部门和其他有关部门报告。对重大质量事故，事故发生地的建设行政主管部门和其他有关部门应当按照事故类别和等级向当地人民政府和上级建设行政主管部门和其他有关部门报告。

特别重大质量事故的调查程序按照国务院有关规定办理。

第五十三条 任何单位和个人对建设工程的质量事故、质量缺陷都有权检举、控告、投诉。

第八章 罚 则

第五十四条 违反本条例规定，建设单位将建设工程发包给不具有相应资质等级的勘察、设计、施工单位或者委托给不具有相应资质等级的工程监理单位的,责令改正,处 50 万元以上 100 万元以下的罚款。

第五十五条 违反本条例规定,建设单位将建设工程肢解发包的,责令改正,处工程合同价款 0.5% 以上 1% 以下的罚款;对全部或者部分使用国有资金的项目,并可以暂停项目执行或者暂停资金拨付。

第五十六条 违反本条例规定,建设单位有下列行为之一的,责令改正,处 20 万元以上 50 万元以下的罚款:

(一) 迫使承包方以低于成本的价格竞标的;

(二) 任意压缩合理工期的;

(三) 明示或者暗示设计单位或者施工单位违反工程建设强制性标准,降低工程质量的;

(四) 施工图设计文件未经审查或者审查不合格,擅自施工的;

(五) 建设项目必须实行工程监理而未实行工程监理的;

(六) 未按照国家规定办理工程质量监督手续的;

(七) 明示或者暗示施工单位使用不合格的建筑材料、建筑构配件和设备的;

(八) 未按照国家规定将竣工验收报告、有关认可文件或者准许使用文件报送备案的。

第五十七条 违反本条例规定,建设单位未取得施工许可证或者开工报告未经批准,擅自施工的,责令停止施工,限期改正,处工程合同价款 1% 以上 2% 以下的罚款。

第五十八条 违反本条例规定,建设单位有下列行为之一的,责令改正,处工程合同价款 2% 以上 4% 以下的罚款;造成损失的,依法承担赔偿责任:

(一) 未组织竣工验收,擅自交付使用的;

(二) 验收不合格,擅自交付使用的;

(三) 对不合格的建设工程按照合格工程验收的。

第五十九条 违反本条例规定,建设工程竣工验收后,建设单位未向建设行政主管部门或者其他有关部门移交建设项目档案的,责令改正,处 1 万元以上 10 万元以下的罚款。

第六十条 违反本条例规定,勘察、设计、施工、工程监理单位超越本单位资质等级承揽工程的,责令停止违法行为,对勘察、设计单位或者工程监理单位处合同约定的勘察费、设计费或者监理酬金 1 倍以上 2 倍以下的罚款;对施工单位处工程合同价款 2% 以上 4% 以下的罚款,可以责令停业整顿,降低资质等级;情节严重的,吊销资质证书;有违法所得的,予以没收。

未取得资质证书承揽工程的,予以取缔,依照前款规定处以罚款;有违法所得的,予以没收。

以欺骗手段取得资质证书承揽工程的,吊销资质证书,依照本条第一款规定处以罚款;有违法所得的,予以没收。

第六十一条 违反本条例规定,勘察、设计、施工、工程监理单位允许其他单位或者个人以本单位名义承揽工程的,责令改正,没收违法所得,对勘察、设计单位和工程监理单位处合同约定的勘察费、设计费和监理酬金 1 倍以上 2 倍以下的罚款;对施工单位处工程合同价款2%以上4%以下的罚款；可以责令停业整顿，降低资质等级；情节严重的，吊销资质证书。

第六十二条 违反本条例规定，承包单位将承包的工程转包或者违法分包的，责令改正，没收违法所得，对勘察、设计单位处合同约定的勘察费、设计费25%以上50%以下的罚款；对施工单位处工程合同价款0.5%以上1%以下的罚款；可以责令停业整顿，降低资质等级；情节严重的，吊销资质证书。

工程监理单位转让工程监理业务的，责令改正，没收违法所得，处合同约定的监理酬金25%以上50%以下的罚款；可以责令停业整顿，降低资质等级；情节严重的，吊销资质证书。

第六十三条 违反本条例规定，有下列行为之一的，责令改正，处10万元以上30万元以下的罚款：

（一）勘察单位未按照工程建设强制性标准进行勘察的；

（二）设计单位未根据勘察成果文件进行工程设计的；

（三）设计单位指定建筑材料、建筑构配件的生产厂、供应商的；

（四）设计单位未按照工程建设强制性标准进行设计的。

有前款所列行为，造成工程质量事故的，责令停业整顿，降低资质等级；情节严重的，吊销资质证书；造成损失的，依法承担赔偿责任。

第六十四条 违反本条例规定，施工单位在施工中偷工减料的，使用不合格的建筑材料、建筑构配件和设备的，或者有不按照工程设计图纸或者施工技术标准施工的其他行为的，责令改正，处工程合同价款2%以上4%以下的罚款；造成建设工程质量不符合规定的质量标准的，负责返工、修理，并赔偿因此造成的损失；情节严重的，责令停业整顿，降低资质等级或者吊销资质证书。

第六十五条 违反本条例规定，施工单位未对建筑材料、建筑构配件、设备和商品混凝土进行检验，或者未对涉及结构安全的试块、试件以及有关材料取样检测的，责令改正，处10万元以上20万元以下的罚款；情节严重的，责令停业整顿，降低资质等级或者吊销资质证书；造成损失的，依法承担赔偿责任。

第六十六条 违反本条例规定，施工单位不履行保修义务或者拖延履行保修义务的，责令改正，处10万元以上20万元以下的罚款，并对在保修期内因质量缺陷造成的损失承担赔偿责任。

第六十七条 工程监理单位有下列行为之一的，责令改正，处50万元以上100万元以下的罚款，降低资质等级或者吊销资质证书；有违法所得的，予以没收；造成损失的，承担连带赔偿责任：

（一）与建设单位或者施工单位串通，弄虚作假、降低工程质量的；

（二）将不合格的建设工程、建筑材料、建筑构配件和设备按照合格签字的。

第六十八条 违反本条例规定，工程监理单位与被监理工程的施工承包单位以及建筑材料、建筑构配件和设备供应单位有隶属关系或者其他利害关系承担该项建设工程的监理业务的，责令改正，处5万元以上10万元以下的罚款，降低资质等级或者吊销资质证书；有违法所得的，予以没收。

第六十九条 违反本条例规定，涉及建筑主体或者承重结构变动的装修工程，没有设计方案擅自施工的，责令改正，处50万元以上100万元以下的罚款；房屋建筑使用者在装修过程中擅自变动房屋建筑主体和承重结构的，责令改正，处5万元以上10万元以下的罚款。

有前款所列行为，造成损失的，依法承担赔偿责任。

第七十条 发生重大工程质量事故隐瞒不报、谎报或者拖延报告期限的，对直接负责的主管人员和其他责任人员依法给予行政处分。

第七十一条 违反本条例规定，供水、供电、供气、公安消防等部门或者单位明示或者暗示建设单位或者施工单位购买其指定的生产供应单位的建筑材料、建筑构配件和设备的，责令改正。

第七十二条 违反本条例规定，注册建筑师、注册结构工程师、监理工程师等注册执业人员因过错造成质量事故的，责令停止执业1年；造成重大质量事故的，吊销执业资格证书，5年以内不予注册；情节特别恶劣的，终身不予注册。

第七十三条 依照本条例规定，给予单位罚款处罚的，对单位直接负责的主管人员和其他直接责任人员处单位罚款数额5%以上10%以下的罚款。

第七十四条 建设单位、设计单位、施工单位、工程监理单位违反国家规定，降低工程质量标准，造成重大安全事故，构成犯罪的，对直接责任人员依法追究刑事责任。

第七十五条 本条例规定的责令停业整顿，降低资质等级和吊销资质证书的行政处罚，由颁发资质证书的机关决定；其他行政处罚，由建设行政主管部门或者其他有关部门依照法定职权决定。

依照本条例规定被吊销资质证书的，由工商行政管理部门吊销其营业执照。

第七十六条 国家机关工作人员在建设工程质量监督管理工作中玩忽职守、滥用职权、徇私舞弊，构成犯罪的，依法追究刑事责任；尚不构成犯罪的，依法给予行政处分。

第七十七条 建设、勘察、设计、施工、工程监理单位的工作人员因调动工作、退休等原因离开该单位后，被发现在该单位工作期间违反国家有关建设工程质量管理规定，造成重大工程质量事故的，仍应当依法追究法律责任。

第九章 附 则

第七十八条 本条例所称肢解发包，是指建设单位将应当由一个承包单位完成的建设工程分解成若干部分发包给不同的承包单位的行为。

本条例所称违法分包，是指下列行为：

（一）总承包单位将建设工程分包给不具备相应资质条件的单位的；

（二）建设工程总承包合同中未有约定，又未经建设单位认可，承包单位将其承包的部分建设工程交由其他单位完成的；

（三）施工总承包单位将建设工程主体结构的施工分包给其他单位的；

（四）分包单位将其承包的建设工程再分包的。

本条例所称转包，是指承包单位承包建设工程后，不履行合同约定的责任和义务，将其承包的全部建设工程转给他人或者将其承包的全部建设工程肢解以后以分包的名义分别转给其他单位承包的行为。

第七十九条 本条例规定的罚款和没收的违法所得，必须全部上缴国库。

第八十条 抢险救灾及其他临时性房屋建筑和农民自建低层住宅的建设活动，不适用本条例。

第八十一条 军事建设工程的管理，按照中央军事委员会的有关规定执行。

第八十二条 本条例自发布之日起施行。

附：刑法有关条款

第一百三十七条 建设单位、设计单位、施工单位、工程监理单位违反国家规定，降低工程质量标准，造成重大安全事故的，对直接责任人员处五年以下有期徒刑或者拘役，并处罚金；后果特别严重的，处五年以上十年以下有期徒刑，并处罚金。

建筑工程施工发包与承包计价管理办法

《建筑工程施工发包与承包计价管理办法》已经第 9 次部常务会议审议通过，现予发布，自 2014 年 2 月 1 日起施行。

住房城乡建设部部长　姜伟新

2013 年 12 月 11 日

建筑工程施工发包与承包计价管理办法

第一条　为了规范建筑工程施工发包与承包计价行为，维护建筑工程发包与承包双方的合法权益，促进建筑市场的健康发展，根据有关法律、法规，制定本办法。

第二条　在中华人民共和国境内的建筑工程施工发包与承包计价（以下简称工程发承包计价）管理，适用本办法。

本办法所称建筑工程是指房屋建筑和市政基础设施工程。

本办法所称工程发承包计价包括编制工程量清单、最高投标限价、招标标底、投标报价，进行工程结算，以及签订和调整合同价款等活动。

第三条　建筑工程施工发包与承包价在政府宏观调控下，由市场竞争形成。

工程发承包计价应当遵循公平、合法和诚实信用的原则。

第四条　国务院住房城乡建设主管部门负责全国工程发承包计价工作的管理。

县级以上地方人民政府住房城乡建设主管部门负责本行政区域内工程发承包计价工作的管理。其具体工作可以委托工程造价管理机构负责。

第五条　国家推广工程造价咨询制度，对建筑工程项目实行全过程造价管理。

第六条　全部使用国有资金投资或者以国有资金投资为主的建筑工程（以下简称国有资金投资的建筑工程），应当采用工程量清单计价；非国有资金投资的建筑工程，鼓励采用工程量清单计价。

国有资金投资的建筑工程招标的，应当设有最高投标限价；非国有资金投资的建筑工程招标的，可以设有最高投标限价或者招标标底。

最高投标限价及其成果文件，应当由招标人报工程所在地县级以上地方人民政府住房城乡建设主管部门备案。

第七条　工程量清单应当依据国家制定的工程量清单计价规范、工程量计算规范等编制。工程量清单应当作为招标文件的组成部分。

第八条　最高投标限价应当依据工程量清单、工程计价有关规定和市场价格信息等编制。招标人设有最高投标限价的，应当在招标时公布最高投标限价的总价，以及各单位工程的分部分项工程费、措施项目费、其他项目费、规费和税金。

第九条 招标标底应当依据工程计价有关规定和市场价格信息等编制。

第十条 投标报价不得低于工程成本，不得高于最高投标限价。

投标报价应当依据工程量清单、工程计价有关规定、企业定额和市场价格信息等编制。

第十一条 投标报价低于工程成本或者高于最高投标限价总价的，评标委员会应当否决投标人的投标。

对是否低于工程成本报价的异议，评标委员会可以参照国务院住房城乡建设主管部门和省、自治区、直辖市人民政府住房城乡建设主管部门发布的有关规定进行评审。

第十二条 招标人与中标人应当根据中标价订立合同。不实行招标投标的工程由发承包双方协商订立合同。

合同价款的有关事项由发承包双方约定，一般包括合同价款约定方式，预付工程款、工程进度款、工程竣工价款的支付和结算方式，以及合同价款的调整情形等。

第十三条 发承包双方在确定合同价款时，应当考虑市场环境和生产要素价格变化对合同价款的影响。

实行工程量清单计价的建筑工程，鼓励发承包双方采用单价方式确定合同价款。

建设规模较小、技术难度较低、工期较短的建筑工程，发承包双方可以采用总价方式确定合同价款。

紧急抢险、救灾以及施工技术特别复杂的建筑工程，发承包双方可以采用成本加酬金方式确定合同价款。

第十四条 发承包双方应当在合同中约定，发生下列情形时合同价款的调整方法：

（一）法律、法规、规章或者国家有关政策变化影响合同价款的；
（二）工程造价管理机构发布价格调整信息的；
（三）经批准变更设计的；
（四）发包方更改经审定批准的施工组织设计造成费用增加的；
（五）双方约定的其他因素。

第十五条 发承包双方应当根据国务院住房城乡建设主管部门和省、自治区、直辖市人民政府住房城乡建设主管部门的规定，结合工程款、建设工期等情况在合同中约定预付工程款的具体事宜。

预付工程款按照合同价款或者年度工程计划额度的一定比例确定和支付，并在工程进度款中予以抵扣。

第十六条 承包方应当按照合同约定向发包方提交已完成工程量报告。发包方收到工程量报告后，应当按照合同约定及时核对并确认。

第十七条 发承包双方应当按照合同约定，定期或者按照工程进度分段进行工程款结算和支付。

第十八条 工程完工后，应当按照下列规定进行竣工结算：

（一）承包方应当在工程完工后的约定期限内提交竣工结算文件。
（二）国有资金投资建筑工程的发包方，应当委托具有相应资质的工程造价咨询企业对竣工结算文件进行审核，并在收到竣工结算文件后的约定期限内向承包方提出由工程造价咨询企业出具的竣工结算文件审核意见；逾期未答复的，按照合同约定处理，合同没有约定的，竣工结算文件视为已被认可。

非国有资金投资的建筑工程发包方，应当在收到竣工结算文件后的约定期限内予以答复，逾期未答复的，按照合同约定处理，合同没有约定的，竣工结算文件视为已被认可；发包方对竣工结算文件有异议的，应当在答复期内向承包方提出，并可以在提出异议之日起的约定期限内与承包方协商；发包方在协商期内未与承包方协商或者经协商未能与承包方达成协议的，应当委托工程造价咨询企业进行竣工结算审核，并在协商期满后的约定期限内向承包方提出由工程造价咨询企业出具的竣工结算文件审核意见。

（三）承包方对发包方提出的工程造价咨询企业竣工结算审核意见有异议的，在接到该审核意见后一个月内，可以向有关工程造价管理机构或者有关行业组织申请调解，调解不成的，可以依法申请仲裁或者向人民法院提起诉讼。

发承包双方在合同中对本条第（一）项、第（二）项的期限没有明确约定的，应当按照国家有关规定执行；国家没有规定的，可认为其约定期限均为 28 日。

第十九条 工程竣工结算文件经发承包双方签字确认的，应当作为工程决算的依据，未经对方同意，另一方不得就已生效的竣工结算文件委托工程造价咨询企业重复审核。发包方应当按照竣工结算文件及时支付竣工结算款。

竣工结算文件应当由发包方报工程所在地县级以上地方人民政府住房城乡建设主管部门备案。

第二十条 造价工程师编制工程量清单、最高投标限价、招标标底、投标报价、工程结算审核和工程造价鉴定文件，应当签字并加盖造价工程师执业专用章。

第二十一条 县级以上地方人民政府住房城乡建设主管部门应当依照有关法律、法规和本办法规定，加强对建筑工程发承包计价活动的监督检查和投诉举报的核查，并有权采取下列措施：

（一）要求被检查单位提供有关文件和资料；

（二）就有关问题询问签署文件的人员；

（三）要求改正违反有关法律、法规、本办法或者工程建设强制性标准的行为。

县级以上地方人民政府住房城乡建设主管部门应当将监督检查的处理结果向社会公开。

第二十二条 造价工程师在最高投标限价、招标标底或者投标报价编制、工程结算审核和工程造价鉴定中，签署有虚假记载、误导性陈述的工程造价成果文件的，记入造价工程师信用档案，依照《注册造价工程师管理办法》进行查处；构成犯罪的，依法追究刑事责任。

第二十三条 工程造价咨询企业在建筑工程计价活动中，出具有虚假记载、误导性陈述的工程造价成果文件的，记入工程造价咨询企业信用档案，由县级以上地方人民政府住房城乡建设主管部门责令改正，处 1 万元以上 3 万元以下的罚款，并予以通报。

第二十四条 国家机关工作人员在建筑工程计价监督管理工作中玩忽职守、徇私舞弊、滥用职权的，由有关机关给予行政处分；构成犯罪的，依法追究刑事责任。

第二十五条 建筑工程以外的工程施工发包与承包计价管理可以参照本办法执行。

第二十六条 省、自治区、直辖市人民政府住房城乡建设主管部门可以根据本办法制定实施细则。

第二十七条 本办法自 2014 年 2 月 1 日起施行。原建设部 2001 年 11 月 5 日发布的《建筑工程施工发包与承包计价管理办法》(建设部令第 107 号) 同时废止。

建设工程价款结算暂行办法

第一章 总 则

第一条 为加强和规范建设工程价款结算，维护建设市场正常秩序，根据《中华人民共和国合同法》、《中华人民共和国建筑法》、《中华人民共和国招标投标法》、《中华人民共和国预算法》、《中华人民共和国政府采购法》、《中华人民共和国预算法实施条例》等有关法律、行政法规制订本办法。

第二条 凡在中华人民共和国境内的建设工程价款结算活动，均适用本办法。国家法律法规另有规定的，从其规定。

第三条 本办法所称建设工程价款结算（以下简称"工程价款结算"），是指对建设工程的发承包合同价款进行约定和依据合同约定进行工程预付款、工程进度款、工程竣工价款结算的活动。

第四条 国务院财政部门、各级地方政府财政部门和国务院建设行政主管部门、各级地方政府建设行政主管部门在各自职责范围内负责工程价款结算的监督管理。

第五条 从事工程价款结算活动，应当遵循合法、平等、诚信的原则，并符合国家有关法律、法规和政策。

第二章 工程合同价款的约定与调整

第六条 招标工程的合同价款应当在规定时间内，依据招标文件、中标人的投标文件，由发包人与承包人（以下简称"发、承包人"）订立书面合同约定。

非招标工程的合同价款依据审定的工程预（概）算书由发、承包人在合同中约定。

合同价款在合同中约定后，任何一方不得擅自改变。

第七条 发包人、承包人应当在合同条款中对涉及工程价款结算的下列事项进行约定：

（一）预付工程款的数额、支付时限及抵扣方式；

（二）工程进度款的支付方式、数额及时限；

（三）工程施工中发生变更时，工程价款的调整方法、索赔方式、时限要求及金额支付方式；

（四）发生工程价款纠纷的解决方法；

（五）约定承担风险的范围及幅度以及超出约定范围和幅度的调整办法；

（六）工程竣工价款的结算与支付方式、数额及时限；

（七）工程质量保证（保修）金的数额、预扣方式及时限；

（八）安全措施和意外伤害保险费用；

（九）工期及工期提前或延后的奖惩办法；

（十）与履行合同、支付价款相关的担保事项。

第八条 发、承包人在签订合同时对于工程价款的约定，可选用下列一种约定方式：

（一）固定总价。合同工期较短且工程合同总价较低的工程，可以采用固定总价合同方式。

（二）固定单价。双方在合同中约定综合单价包含的风险范围和风险费用的计算方法，在约定的风险范围内综合单价不再调整。风险范围以外的综合单价调整方法，应当在合同中约定。

（三）可调价格。可调价格包括可调综合单价和措施费等，双方应在合同中约定综合单价和措施费的调整方法，调整因素包括：

1. 法律、行政法规和国家有关政策变化影响合同价款；
2. 工程造价管理机构的价格调整；
3. 经批准的设计变更；
4. 发包人更改经审定批准的的施工组织设计（修正错误除外）造成费用增加；
5. 双方约定的其他因素。

第九条 承包人应当在合同规定的调整情况发生后 14 天内，将调整原因、金额以书面形式通知发包人，发包人确认调整金额后将其作为追加合同价款，与工程进度款同期支付。发包人收到承包人通知后 14 天内不予确认也不提出修改意见，视为已经同意该项调整。

当合同规定的调整合同价款的调整情况发生后，承包人未在规定时间内通知发包人，或者未在规定时间内提出调整报告，发包人可以根据有关资料，决定是否调整和调整的金额，并书面通知承包人。

第十条 工程设计变更价款调整

（一）施工中发生工程变更，承包人按照经发包人认可的变更设计文件，进行变更施工，其中，政府投资项目重大变更，需按基本建设程序报批后方可施工。

（二）在工程设计变更确定后 14 天内，设计变更涉及工程价款调整的，由承包人向发包人提出，经发包人审核同意后调整合同价款。变更合同价款按下列方法进行：

1. 合同中已有适用于变更工程的价格，按合同已有的价格变更合同价款；
2. 合同中只有类似于变更工程的价格，可以参照类似价格变更合同价款；
3. 合同中没有适用或类似于变更工程的价格，由承包人或发包人提出适当的变更价格，经对方确认后执行。如双方不能达成一致的，双方可提请工程所在地工程造价管理机构进行咨询或按合同约定的争议或纠纷解决程序办理。

（三）工程设计变更确定后 14 天内，如承包人未提出变更工程价款报告，则发包人可根据所掌握的资料决定是否调整合同价款和调整的具体金额。重大工程变更涉及工程价款变更报告和确认的时限由发承包双方协商确定。

收到变更工程价款报告一方,应在收到之日起 14 天内予以确认或提出协商意见,自变更工程价款报告送达之日起 14 天内,对方未确认也未提出协商意见时,视为变更工程价款报告已被确认。

确认增(减)的工程变更价款作为追加(减)合同价款与工程进度款同期支付。

第三章　工程价款结算

第十一条　工程价款结算应按合同约定办理,合同未作约定或约定不明的,发、承包双方应依照下列规定与文件协商处理:

(一)国家有关法律、法规和规章制度;

(二)国务院建设行政主管部门、省、自治区、直辖市或有关部门发布的工程造价计价标准、计价办法等有关规定;

(三)建设项目的合同、补充协议、变更签证和现场签证,以及经发、承包人认可的其他有效文件;

(四)其他可依据的材料。

第十二条　工程预付款结算应符合下列规定:

(一)包工包料工程的预付款按合同约定拨付,原则上预付比例不低于合同金额的 10%,不高于合同金额的 30%,对重大工程项目,按年度工程计划逐年预付。计价执行《建设工程工程量清单计价规范》(GB50500—2003)的工程,实体性消耗和非实体性消耗部分应在合同中分别约定预付款比例。

(二)在具备施工条件的前提下,发包人应在双方签订合同后的一个月内或不迟于约定的开工日期前的 7 天内预付工程款,发包人不按约定预付,承包人应在预付时间到期后 10 天内向发包人发出要求预付的通知,发包人收到通知后仍不按要求预付,承包人可在发出通知 14 天后停止施工,发包人应从约定应付之日起向承包人支付应付款的利息(利率按同期银行贷款利率计),并承担违约责任。

(三)预付的工程款必须在合同中约定抵扣方式,并在工程进度款中进行抵扣。

(四)凡是没有签订合同或不具备施工条件的工程,发包人不得预付工程款,不得以预付款为名转移资金。

第十三条　工程进度款结算与支付应当符合下列规定:

(一)工程进度款结算方式

1. 按月结算与支付。即实行按月支付进度款,竣工后清算的办法。合同工期在两个年度以上的工程,在年终进行工程盘点,办理年度结算。

2. 分段结算与支付。即当年开工、当年不能竣工的工程按照工程形象进度,划分不同阶段支付工程进度款。具体划分在合同中明确。

(二)工程量计算

1. 承包人应当按照合同约定的方法和时间,向发包人提交已完工程量的报告。发包人接到报告后 14 天内核实已完工程量,并在核实前 1 天通知承包人,承包人应提供条件并派人参加核实,承包人收到通知后不参加核实,以发包人核实的工程量作为工程价款支付的依据。发包人不按约定时间通知承包人，致使承包人未能参加核实，核实结果无效。

2. 发包人收到承包人报告后 14 天内未核实完工程量，从第 15 天起，承包人报告的工程量即视为被确认，作为工程价款支付的依据，双方合同另有约定的，按合同执行。

3. 对承包人超出设计图纸（含设计变更）范围和因承包人原因造成返工的工程量，发包人不予计量。

（三）工程进度款支付

1. 根据确定的工程计量结果，承包人向发包人提出支付工程进度款申请，14 天内，发包人应按不低于工程价款的 60%，不高于工程价款的 90%向承包人支付工程进度款。按约定时间发包人应扣回的预付款，与工程进度款同期结算抵扣。

2. 发包人超过约定的支付时间不支付工程进度款，承包人应及时向发包人发出要求付款的通知，发包人收到承包人通知后仍不能按要求付款，可与承包人协商签订延期付款协议，经承包人同意后可延期支付，协议应明确延期支付的时间和从工程计量结果确认后第 15 天起计算应付款的利息（利率按同期银行贷款利率计）。

3. 发包人不按合同约定支付工程进度款，双方又未达成延期付款协议，导致施工无法进行，承包人可停止施工，由发包人承担违约责任。

第十四条 工程完工后，双方应按照约定的合同价款及合同价款调整内容以及索赔事项，进行工程竣工结算。

（一）工程竣工结算方式

工程竣工结算分为单位工程竣工结算、单项工程竣工结算和建设项目竣工总结算。

（二）工程竣工结算编审

1. 单位工程竣工结算由承包人编制，发包人审查；实行总承包的工程，由具体承包人编制，在总包人审查的基础上，发包人审查。

2. 单项工程竣工结算或建设项目竣工总结算由总（承）包人编制，发包人可直接进行审查，也可以委托具有相应资质的工程造价咨询机构进行审查。政府投资项目，由同级财政部门审查。单项工程竣工结算或建设项目竣工总结算经发、承包人签字盖章后有效。

承包人应在合同约定期限内完成项目竣工结算编制工作，未在规定期限内完成的并且提不出正当理由延期的，责任自负。

（三）工程竣工结算审查期限

单项工程竣工后，承包人应在提交竣工验收报告的同时，向发包人递交竣工结算报告及完整的结算资料，发包人应按以下规定时限进行核对（审查）并提出审查意见。

从接到竣工结算报告和完整的竣工结算资料之日起 20 天。

工程竣工结算报告金额	审查时间
500 万元以下	从接到竣工结算报告和完整的竣工结算资料之日起 20 天
500 万—2 000 万元	从接到竣工结算报告和完整的竣工结算资料之日起 30 天
2 000 万—5 000 万元	从接到竣工结算报告和完整的竣工结算资料之日起 45 天
5 000 万元以上	从接到竣工结算报告和完整的竣工结算资料之日起 60 天

建设项目竣工总结算在最后一个单项工程竣工结算审查确认后 15 天内汇总，送发包人后 30 天内审查完成。

（四）工程竣工价款结算

发包人收到承包人递交的竣工结算报告及完整的结算资料后，应按本办法规定的期限（合同约定有期限的，从其约定）进行核实，给予确认或者提出修改意见。发包人根据确认的竣工结算报告向承包人支付工程竣工结算价款，保留 5% 左右的质量保证（保修）金，待工程交付使用一年质保期到期后清算（合同另有约定的，从其约定），质保期内如有返修，发生费用应在质量保证（保修）金内扣除。

（五）索赔价款结算

发承包人未能按合同约定履行自己的各项义务或发生错误，给另一方造成经济损失的，由受损方按合同约定提出索赔，索赔金额按合同约定支付。

（六）合同以外零星项目工程价款结算

发包人要求承包人完成合同以外零星项目，承包人应在接受发包人要求的 7 天内就用工数量和单价、机械台班数量和单价、使用材料和金额等向发包人提出施工签证，发包人签证后施工，如发包人未签证，承包人施工后发生争议的，责任由承包人自负。

第十五条 发包人和承包人要加强施工现场的造价控制，及时对工程合同外的事项如实记录并履行书面手续。凡由发、承包双方授权的现场代表签字的现场签证以及发、承包双方协商确定的索赔等费用，应在工程竣工结算中如实办理，不得因发、承包双方现场代表的中途变更改变其有效性。

第十六条 发包人收到竣工结算报告及完整的结算资料后，在本办法规定或合同约定期限内，对结算报告及资料没有提出意见，则视同认可。

承包人如未在规定时间内提供完整的工程竣工结算资料，经发包人催促后 14 天内仍未提供或没有明确答复，发包人有权根据已有资料进行审查，责任由承包人自负。

根据确认的竣工结算报告，承包人向发包人申请支付工程竣工结算款。发包人应在收到申请后 15 天内支付结算款，到期没有支付的应承担违约责任。承包人可以催告发包人支付结算价款，如达成延期支付协议，承包人应按同期银行贷款利率支付拖欠工程价款的利息。如未达成延期支付协议，承包人可以与发包人协商将该工程折价，或申请人民法院将该工程依法拍卖，承包人就该工程折价或者拍卖的价款优先受偿。

第十七条 工程竣工结算以合同工期为准，实际施工工期比合同工期提前或延后，发、承包双方应按合同约定的奖惩办法执行。

第四章 工程价款结算争议处理

第十八条 工程造价咨询机构接受发包人或承包人委托，编审工程竣工结算，应按合同约定和实际履约事项认真办理，出具的竣工结算报告经发、承包双方签字后生效。当事人一方对报告有异议的，可对工程结算中有异议部分，向有关部门申请咨询后协商处理，若不能达成一致的，双方可按合同约定的争议或纠纷解决程序办理。

第十九条 发包人对工程质量有异议，已竣工验收或已竣工未验收但实际投入使用的工程,其质量争议按该工程保修合同执行;已竣工未验收且未实际投入使用的工程以及停工、停建工程的质量争议,应就有争议部分的竣工结算暂缓办理,双方可就有争议的工程委托有资质的的检测鉴定机构进行检测,根据检测结果确定解决方案,或按工程质量监督机构的处理决定执行,其余部分的竣工结算依照约定办理。

第二十条 当事人对工程造价发生合同纠纷时,可通过下列办法解决:
(一)双方协商确定;
(二)按合同条款约定的办法提请调解;
(三)向有关仲裁机构申请仲裁或向人民法院起诉。

第五章 工程价款结算管理

第二十一条 工程竣工后,发、承包双方应及时办清工程竣工结算,否则,工程不得交付使用,有关部门不予办理权属登记。

第二十二条 发包人与中标的承包人不按照招标文件和中标的承包人的投标文件订立合同的,或者发包人、中标的承包人背离合同实质性内容另行订立协议,造成工程价款结算纠纷的,另行订立的协议无效,由建设行政主管部门责令改正,并按《中华人民共和国招标投标法》第五十九条进行处罚。

第二十三条 接受委托承接有关工程结算咨询业务的工程造价咨询机构应具有工程造价咨询单位资质,其出具的办理拨付工程价款和工程结算的文件,应当由造价工程师签字,并应加盖执业专用章和单位公章。

第六章 附 则

第二十四条 建设工程施工专业分包或劳务分包,总(承)包人与分包人必须依法订立专业分包或劳务分包合同,按照本办法的规定在合同中约定工程价款及其结算办法。

第二十五条 政府投资项目除执行本办法有关规定外,地方政府或地方政府财政部门对政府投资项目合同价款约定与调整、工程价款结算、工程价款结算争议处理等事项,如另有特殊规定的,从其规定。

第二十六条 凡实行监理的工程项目,工程价款结算过程中涉及监理工程师签证事项,应按工程监理合同约定执行。

第二十七条 有关主管部门、地方政府财政部门和地方政府建设行政主管部门可参照本办法,结合本部门、本地区实际情况,另行制订具体办法,并报财政部、建设部备案。

第二十八条 合同示范文本内容如与本办法不一致,以本办法为准。

第二十九条 本办法自公布之日起施行。